大学教师教学发展经典读本译丛

On Course
A Week-by-Week Guide to Your First Semester of College Teaching

开启教学生涯
大学新教师的关键15周

[美] 詹姆斯·M. 朗　James M. Lang　/　著

胡公博　黄南芳　倪菲菲　/　译

·广州·

著作权合同登记号　图字：19-2013-071

图书在版编目(CIP)数据

开启教学生涯：大学新教师的关键15周/(美)朗(Lang,J. M.)著；胡公博，黄南芳，倪菲菲译.—广州：华南理工大学出版社，2014.9(2020.3重印)

(大学教师教学发展经典读本译丛)

ISBN 978-7-5623-4284-7

Ⅰ.①开… Ⅱ.①朗…②胡…③黄…④倪… Ⅲ.①高等教育-教学研究 Ⅳ.①G642

中国版本图书馆 CIP 数据核字(2014)第 165995 号

On Course: A Week-by-Week Guide to Your First Semester of College Teaching
by James M. Lang
ISBN 978-0-674-04741-9
Copyright © 2013 by the President and Fellows of Harvard College
Published by arrangement with Harvard University Press through Bardon-Chinese Media Agency
Simplified Chinese translation copyright © 2019 by South China University of Technology Press
All rights reserved. This translation published under license. No part of this book may be reproduced in any form without the written permission of the original copyrights holder.

开启教学生涯：大学新教师的关键15周

[美]詹姆斯·M.朗(James M. Lang) 著；胡公博　黄南芳　倪菲菲　译

出 版 人：卢家明
出版发行：华南理工大学出版社
　　　　　(广州五山华南理工大学17号楼，邮编510640)
　　　　　http://www.scutpress.com.cn　E-mail:scutc13@scut.edu.cn
　　　　　营销部电话：020-87113487　87111048 (传真)
责任编辑：吴翠微
印 刷 者：广州商华彩印有限公司
开　　本：787mm×1092mm　1/16　印张：12.5　字数：245千
版　　次：2014年9月第1版　2020年3月第3次印刷
印　　数：5001～8000册
定　　价：49.00元

版权所有　盗版必究　印装差错　负责调换

● **大学教师教学发展经典读本译丛**

编委会

名誉主任： 章熙春　高　松

主　任： 李　正

副主任： 项　聪　吴树雄

编　委（按姓氏笔画顺序）：

　　古煜奎　卢家明　许竹君　张　皓　张乐平

　　张建功　陈定刚　周建新　周莉华　胡公博

　　柯　宁　徐　玲　韩金龙

译者序

本书的英文原标题为"On Course: A Week-by-Week Guide to Your First Semester of College Teaching",直译成中文就是"正确的教学航向：你大学教书生涯第一学期的每周指南"，可见，本书直接面向的读者群是高校新任教师，它将手把手地教你如何教；同时，资深教师亦能从中获得众多全新的教学视角。本书编排构思新颖，每章内容对应一个学期中的一周，比如第一周那章就如何上好开学头几节课作出了指引。当然，读者也可结合自己的教学实际跳读至其他章节，如果你第一周上导入课时想有效引发学生讨论，可翻阅第四周那章关于课堂讨论的建议。第七周那章讲学生的学习认知规律，第八周那章谈学生的个人生活，若提前阅读，你上课伊始就能更明智地在课堂内外处理跟学生的关系。

译者翻译本书时，不禁想起自己参加大学新教师岗前培训时所用的书。和那些沉闷枯燥、学究味重的课本相比，本书读来令人耳目一新，提供了大量有效的教学策略和具体的课堂操作办法。全书语言通俗晓畅，以第二人称对读者循循善诱，极其亲切。作者把自己有趣的教学经历娓娓道来，幽默活泼，又将相关文献资料信手拈来，旁征博引。比如作者拿自己开涮，忆述自己初为人师时的种种失策之举：他走进教室时"踏着拖鞋，穿着剪得破烂的、短短的军蓝色卡其布裤，还有白色T恤"，上课时"感到很紧张，说的话不多，只是把课程大纲、作业册派发给学生，把课程简介读了一遍，就让他们离开了"。译者犹记得读研时导师曾说国外学者很少摆架子，作者摘下自己的光环，其真诚交流由此可见一斑。

那么，上第一堂课要注意什么呢？作者一开始就谆谆告诫，"千万不要穿自己剪的军蓝色卡其布裤、拖鞋和白色T恤"。针对女老师如何着装，他又推荐了艾米丽·托斯（Emily Toth）所著的《女教师指南》（*Ms. Mentor*）。他还指出："无论准备有多么充分，你首次面对学生，一定会紧张，第一堂课下课铃响起时，你肯定会如释重负。"这类贴心的话，足见作者是站在读者立场，设身处地为读者着想。译文初稿的一个高频词是"你"，译者起初认为这在中文表达中并不寻常，本想大量删减，最终却作保留，以体现原著作者与读者平等对话的叙述风格。如何处理站在讲台上的紧张情绪？作者主张泰然处之，引述同行道："你肯定会害怕踏进教室当众演说，试问谁不会呢？但是压力可转化为动力，把你的怯场心理变成表演欲望吧！"心理学家凯利·麦甘尼格（Kelly McGonigal）在2013年TED演讲中指出，一个人对压力的态度决定压力对他的影响，如果相信压力是身体为完成重要任务而启动的应对机制，那么紧张就会转化为一种近同勇气的上扬心理状态。

译文二稿修改期间，译者报读了"以学生为中心的教学法"研修班。"以学生为本"是贯穿全书的一个重要理念，作者提出的做法处处贯彻此思想：导入课时给出自己的手机号码，象征着随时欢迎学生提问；提问题时先让学生在纸上作答，可减轻他们被提问时的焦虑；讲授时合理分段，穿插其他活动，学生就有时间整理思路，建构知识；一味作讲授，不给学生发表意见，他们就会感到自己的观点不值一提。以上种种都能促进学生独立思考，推动其积极参与整个学习过程。

本书是三位译者共同努力的结果。胡公博译第1至5章，黄南芳译第6至10章，倪菲菲译第11至17章。全书由胡公博统稿，吴树雄审稿。在此感谢许竹君和徐玲两位老师对我们的热心指导与大力支持。因水平有限，若有错漏，敬请指正。

胡公博
2014年3月于广州

前　言

世纪之交时，我完成了英语文学专业博士学位，和今天其他博士一样，当时并没有取得终身聘用教职。博士论文写作期间，我在西北大学（Northwestern University）塞尔教学优化中心（Searle Center for Teaching Excellence）兼职，当时的中心主任是历史学家肯·贝恩（Ken Bain）。我快毕业时，中心计划招聘新的主任助理，他们叫我去应聘。当中心打算聘用我时，我欣然接受了这份工作。于是，接下来的三年，我担任面向研究生和新任教师的教学培训工作，包括帮助他们熟悉学校情况，给教育领域的仁人志士开设一系列讲座，探讨教学与小组讨论等。

熟悉高等教育研究文献也是我的职责之一。中心的图书馆藏有该领域成百上千的书刊和多媒体，也有丰富的网上资源。我几乎每天都在阅读思考一些论述高校教学的资料，每个学期花很多时间听讲座，看教学视频，观摩课堂，和中心、研究生院的同事、新教师一道讨论问题。以上全程得到肯·贝恩的悉心指导，他当时在写一本关于高等教育界优秀教师的书，题为《如何成为卓越的大学教师》（*What the Best College Teachers Do*），2004年出版。

我热爱我的工作，对教育的热忱似乎与生俱来。我出生于一个教育世家——母亲是教师，妻子是教师，哥哥是大学教授，妹妹是高中教师，三个兄弟所娶的媳妇都曾为或仍为教师。如果世上有一种教师基因，那么它肯定在我们家族广泛遗传。讽刺的是，我花大量时间思考教学，并最终为之作著，但期间并没有担任太多实际教学。根据工作合同，我每年教一门课程，但是单位采用一年四个学季的制度，所以我每年教书的时间实际上只有两个多月。我越是研究教学、向前辈请教有效教法，就越想把满脑子的教育理念付诸课堂实践中。

在塞尔中心工作三年以后，我调到新英格兰一所文科大学的英语系任终身教职，也算是愿望成真了。学校的教学量是第一学期三门课，第二学期四门课——这比我在塞尔中心三年教的课程数目还要多。不过我跃跃欲试，满腔热情——这份工作是我一直盼望的，我准备好了。

第一年里，突然承担如此大的教学量，挑战比我预期的更多，这一点也写进了我的回忆录。尽管我想改革新英格兰的教学面貌，使课程上得精彩、富有启发性，却往往感到吃力——每个学期要备好几门不同的课，批改大量的学生作文，还要被一些始料不及的事务拖累，比如坐办公室、开会。尽管先前学到的教学理论为我的实际教学打下了坚实基础，但我深知，在艰苦的第一个学年里，必须降低宏大的教学理想，实施更为现实的教学计划，循序渐进。

我写这本书有三点初衷。首先，我要把我刚入行时想得到的东西给予新老师——恰当、实际的教学方法，这些方法在课堂实践中得到验证，并且得到大学教学研究的支持。本书并不旨在全面综述各派教学理论和教学方法，虽多处引用综述性文献，比如肯·贝恩的著作、威尔伯特·麦吉奇（Wilbert McKeachie）的经典教学建议，但考虑到本书面向的读者群是刚刚踏上教学之路的新教师，因此，书中只是对相关研究的简略评述，重点介绍主要教学方式（讲授、讨论、小组协作等）可运用的具体操作办法，探讨新老师第一学年意料之外的、为之感到惶惑失措的种种问题。

这同时意味着，在很多方面本书都没有谈及，任何有经验的教师、高等教育研究者读罢本书都会这么想。本书的目的是助你在第一学年里实现高效教学，使自己感到满意，在不折腾的情况下仍能得到学生和学院对你教学的积极评价。我也希望本书能使读者相信，思考教学、实践教学是很有意义的事。因此，该书每一章最后都附上参考书目，指引读者就高等教育的各个领域进行更深入更广泛的阅读，全书末尾更是收录了面向大学教师的十大教学资源。当你教完第一年，享受任教后的首个悠长暑假，可重拾本书，涉猎书中参考文献，拓宽教学眼界，反思自身经验。

推动我写这本书的第二个原因是我自2006年夏天开始为《美国高等教育纪事》（The Chronicle of Higher Education）写的每月专栏《论教学》。除了我的总教学观有所贯穿，对一些教法和材料的表述保持不变外，本书和专栏文章内容重复的地方很少。写专栏促使我跟全国的同行展开交流对话；我每写一篇专栏都会收到来自读者的数十封电邮，他们与我分享课堂中尝试的新奇有趣的教学方式，或介绍高等教育中新的研究动向。所以，尽管我现在只是偶尔翻翻高等教育研究的文献——因为我每年要教七门课之多——在过去的一两年里，专栏读者却极大地丰富了我对教学的见解。由于专栏和本书的创作背景，我在书中有时引述自己的专栏文章，这样做是因为专栏中读者分享的想法或做法不大可能出现在其他出版物中。

最后，我想为读者另辟蹊径。本书不同于目前市面上多数大学教学论著和指南，这些书的作者多数是老教师，在学校或教师发展中心里已取得较高职称，和实际教学的距离未免疏远，至少不再切身经历很多新教师在入行头几年体验到的教学中不能承受之重。这种"置身事外"难免会影响他们评价课堂中所用方法的有效性。虽然我写这本书时处于休假，但是去年教了七门课，明年仍将继续。书中建议的做法，几乎都经过实践检验，助我熬过在当今大学系统中堪称艰巨的教学任务——同时使我能够平衡好作家、基督信徒、丈夫和五个孩子的父亲这几个角色。书中引用的很多教学指导书固然有其价值，但它们行文死板抽象，如同学术论文，读来令人昏昏欲睡。我着力让本书文字活泼生动、富有人情味，加入具体的个人经验，并结合学术文献中的例证。

至此，读者应该清楚本书的内容和对象——它面向接受终身教职考核的教师、教辅员，以及刚开始教课的研究生。最后，请让我说说本书的结构编排。

本书的构思理念是，每一章对应学期里一个特定的星期。但这仅仅是个理念罢了，请不要拘泥于此，心想每周读一章就算了。如果在开学前的至少一个月（这会给你留足时间去设计教学大纲）能通读全书，你便是有备而教。

本书行文编排尽量紧扣一周一章的构思，这样，你在第一学期的某一周重读相应的那一章时，就能对那一周所碰到的教学问题有另一种思考角度。唐娜·基利安·达菲（Donna Killian Duffy）和珍妮特·赖特·琼斯（Janet Wright Jones）在《按学期节奏教学》（*Teaching within the Rhythms of the Semester*）中说："所有课堂安排都取决于学期推进的节奏，所有教师的教学活动都受到这种时间方面的制约。"（pp. 35-36）可以预期,你在第十一周左右会跟多数老师那样感到疲倦。因此,本书第十一周那章就集中探讨教师如何通过试验性的做法来使课堂焕发生机。又或者,你觉得有必要了解开学前学生是如何学习的,但是,你要教了一段时间后才能具体知道,所以本书到第七周那章才讨论学生学习时的一些规律。你大可以一边教学一边翻阅那章,里面谈到的跟你在课堂观察到的应该会有很多一致性。建议读者在开学前读这本书,划出认为有用的教学方法或观点,然后在教学过程中随时翻看,及时找到解决方案。

本书每章最后列出的参考书目和这本书一样,不求面面俱到。引用文献的数量控制在 6～12 条之间,各章之间会有重复引用的地方,尤其是一些全面综合的教学指南,好几章里都有所援引。引用的材料多数选用那些平时在大学图书馆或网上容易找到的。尽管我在酝酿本书期间常常碰到一些刊登在比如《丹麦一月份考古学教学月刊》(译者注:世上并不存在《丹麦一月份考古学教学月刊》,这只是作者开的玩笑)等出版物上的有趣文章,我多数还是忍着不引用,选取更为主流的书刊。每章最后参考书目处列出书中引用内容的出处,也包括值得推荐的相关文章和书刊,供读者进一步阅读,所列的每一条都附有内容简介。

我时时关注关于教学的好方法,如果你在从教的第一年有任何教学心得,欢迎来信交流,这样我可以把它实践到自己的课堂中去,也能写到专栏或本书修订版中,与更多的读者分享。衷心祝愿你在第一年教得顺利,教得开心。

致　谢

与学术界中那些使人扬名立万的天才理论不同,关于教学的见解传播起来似乎更为自由,其传播交流不仅靠研究成果,更是靠口口相传和实际观摩。我在课堂中使用的、在本书中推荐的任何一种教学技巧,都包含他人的思想成果。在本书中引用到的教师、学者在著作或论文中提出的教学观点,其作者和出处都会在每章最后的参考书目部分注明。除此以外,我在过去十几年形成自己教学思想的过程中,也得到众多同仁的极大支持。

首先，我在肯·贝恩的指导下从教三年，领教了何谓优秀的教学，认识到教学是一个值得认真探讨的课题，肯·贝恩先生的思想和论著至今依然对我影响深远。

我要感谢圣母大学（Assumption College）的两位同事。瑞秋·拉姆齐（Rachel Ramsey）和迈克·兰特（Mike Land）曾在走廊、办公室与我交谈上百次，对于如何把教学的大理念转化为适用于课堂实际的策略，他们给予我很大的启发，所以我要在此感谢，在我们相处的六年光阴里，我有幸与他们对话，得到他们的谆谆建议和深厚友谊。我同样要感谢另一位老师马特·罗伯特（Matt Robert），有很多个夜晚，他和我一同探讨，共听音乐，使我受益良多。

此外，很多人士与我分享有趣的教学方法和介绍他们学科的情况，相互切磋，给了我很大帮助，他们包括帕蒂·罗伯特（Patty Robert）、露西亚·诺尔斯（Lucia Knoles）、欧文·肖尔斯（Owen Sholes）、戴夫·索林（Dave Thoreen）、东尼·朗（Tony Lang）、佩吉·朗（Peggy Lang）、玛丽安娜·利昂（Maryanne Leone），以及圣母大学大学座谈委员会的成员：安·墨菲（Ann Murphy）、珍妮·麦聂特（Jeanne McNett）、苏珊·米莉亚（Susan Melia）、凯瑟琳·费舍（Kathleen Fisher）。我由衷地感谢他们中的每一位。

本书的写成，也得益于我给《美国高等教育纪事》撰写专栏。感谢丹尼斯·马格纳（Denise Magner）对我一贯的信任和支持，以及她精湛的编辑工作。

感谢哈佛大学出版社的伊丽莎白·诺尔（Elizabeth Knoll），她的热情鼓励和耐心指导使拙著得以问世。

多年以来，我最爱戴的恩师是安妮（Anne）女士，我至爱的学生凯蒂（Katie）、马德琳（Madeleine）、吉利安（Jillian）、露西（Lucie）、杰克（Jack），我从他们身上学到很多宝贵的东西。

目录

开课之前   **课程大纲**/1
                课程名称、时间与地点/2
                联系方式/2
                课程概述/2
                课程承诺/3
                学生责任与课堂纪律/5
                考核与评分/6
                学术诚信/8
                协助残障声明/8
                教学进度安排/8

第一周   **初为人师**/11
                着装打扮/12
                上课时长/13
                选课与退选/13
                上好第一堂课/14

第二周   **科技助力教学**/22
                构建学习共同体/25
                多媒体融入教学/27
                教学资料有序化/28
                完整记录教学轨迹/29
                逐步适应还是全面展开？/30

第三周   **课堂讲授**/33
                讲授法：理论与背景/34
                声线、仪态与举止/36
                讲授的内容/38

目录

    黑板、投影、幻灯片与多媒体/39
    讲授的时间分段/40

第四周 **课堂讨论**/45
    引发讨论的技巧/47
    常见疑问/51

第五周 **课堂小组活动**/55
    临时小组/58
    固定小组/62

第六周 **作业与评分**/67
    设计作业/68
    收作业/71
    评价作业/72
    评分/74
    发回作业/78

第七周 **学生是学习的主体**/81
    心智模型理论/83
    大学生智力发展理论/86

第八周 **学生也是人**/94
    如何与学生相处/94
    高校学生数据统计/99
    结论：课堂上的种族和性别问题/102

目录

第九周　学术诚信/105
　　　　　统计数据与例行方法/106
　　　　　预防措施/108
　　　　　应对措施/112

第十周　课堂外寻求平衡/116
　　　　　教学：控制备课时间/117
　　　　　做研究与写论文：寻找时间空隙/120
　　　　　公共服务：着眼于你的义务/122
　　　　　在学术政治中生存/123

第十一周　重新激活课堂/127
　　　　　五种尝试/129
　　　　　三条策略/134

第十二周　常见问题/139

第十三周　教学评估/148
　　　　　教学评估表/148
　　　　　对教学评估的误解/150
　　　　　提高教学评估成绩/153

第十四周　最后几堂课/159
　　　　　教学评估/160
　　　　　指导期末复习/160
　　　　　最后一天的教学/162

第十五周　塑造教师形象/165

目录

结课之后　十大资源/170

附录 A　课程大纲范例/172

附录 B　学生课程参与评估表/177

索引/179

开课之前
课程大纲

教学的第一步乃制定课程大纲,它是一个学期中全程指引你和学生的纲领性文件。你需下一番功夫把课程大纲编制妥当,并在第一堂课派发给学生,作为整个学期的行动指南。有个说法听起来颇带禅味:编写大纲之始,需着眼学期之末。

课程大纲是课程教学的组成部分,是整个学期中使你不偏离正轨、保持清醒的"导航仪"。它使课程设计落实到具体形式,所以编写大纲其实就是规划课程。起草大纲时你要思考该为学生设定哪些学习目标,而设定目标需要回答一个问题:学生修完课程后,将学会什么或学会做什么?笼统点说就是,学生走出期末考的考场,或是向你交卷的那一刻,他们比起学期初有怎样的改变?

这个问题似乎有点棘手。如果按注入式教学来设置课程,问题就迎刃而解了:你只需关心从开学到期末,要灌输课程或科目中的哪些内容。但是注入式教学只考虑到教学的两个因素:作为注入者的教师以及被注入的课程内容。可悲的是,不少院系仍然奉行这种教学模式。

如果你能指出这种教学方式所忽视的一个因素,请举起手来。

要是你使劲地挥手,想大声回答道:"学生,学生啊!"那么就可以开始动笔编写课程大纲了。注入式教学把教育视为一种机械的执行,先把教学内容想好,再生硬地塞给学生;学生的任务是被动地接受,死记硬背。设计课程和编写大纲,应该采取的做法是,以学生为本,关注他们需要获得的知识和技能,以及使他们获得那些知识技能的最佳方式。这种教学理念的转变看似细微,实则重大——它以"学"的视角来思考"教",而不是孤立静止地看待"教"这一方面,任学生学到多少是多少。

课程计划和课程大纲,都要把关注点聚焦到学生身上。如果你设计的一堂课,学生无需在场,只需用iPod录下来,那么你就得重新规划课堂了。

本书的每一章都会谈到关注学生的重要性,在此不再赘述。现在我想谈谈在编制课程大纲时,如何贯彻以学生为中心的教学模式。本章余下的内容将围绕课程大纲各个组成部分而展开，讨论课程决策问题，还有新教师们较少想到的一些方面。开学头几天向学生说明课程大纲时，可以参考下面一些建议。

课程名称、时间与地点

如果你在这些方面需要太多指点的话，那就得重新考虑是否要继续当大学教师了。上课时间和地点有必要在课程大纲中明示出来。每个学期头两周，我在校园间奔走或是课间喝茶时，经常要瞥瞥我的大纲，才知道要去哪里上课。你的学生可能也会这样做，所以把课程基本信息列在大纲开头，对大家都有好处。

联系方式

请向学生提供你的办公地址和办公时间（如果不清楚，请询问系主任要求你每周需要坐班的时间，多数院系对此有明文规定），以及课外联系你的最佳方式。如果对于电邮或电话，你明显偏好其中一种，也请告知学生。

这里唯一纠结的问题是是否给出你的家庭（或移动）电话号码。这样做本身是没必要的，因为学生搞不懂西班牙语虚拟式并不会构成紧急事故，不会非得在周五傍晚突然找你不可。所以，如果你不想学生通过常规渠道（课室、办公时间、办公电话、学校电邮）以外找你，那就作罢。

给出私人号码只有一个理由，这个理由使我过去六年坚持这么做。公布你的家庭电话或移动电话号码是一种象征，是向学生表示你非常乐意指导他们学习（比如，这相当于跟他们说：孩子们，要聊聊《比奥武夫》（*Beowulf*）这首诗就找我吧，随时恭候）。这是一种细节，在你和学生建立长期、紧密关系的过程中，即使是小小的举动也能增进师生感情。校区不同，学生以非常规方式联系老师的需求也不同，但是我过去六年全职教书，接到学生打来的电话其实还不到十次。

课程概述

真正的课程设计开始于此。课程概述是课程大纲的最开头部分，必须唤起学生对课程的兴趣。课程概述用一两段的篇幅描述即可，不要超过半页，读起来应像一篇学术文章的摘要。概述的基本要素有：主要内容、课程目标、作业要求。

最佳的课程概述还应包括另一点，那就是解释为什么学生要学该门课程的知识和技能。他们前后上课总计十五周，作为学生、公民，乃至人类的一员，将获得怎样的长进？他们是否会掌握修读其他课程所需的技能（如写作、口语、计算、推理）？能否学会更深入地阅读和理解平日新闻？能否作出更加成熟的判断与选择？

让学生意识到课程意义的一个方法是，用一个"元问题"（这是我一位同事的说法，她叫露西亚·诺尔斯，将在本书第二章正式登场）把课程内容串联起来，使课程作为一个整体呈现给学生。通过课程学习，学生将对一个含义宽广的问题加深认识，到期末的时候形成自己对这个基本问题的回答。我同事教的是美国文学与历史，她给学生提出的"元问题"很简短："何谓美国人？"上课期间学生读到的每本书、每篇文章，接触到的每件艺术品，听到的每首歌，都为他们回答这个问题带来启发和思考。学期结束时，学生给出对美国人的定义时就胸有成竹了。如果你能提出一个整合性的"元问题"，那就放在课程概述里面，让学生领会课程的价值所在。

课程概述听起来像是做广告宣传，这其实正常不过。你要说服学生，修这门课是因为这门课很有意思，而不是因为他们得完成学分，而课程概述就是说服学生的首要平台。

课程承诺

并不是所有的课程大纲都包括这一部分，但是我一直认为，向学生保证他们能学到什么，是吸引他们投入学习的有效方法。我在这里是借用肯·贝恩的"承诺性课程大纲"的概念，他研究了高等教育领域卓越教师的课程大纲，发现尽管表达语言各不相同，但都以某种形式给出一系列的对学习结果的承诺。

课程承诺有很多不同叫法，如学习目的、学习目标、课程目标等，这些名称都是为了说明修完课程后学生将学会什么或做什么。达菲和琼斯认为"目标"是可量化的，而"目的"属于定性描述（Duffy, Jones, pp. 79–80），不过这种区分不是必要的，我把两者视为同义词。课程承诺的表述风格要贴近学生，避免冷冰冰的信息陈述，比如不要像以下那样承诺：

- 本课程讨论西方文明自 1500 年至今的历史，考察塑造当代美国文化的历史因素。

要这样承诺才得当：

• 学生将对西方文明自1500年至今的历史增进认识，并学会基于历史因素来分析、探讨当代美国文化的形成。

此外还可给出一系列更细致的学习目标，指明学生需要弄懂的具体历史因素。

你大概能掌握这种语言风格，把学习目标表述为种种承诺给学生，那么，这些承诺应该是什么样的？关于高等教育学习目标的论述卷帙浩繁，日益增长，所以我在此跳过其中大部分，而回归到至今仍影响深远（尽管最常见于中小学教育）的开山之作：本杰明·布卢姆（Benjamin Bloom）在1956年写的《教育目标分类》（Taxonomy of Educational Objectives）中对贯穿所有教育阶段的学习目标进行分层。半个世纪以来该书一直被修订更新，持续引起热烈讨论。近期一位重要的论述者是诺曼·格兰伦特（Norman Gronlund），其《教学与评价指导性目标之编写》（Writing Instructional Objectives for Teaching and Assessment）已出第七版。布卢姆的分类很容易找到，只需网上搜索，你就会看到很多搜索结果，它们都会列出并界定六项由布卢姆提出的认知能力：了解、理解、应用、分析、综合、评价。以上的难度逐级递增，下一级是上一级的基础。比如，了解是理解的前提，理解是回忆所学材料与领会其意义的结合。而评价是用一定标准去判断价值的能力，需要发展前面五项能力才能达到。

如何在教学实际中将上述能力转换成课程大纲里的学习目标，需要进一步思考。有一篇优秀的文章把布卢姆和格兰伦特的理论运用到高等教育中去，2003年刊登于《管理教育期刊》（Journal of Management Education）。该文罗列了学生掌握布卢姆所提各项能力的种种指标，而这些指标可能与你布置的作业和设立的学习目标相一致：

• 了解（知识）：定义、列表、记忆、呈现；
• 理解：比较、解释、引申和归纳；
• 应用：分类、深化、改进、组织和猜测；
• 分析：拆解、分类、辨别；
• 综合：创造性活动，如提出研究方案、发现新规律或新结构；
• 评价：评价、评论和鉴定。(p.536)

比如，你可以向学生承诺，他们将学会如何理解你所教学科领域内的一篇复杂文章，这既提出了学习目标（属于理解能力层面），又能自然地引出你要布置的作业。

　　作为教师，你自然希望学习目标往更高的能力层级去设定，不想让学生停留在背诵概念、公式、历史事实的层面上。我们教给学生的多数知识，在他们职业生涯中的价值是有限的，或是等他们开始追求事业时就已经过时了，尤其是你刚开始任教时入门课程的那些知识，因为多数学生并不会选择你的专业。所以，必须明确要教给学生什么样的心智技能。除了学生能掌握的知识之外，你还能承诺在十五周的课程里至少培养他们的什么技能（如综合、分析、评价）呢？就课程而言，需要学生掌握一些化学公式才能通过考试，但如果他将来当了一名会计，可能化学公式用处就不大。但是一名会计对温室效应两种对立观点的评判能力，将影响他在民主选举和生活消费中所做的种种决定。

　　一旦确定了学生要掌握的知识和技能，你就可以在纸上起草一个框架，然后根据你所教科目的知识架构和术语进行细化，最后将其写成课程承诺。如果课程概述中提出一个"元问题"，你就必须向学生保证，你会帮助他们到期末时形成自己的答案。

学生责任与课堂纪律

　　显然，你向学生作出承诺时是假定他们会勤奋学习的，所以上节讲完课程承诺，现在来谈谈为何使课程承诺得到实现以及学生应尽之责任。不少课程大纲把应尽的责任称为"应遵守的纪律"，但我认为"责任"一词更加与"承诺"相互呼应。

　　在这一部分，要列出对学生行为举止和学习习惯的期望（作业的布置和评分下节再讲）。多数课程大纲对学生责任的要求主要涉及考勤、迟交作业的处理和课堂表现。这几个方面其实不存在唯一正确的规定。一百个老师有一百种具体做法，不同文章也有不同主张。要根据你的个性，随着你教学风格的发展来制定规矩。

　　关于考勤，首先要想好是否要采用这种方式，如果是，就得想好如何处理逃课的学生。教书一两年后，你最终会清楚自己是属于需要考勤还是不需要考勤的那一类老师。就目前来说，可以参考以下建议：如果班里学生不超过20个，而教学形式主要是讨论、小组活动或其他互动性的做法，那么应该要求考勤。以上课堂形式的开展本身需要学生的参与，你上课数周后也会发现考勤并不难，只消扫一眼座位，或者收发作业时在学生名单上打钩。对缺席者予以惩罚，比如在总评成绩里扣分。不过考虑到学生可能出现紧急情况，要允许学生一两次缺席。如果你教的是大班，且上课主要采用讲授法而非讨论法，就应该坚持考勤。但是你也许会发现记考勤并把出勤情况折算成每个学生的成绩，是极其烦琐的。不过建议还是要对大班考勤，起码你教的第一个学期要，坚持几个学期，再决定你课程的考勤要求。

如何处理迟交的作业——你肯定会收到迟交的作业——同样有开放式的答案。我认识一些老师，他们说只要学生交到作业，就不管什么时候交。而其他老师（包括我自己）则认为，迟交作业的学生可能把时间花在几个星期前的教学内容上，而没有集中精力到当前的教学内容，所以应予以处罚，甚或拒收其作业。我将在第六章再详细展开这一话题，现在暂时先给一些大体的建议。如果你在正式上课前坚决要求对迟交作业的学生采取强硬措施，那就采取，并在课程大纲上提出来，否则就简单地跟学生说"所有作业必须在截止日期前在班上提交"，然后根据具体情况处理迟交的作业。

最后，你要在课程大纲中指出对课堂表现的规定，无论是对于良好行为还是不良行为。如果你希望学生不缺一堂课，那就直接跟他们说，并说明其重要性（参见附录A"课程大纲范例"的相关内容）。如果你希望学生听你讲课时做笔记，也直接告诉他们。如果上课期间学生手机响起会让你怒发冲冠，则明令要求关闭手机。你只需关注要鼓励和制止的主要行为，不要细究课堂上你能想到的每一种情况，不然学生就觉得被当成小学生了。

另外，如果你的个人忌讳可能影响到你对学生的态度或评价，你需在课程大纲上写清楚。如果早上十点前看到有人穿红色衬衣会让你抓狂，那么请务必明确告知大家。

考核与评分

对于这个问题其实也没有公认一致的答案，可有多种做法。最容易想到也是最主要的一个问题是，考核学生主要是通过随堂考试、课外做习题、写论文、写报告，还是其他形式？你自己也上过四年大学，估计也不会和同事们讨论作业布置的问题，所以心里应该知道有哪些考核方式可以采用，也大概了解对于你所教学科而言怎样才算合理的作业量（否则，向系主任汇报一下你布置作业的数量和性质，征询他的意见）。

设置考核方式时请回顾一下你作出的课程承诺，不要因为别人考三次试你就考三次试，因为自己念书时要写学术论文就让学生写学术论文。要看看你给课程设定的每项教学目标，再安排作业，其目的就是考查学生是否达到了那些教学目标。

假设你教媒体研究，向学生承诺他们将学会用一套术语去分析电视上林林总总的广告。这一承诺其实就隐含了两类性质的作业：他们要掌握一套媒体分析的理论方法，同时要学会如何以此评析一则新近的广告。由此可以设计一份包含两大题型的试卷：第一大题要他们做学科名词解释；第二大题让他们看一则新广告，用所学理论、术语写一篇评论。

如果你的考试是要学生默写你在课上对广告视频作出的评析，就难以实现上述学习目标了，而学术论文要求写一种特定的电影手法也是不行的。你或许有其他的学习目标可以用这两种考核方式来实现，但关键是所有考核方式都得为兑现课程承诺服务。如果作出了具体的承诺，且要教会学生的不仅仅是学科知识的反复背诵，那么布置作业仍有很多选择。不要限死在你的大学读书经历或同行教学经验上，发挥你的创造力，寻求多样化的考核方式来考查学生对知识和能力的掌握。想想与你所教学科相关的知识或技能在学生毕业后对他们有何用处，并设计一个作业来向他们展示这些用处，比如叫他们设计一个关于历史人物或事件的网站、分析报刊对温室效应的报道、合写一份商业备忘录谈论道德的失范、向杂志社写信探讨一场政治危机、向股东们介绍新产品、给诗歌作注解。你不必革新高等教育里学生作业的性质，但是从教的第一个学期里布置出一次有创意的作业，会深刻影响学生对课程的看法，以及你对学生的评价。

一旦确定了主要的考核形式，就要决定小作业（如小测验、家庭作业、实验报告）在学生评分中的权重。除非你熟悉所在大学的文化，否则，建议采取一定量的每周作业，确保学生跟上阅读进度，测试学生对阅读材料的理解。这些作业有助于学生紧随教学进度，也将有助于你监督学生是否用功，是否对某个知识点存在疑问。不一定每天都要小测验，但那绝对也不失为一种选择。每周一次随机进行的小测验，也能达到同样的效果，还能减少批改作业的负担。

有一个更佳的做法，几乎所有学科都适用，那就是每周一次的写作练习。大量研究表明，写作水平与理解水平是相关的，换言之，当你要求学生通过写作来回应一个问题、解释一个现象时，他们对知识的理解和记忆就得到加强（参见本章末参考书目部分所示索尔钦聂利（Sorcinelli）和叶立波（Elbow）的著述）。根据这个发现，要保证学生下功夫，一个简单的做法就是每周抽出10分钟，针对当天或当周的阅读材料提一个问题，让学生写一两段文字作答，要求他们具体引用材料里的内容（参看第四章的设问范例）。

评阅这些答卷不必花太多时间。无需给每份写大量评语，只需用投影展示几份优秀答卷，详细解释为什么挑选它们即可。一旦这样执行以后，你就可以对每份答卷只给一个分数，并在上课开头时作点评说明。写作小测验应当进行计分，但所占比重不宜太多，比如我上课的小测验就占期末总评的百分之一。

关于评分，最后要考虑的问题是，应该采用分数制还是等级制，还是两者结合？第六章将详细讨论，介绍两种可供参考的方式。但无论采取何种方式，都要在课程大纲的相应部分明示。

学术诚信

关于学术诚信，你的学院会有具体规定，课程大纲里也必须提出，所以不妨问问你的系主任。本科生的学生手册也会收录全体学生开学典礼时已经看到或听到的诚信声明，因此也可以把声明放入课程大纲。尽管这些说明是必需的，但如何处理各种学术欺诈行为——考试作弊、抄袭、作业雷同——最终由你决定。所以，课程大纲要提及学术失范的后果，这便于你解释在你的教学里什么算作学术失范（比如作业雷同是否可以接受）。

至于如何处分，经验表明，要态度坚决、严肃，但又不失灵活。一个简单的做法是模仿针对犯罪的法律语言："抄袭者可处以挂科、作业作废"，或"作弊的处罚包括作业零分、挂科、退学"。这类表述既能显示出问题的严重性，又能让你处理具体情况时留有回旋余地。第九章将细说这一话题，在学术失范的处罚规定上给出具体建议。

协助残障声明

不少院校现在要求课程大纲附上声明，表示学校和教学人员将向残疾的学生给予特别协助。如果你的学校对此不作要求，你也最好作出自己的声明，让有特殊病症或学习障碍的学生主动找你，告诉你该如何在课内外予以关照。这样做有助于你在学生眼中树立正面的教师形象，而且当然也是天经地义的。

教学进度安排

我的课程大纲的最后一部分是详细的教学进度安排，写明一个学期的阅读材料、作业、每节课的主题。不过，我有同事的进度表只把一个学期分成三四个主要模块，每个模块起一个简短名称，大略地分配到整个学期十五周中。一开始就定好细致的进度安排的好处是教学期间无需张罗太多，查查表就知道某一天要干些什么，不用停下来作教学计划；坏处是计划总会赶不上教学实际情况的变化，这时候就得适时对进度表进行更新，重新安排作业和教学活动的日期等等。

注意，无论是学生还是老师，都在同时进行好几门课，而且又要考虑到他们有课外活动、兼职、私人生活的种种问题，所以，从一开始就告诉他们主要作业的提交时间、考试具体时间是合情合理的。花心思上好课的过程中，尽量减少课程规划，也不失为上策。与上课期间相比起来，你在开学之前有更加充裕的时间去把整个学期的课程切割成各大话题，把各部分内容分别安排到每一周。

不过，上课的时候，你也希望给自己留有进行教学调整的空间，所以实际执行第一个学期的进度安排时，最佳的做法是只定下十五个每周主题，列出各周的讨论问题及教材内容，附上考试日期和主要作业的提交时限，这样就够了。一边上课，一边充实教学细节和阅读材料，准备好在适当的时候调整教学进度。如果你上课时发现一个小小的调整能够促进教学，就不要仅仅因为一个安排表已经打印出来，就一成不变地执行。

如何利用科技手段实施教学，使课程网络化，这个话题将在第二章探讨。不过这里可以指出的是，在线分享你的课程资源，无论是通过独立网站还是Blackboard 网络教学平台等这类教学媒体，能使课程大纲变得更有互动性，从而方便学生随时查询特定的某一天要在哪里上课、要预习什么内容。把课程大纲挂到网上时，还可以给出链接，以方便共享作业、讨论问题、给学生推荐学术活动或网络学习资源。如果详细的教学进度表被放到课程大纲的网站上，当你需要调整教学计划、作业内容、时间分配的时候，网上的进度表就很容易进行更改。或许你不想在教学过程中大量使用复杂的科技手段，这也无可厚非，不过建立一个互动式的网上教学大纲，展示最新的进度安排，正式地存放课程相关文件，这样做还是大有好处的。多数大学都会安装网络虚拟课堂系统（如Blackboard），所以上述几个方面不难做到。

最后，采取一个小小策略，防止自己在第一个学期陷入一片混乱——这是几年前我发现一个同事在他办公室里实行的做法，我看到后立马就学过来了。无论你主要在何处完成教学任务——安排给教师的专门办公室、与其他研究生共用的办公室，或是你家地下室的一角——都把课程大纲里的进度安排表摘出来，贴到墙上，各部分内容连在一起。这样，当你要延迟试卷的批改，或终于看完朋友用电邮发给你的 YouTube 视频的时候，只要扫一眼墙上的表格，就能清楚地看到学生要提交什么作业，你要准备什么内容给学生，整个学期下来还能提前为自己的工作和生活节奏作精打细算。

参考书目

Athanassiou, N., Jeanne McNett, and Carol Harvey. "Bloom's Taxonomy as a Learning

Tool." *Journal of Management Education*,47.5 (2003): 533–555.

19 这是对布卢姆教学目标分类法的应用，和其他文献不同的是，它专门论述分类法在高等教育领域的实践。

Bain, Ken. *What the Best College Teachers Do*. Cambridge, Mass.: Harvard University Press,2004.

可参阅第74～75页贝恩对承诺性课程大纲的描述。

Bloom, Benjamin. *Taxonomy of Educational Objectives*, *Handbook I*: *Cognitive Domain*. New York: Addison-Wesley,1956.

你所在大学的图书馆，或者公共图书馆的某处应该藏有布卢姆的这本著作，可能是第一版，也可能是修订版。我所见到过的修订版是面向中小学教师的，所以最好是看第一版。当然，参考修订版也无妨。

Duffy, Donna Killian, and Janet Wright Jones. "Stalking the Superior Syllabus." In *Teaching within the Rhythms of the Semester*,55–119. San Francisco: Jossey-Bass,1995.

达菲和琼斯详尽分析了不同学生对同一课程大纲的不同反应，并在此基础上提出他们所谓的"加料"大纲——内容庞大，包含一些我没有讲到的大纲特点，值得我们深入研究。比如，他们提倡在大纲上对内容挖空并编号，由学生来填写课程的学习目标（p.84），这是上第一堂课时最好的导入技巧，而下一章会谈到一系列其他导入技巧。

Gronlund, Norman E.. *Writing Instructional Objectives for Teaching and Assessment*,7th ed. Englewood Cliffs, N. J.: Prentice Hall,2003.

20 和布卢姆著作的修订版一样，这本书主要的读者群是中小学教师。不过，如何表述学习目标是超越上述范畴的，涉及大纲的编写，所以也值得一看。

Lang, James. "The Promising Syllabus." *The Chronicle of Higher Education*,53.2（September 1,2006）: C2.

这篇关于课程大纲的专栏记录了贝恩对承诺性课程大纲的进一步思考，源自我就该话题对他的采访。

Sorcinelli, Mary Deane, and Peter Elbow, eds. *Writing to Learn*: Strategies for Assigning and Responding to Writing Across the Disciplines. New Directions for Teaching and Learning,69（Spring 1997）.

《教学新动向》（*New Directions for Teaching and Learning*）的这一期刊登的十多篇文章探讨大学课堂里让学生进行写作的做法，所有讨论都坚实地立足于对写作和学习的研究。如果你有兴趣深入这一方面的研究，这是绝佳的入门，其中提出了不少实际的策略。

第一周
初为人师

我第一次以大学教师的身份走进教室,是离二十二岁生日还有三周的时候。那是1991年8月底,我念研究生一年级的第一个星期。那天我教英语写作,上午8:30开始上课,有七个学生选了这门课。我当时很清楚自己仅比教室里的那些学生大三岁,所以并不着意树立自己的教师权威去震慑他们,却刻意打扮得跟他们相似——踏着拖鞋,穿着剪得破烂的、短短的军蓝色卡其布裤,还有白色T恤。我感到很紧张,说的话不多,只是把课程大纲、作业册派发给学生,把课程简介读了一遍,就让他们离开了。

现在想来,我只能为以上种种失策之举(如果你能够逐一指出,就找一张明信片,写上你的名字和地址寄给我,将有机会赢取我请你吃的免费大餐哦)承担一部分责任。跟当年其他研究生教师一样,我只参加了学校资助举办的为期一两天的岗前培训。虽然我选修的"写作教学"的研究生课程每周安排一次导读,但是当时第一次导读还没开始。尽管学校对我们很关心,但是培训工作开展得不够充分,所以我完全没准备好去承担一项极其复杂的任务——指导十八岁的学生进行阅读、思考、写作,以使他们获得学业和事业上的成功。

像我这样培训不足的故事在学界的自传中比比皆是,这一点伊莱恩·沙瓦特尔(Elaine Showalter)已在《文学教学》(*Teaching Literature*, pp. 4–9)中指出,该学刊对我们这些业已从教6~12年的老师来说再熟悉不过。然而世易时移,如今很少有教师只接受一点岗前的指导和建议,就贸贸然走进教室上课了。哪怕你是零经验零起点,只要专心读完这本书,你还是比当时上第一堂课的我要强得多。不过,相信大部分读者其实已经修完关于教学法的研究生课程,并担任过一段时间的助教,或参加过比我当时完善得多的培训。

但是我敢说,无论准备有多么充分,当首次面对学生时,你一定会紧张,第一堂课下课铃响起时,你肯定会如释重负。这也不总是坏事——紧张状态给你注入动力,让你集中精神准备首堂课的开场;如果你一点也不紧张,那就表明你对教师职业漫不经心了。沙尔瓦特引用他同事的一句话,精辟地描述了这种状态:"你肯定会害怕踏进教室当众演说,试问谁不会呢?但是压力可转化为动力,把你的怯场心理转化成表演欲望吧!"(p.17)要坦然面对自己的慌张情绪,采取措施应对紧张心理产生的生理反应——比如,备好一瓶水以防身体失水,带上手帕应对手心冒汗——要树立一个信念,那就是,从你踏入教室那一刻开始,那一堂课对你来说就会立刻游刃有余。

你固然急切盼待上第一堂课,但事前有很多方面需要考虑,在最开始就要将每一步都计划好。下面我们探讨上好第一堂课必须事先想清楚的问题,然后讨论开学第一天的教学选择。

着装打扮

首先要明确一点:千万不要穿自己剪的军蓝色卡其布裤、拖鞋和白色T恤。推而广之,不要穿自以为会让学生觉得你很酷的那些随意或不整洁的衣冠,因为你已经不再是一名学生了,同时你也摸不准学生对"酷"的判断标准。

要跟学生建立什么样的关系,塑造一个什么样的教师形象,都大有学问,这些我们将在第十五章探讨。但是现在可以指出的一点是,不要天真地幻想要和学生称兄道弟,不分长幼。无论多么怀念学生岁月,你现在已是为人师表,应当向学生树立起威信来。你当然希望学生觉得你亲切和蔼,有什么想法都来跟你谈,向你打开心扉。但是要清楚,你掌管了对学生的评分大权。而评分无论公正与否,都会深刻影响他们的学习工作和生活,决定着他们能否拿到奖学金,能否被研究生院录取,能否找到满意的工作。试图跟他们套近乎,无论是通过着装,还是课堂外跟他们打成一片,抑或邮件往来,其实都属惺惺作态,掩盖了你在他们学术生活中具有的真正职权。

那么衣服应该怎么穿呢?服饰风格时刻变化,我也不追赶时尚潮流,所以也不好说得太细。但是起码要穿得像个专业人士,与学生分清界限。(他们大多数穿短裤、牛仔裤、阿贝克隆比·费奇(译者注:美国休闲服饰品牌)的各种服装。)男老师完全可以穿长裤和有领衬衫,女教师亦然,但是她们有更多的选择助其打造教师形象。关于女教师在高等教育领域更丰富多彩的穿着时尚,可以参考艾米丽·托斯编写的《女教师指南》(*Ms. Mentor*)。这本书列在本章参考书目中。(艾米丽也在《美国高等教育纪事》)的专栏文章提供着装指点,可网上阅览。)其实不必太过纠结穿什么,如果着实不懂得该怎么穿,就干脆选择你当时应聘教学岗位时的面试装束,或在上课的头一两天参考其他老师的穿法。

上课时长

在我"辉煌"的第一堂课中，失误之二就是花了整整 20 分钟逐字逐句地念课程大纲，还提前下课。不幸的是，你经常会发现一些教师把第一节课上成半节课，唯一做的也只是派发课程大纲，让学生提些问题（但几乎没有学生会举手）。按照这样的做法，提前 5～20 分钟下课（视乎每节课多长时间）问题应该不大，但是如果期间没有开展实质性的教学，那是绝对要避免的。

课堂上教师的行为除了本身的教学作用以外，还具有象征意义。比如，整个学期都是你一个人作讲授，不让学生发表意见，他们就会觉得老师对他们的想法不屑一顾；穿剪得破烂的卡其布裤，意味着你跟学生无甚区别；众目睽睽下把手机放上讲台，将误导学生可以在课上使用手机。

详尽地向学生介绍课程主题是一个良好开端，喻示着你充满激情，热心指引学生，也表明他们花时间前来听课不是在浪费光阴。相反，不谈课程主题，给人的印象是，到教室碰面只不过是老师和学生都不得不做的苦差役：诚然，要到上课时你才要见学生，但是千方百计借机缩短上课时间（尤其是开学伊始、临近期末、假期前夕的那些课），就代表你在逃避他们，一如他们在逃避你。

首堂课就投入到课程内容中，并不意味着全程讲授——我认为那样做和提早下课一样不可取。的确，铂尔曼（Perlman）和麦肯（McCann）发表在《心理学教学》(*Teaching of Psychology*) 的一篇研究报告表明，首堂课就进行全程讲授被证实对很多学生收效不大，反而使他们丧失对课程的兴趣（p. 278）。要注意，学生在开学第一周通常要接触五门新课，如果此时你整堂课把太多信息一股脑塞给他们会使他们无法招架，难以吸收，徒费时间。不过，即使是受到课时缩短的限制，你仍然能轻而易举地运用一些简单而实在的教学手段，做好课程导入，激发学生的学习欲望，使你的教学逐渐走上正轨。

选课与退选

有经验的教师可能会反对上面的观点，他们的理由你自己很快也会明白，多数大学开学的第一周是选课周，也就是说，学生在此期间还可以对自己的课程表作改动，选修假期过后新开设的课程，退选时间冲突的课程。有些学校形成这样一个做法：把第一周视为供学生尝味各式课程的平台。通过试听同一时间段的不同课程后，学生选定某门课程是出于该门课程教师资质好，或是功课量适宜,甚或仅仅是上课时间段和日期最为方便。既然第一周听课的学生中有很大比例会在第二周就"人间蒸发",老师们可能会认为,何必花太多心思到第一节课上呢?

实行选课周是有道理的,因为学生总会遇到课外活动、校外兼职实习中时间安排上的临时变动。我们在上第一节课时,以学生为顾客,用课程大纲作广告努力吸引其注意,选课周就俨然成为一种校园文化。满满十五周的课在开学初看似绵绵无尽期,但其实会过得飞快,你将会为实现大纲里设立的教学目标起早贪黑地工作。所以不要轻易打发掉上课时间,要把第一节课作为整个教学的重要环节。

如何面对学生的选课或退选呢?你无需理会退选的学生,反倒要为此庆幸,因为这样你就少了一个学生的作业和试卷要改了。学生若是选你的课则会给你带来一些挑战。上过选课周里的第一节课之后,第二次上课一开始,就要告诉错过了第一节课的学生在下课后找你。你要在课后把课程大纲补发给他们,叫他们自己读一遍后用电邮把问题发给你,或在下一节课提出来。此外,最重要的是,让他们知道要把第一节课错失了的内容或作业补回来。要是他们能够请教同学,那就最好;否则,在你的办公时间,让他们找你帮他们补回来。因为总会有一两个学生出现这种补选的情况,你不妨将你首堂课讲授的内容和布置的练习做一个文档,供打印或挂到网上,这样,当他们在你办公室拿到讲义、作业册、网站地址后,就可以放学了,省下不少时间。

上好第一堂课

无论你决定怎样上第一节课,有三件事情必须做得到位:讲解课程大纲、导入课程主题和初始内容、让至少一部分学生参与到课堂中去。

最后一点也是最为关键的一点:学生以怎样的方式融入课堂、在课内外如何表达自己的意见心声,都要在你策划教学、准备第一堂课的时候被考虑进去。

你要注意发挥教学行为的象征作用。首堂课就鼓励或要求学生积极参与,就会让学生意识到整个学期都被动地坐在那里是不可接受的。要让他们每一节课都要有备而来,沉浸在课堂中,全程投入。下面的一些具体做法可助你实现这个目标。

讲解课程大纲

我上课进行至这一环节时,向来都站在讲台上大声朗读提纲。原因有二:第一,此举如同宣读法规,确保每个学生都听清楚他们要履行的责任,遵守学术诚信。这样，学生失范时就不能理直气壮地声称自己事前不知道规定。第二，在大声朗读的过程中，我可以对大纲上需要注意的地方予以展开，不然的话，学生可能只是扫一眼就跳到大纲中关于功课安排和作业时限的说明去了。

宣读大纲肯定足以完成课程介绍，只要你在课堂上其他时间让学生参与课堂互动，这样做应该没有太大问题。但是，宣读对于老师和学生来说可能都是整个学期最沉闷的环节。试想，要是系主任发给你学院政策文件，对着你坐在会议桌的另一头读给你听，那该多没意思，多么烦人啊！

2006年秋，我在《美国高等教育纪事》发表专栏文章，讨论朗读大纲的做法，当时收到不少老师电邮来信，他们提出了介绍大纲更有趣味的方式。计算机科学家迈克尔·根纳特（Michael Gennert）提出了一个绝佳的主意，他这样描述自己的导入课：

> 我通常给学生派发课程简介，里面说明课程内容，所需的背景知识，讲师和助教的办公时间，要做的实验、功课、项目，考试日期，对考评和作弊的规定。然后叫学生找搭档——腾出时间让他们找，因为有些学生比较害羞——叫他们一起讨论，想出三个有关该门课程但大纲没有说明的问题。接着我让学生向我提问，并试图解答。（Lang, p. C1）

根纳特说，这样好处多多："可以防止学生昏昏欲睡，促使他们讨论与思考，共同承担提问的任务，学生之间、师生之间实现对话，全程参与。"无疑，你希望这些效果延续一整个学期，根纳特的策略能有效促进学生参与课堂班风的形成，那正是你要在班里打造的，也要在首堂课就开始抓。这个策略有一个可以稍作改进的地方，那就是学生问的问题，可以是针对大纲上没有的内容，也可以是关于上面已有的内容。虽然我们会觉得大纲已经写得清清楚楚，无需再展开细说，但学生们不一定会这么想。

结识学生

你大概曾经参加过一些旨在打破僵局的活动，这些活动往往出现在集体会面或群体共事之初，目的是让成员相互认识，消除彼此之间的生疏感。这样做的意图是很好的，作为老师你当然希望能在课堂中得到实现。但是如果要坦白地给你忠告的话，我会说，应当避免与课程内容不太相关的结识活动。理由有两个：一是学生在小学和中学已经历过许多这类活动，并不想在大学继续重复；二是学生在大学里相互认识的场合已经多到腻了，大学新生、宿舍、协会和运动队等都有各种各样的集体活动。

如果你确实喜欢这种活动，以往参加的经验已改变了你的人生，使你热衷于把这种形式发扬光大，坚持做也未尝不可。我很赞同格雷厄姆·贝内特（Graham Bennett）对此活动的批评："我们的学生性格各异，同样的活动，有的学生把它看作活泼自由、寓教于乐的教学形式，有的则将其视为令人反感、哗众取宠的游戏。"（Bennett, p. C2）不过这也意味着，会有学生，哪怕是一小撮学生，很喜欢相互认识的环节。无论采取何种做法，都不可能兼顾全部学生的喜好，所以要进行相互认识就径直进行吧。在酝酿这一章的内容时，我搜寻了没那么烦人的相互认识的方式，找到唐娜·基利安·达菲（Donna Killian Duffy）和珍妮特·赖特·琼斯（Janet Wright Jones）提倡的自然结识学生的两种途径，它们操作起来不费时，摆脱了夏令营中雷同活动的那套模式：

（1）在上课之前早早地到达教室，站在门口，跟进来的学生打招呼，和他们握手，自我介绍时报上名字。这样既能使你知道他们的名字，又能如达菲和琼斯所说，"营造一种集体的氛围"（p. 141）。

（2）学生走进教室时，递给他们一支粉笔，叫他们在黑板写上自己的名字后再坐下。其好处是让你跟学生逐个打招呼，使他们"获得各自的教室空间"（p. 141），这会在上课过程中提高其参与课堂的积极性。

如果你不喜欢上面的两种方式，并且觉得正式或非正式的相互认识环节都没有必要，可以试试下述的常见做法。

第一印象

关于学习理论的研究表明，学生走进教室时，脑海里已经有对课程的初步"认识"，他们会用已有知识来诠释新学到的信息和观点（详见第七章）。我用引号括起"认识"这个词，是因为他们头脑中有的不是真正客观的认识，而是先入为主的看法、主观印象、不充分的观点或零碎的信息。他们会凭这些"认识"去加工你传授的信息，并试图把新知识归并到原有知识所架构的体系中。

有老师可能会反驳道，可是我的学生此前对哥伦比亚时代前美国印第安人社会文化一无所知啊。这没错，但是他们已经对印第安人和哥伦比亚之前的美国有一定的了解了——他们从别的课程、电视节目、电影、平时的阅读中接触到各种零散、浅层的知识和数据。这些粗浅的学识——比如对印第安人的先入之见——将构成用来加工课上所听所读的过滤机制。如果他们对印第安人的认识仅局限于迪士尼电影《风中奇缘》（Pocahontas），那么他们在课上对印第安人的第一反应不是"嗯，他们就像电影里的印第安公主"，就是"咦，他们一点都不像印第安公主"。

我在这里的讨论只是隔靴搔痒，章末列出的参考书目有更全面的论述。我们不能试图改变一个人的学习或加工信息的习惯，所以面对学生旧知识干扰新知识学习这个问题的最佳方式就是，在开学初的一两节课考查学生的学科知识基础。一旦查明后，我们就可以花时间在课程中着手处理他们的先入之见，对其原有知识加以强化或纠正。评估学生原有知识的一个简单办法是填写问卷，收集学生的基本信息。在第一堂课找个时间给每个学生派发问卷，叫他们填写姓名、专业或专业意向、电邮地址——如果需要给班里发布信息就使用这一项（不过现在很多大学已经安装了网络电邮系统，或是下一章会谈到的虚拟课堂，使你发布消息更方便）。除此之外，还可以叫学生写一段文字，回答两三个以前接触过的学科问题，或者让他们就本学期课程的主题发表看法。设问可以是简单、大体的，还可以针对学生的个人经历和知识结构，比如：

（1）艺术史：描述一下使你印象深刻或深感兴趣的一件视觉艺术作品，并说明原因。
（2）哲学导论：什么叫合乎伦理？
（3）人体生物学：你认为什么领域或职业非常依赖人体生物学的知识？

学生对这些问题的回答将反映他们对学科已有认识的广度，也创造机会让你去说明你的课对他们学习和工作的重要性。（比如你可以说："同学们，各行各业都十分依赖人体生物学的知识呢！"）你要根据得出的学生知识基础来设计未来一两节课的授课内容或讨论问题。

妙的是，如果真要进行相互结识活动的话，让学生填写问卷还可以达到熟络学生的目的。在学生人数不超过25人的班里，填问卷只需15～20分钟，却能大大舒缓学生第一堂课的紧张情绪，使你在他们眼中变得更有人情味，也使你感到他们更易于相处。收回问卷时，还可以用它们来记考勤——不是简单地对学生名单，而是把名字逐一念出，记认他们的面孔——同时跟每位学生简短交流几句（交流可以在第一堂课的这个时候才进行）。浏览收回来的问卷时，根据他们所写，问问他们的学习计划、对课程的大体感觉。比如，如果他们写的是"不知道"，那就问他们在想些什么；如果他们说蒙娜丽莎是他们最喜欢的画作，那就问他们是否去过巴黎。提的问题不要流于滥俗，但也不要用太高深的学科知识来为难学生。跟每个学生交流不要超过1分钟，在大的班级里，则可以选择性地和一部分学生聊几句。

最后，要对收集回来的学生基本知识信息进行整理，可以用它作为准备第一堂课练习的素材。问题的设计是用来大概了解全班的知识水平，比如可以这样问："谈到印第安人，你最先想到的五个方面是什么？"全班点名完毕后——无论有没有跟学生聊——告诉他们，你现在要跟他们谈谈他们的想法。把问卷上的书面问题以口头方式提出来："好，我们来听听你们对印第安人的大体印象。"问有谁想分享一下自己的看法。如果一开始鸦雀无声，就直接叫一两个学生说说他们在纸上写了些什么。这会减轻他们临场作答的压力，也能激发其他同学发言。他们一边回答，你一边在黑板上写出来，把回答内容分门别类，分别与课程主题密切关联起来（比如印第安人的战争与武器、社会结构、宗教信仰）。课堂最后几分钟，简要地说明他们想到的方面将在课程中得到怎样的探讨。

托马斯·安杰洛（Thomas Angelo）和 K. 帕特里夏·克洛斯（K. Patricia Cross）在《课堂评估技巧》（*Classroom Assessment Techniques*）中描述了一种类似的做法，名曰"考查旧学"（Misconception/Preconception Check）。他们认为，学生对学科主要话题存在既有知识，指出学生的这些既有知识往往是一些错误观念，提倡专门设问来披露他们常见的误解，然后由教师来指正、解释。他们举了一个例子，在印第安历史课中，教师在首堂课提出以下三个问题：

1491 年之前，北美洲大约生活着多少人？
到 1491 年为止，这些居民在北美洲居住了多长时间？
当时他们取得哪些重要的文明成果？（Angelo，Cross，1993：133）

教师收回答卷时，找出有所偏差的答案，向全班展示出来，但是不要立刻给出正确答案。相反，教师用课堂余下时间跟学生探讨出现错误思想的根源，随后布置作业，让他们在图书馆搜寻更有理据的论述。

无论讨论的问题是单单考查事实型的知识，还是指向更抽象的层面，书面或口头作答都可以。然而，学生会在学期初因为焦虑而保持沉默，所以要在提问学生之前提供充裕的时间让他们思考问题。可以试试下面两个技巧：

（1）叫学生用五分钟在笔记本上作答，用一段话、简短速记、列清单的形式记录他们的感想。

（2）让学生找搭档一起讨论初步的想法，让每一对搭档总结出三个双方都认同的具体观点或事实。

只要在较为轻松的情景中发散思维，他们就能更自信地在班上分享自己的见解，因为他们可以照念纸上所写的回答，也可以汇报小组讨论结果（这样，他们就不用那么担心自己回答错误，显得无知）。

总结了几个学期或学年的学生原有知识框架之后，你可能会发现，他们对学科的先前认识呈现出一致性——这时候，可以开始尝试其他导入课程的方式。通过这样那样的方式努力收集学生的思维信息很有价值，将助你更有效地计划第一学期的教学。

让学生填问卷还有最后一个好处（第十四章将会详谈）是，可以在学期末回顾作答记录，让学生看到他们经过一个学期学习后，现在的知识比起最初的感性认识有怎样的长进。这种前后对比对教师也很有用，能助你反思自己是否按照计划，把学生从懵懂状态引领到更上一层楼。

有趣的学科谜题

你可以在第一周的最后几节课才让学生填问卷，也可以使用Blackboard或布置练笔作业以了解学生。如果是采取后者，可运用导入课程的另一种策略。凯文·贝内特（Kevin Bennett）发表在《大学教学》（College Teaching）的一篇文章对此有精妙的描述，他把这种策略运用到统计学教学当中，而统计学正是需要及早激起学生兴趣的学科。

贝内特写道，他用庆祝生日的情景来导入他的统计学课。具体来说就是，他给学生呈现了一条关于生日的悖论："从前有三十个人同处一室，他们中有两个人生日相同的概率会大于75%。"在派发课程大纲前，他就对这个悖论解释，逐一询问学生的生日，直到有两个生日相同为止，这样，课程就完成导入了（他表示，每次都有两个学生同日而生，让人松一口气）。不愧是统计学家，贝内特通过统计学分析来证明其策略的有效性——对比了学期初采用这种策略的班级的学生上完首堂课后对课程的期望值和对照组的期望值。听了生日的噱头之后，表示期待上课的学生的比例从43%跃升到82%（Bennett, 2006: 106）。

激发和保持学生的兴趣，是贯穿整个学期的持久战。做好课程导入，是保证未来一个月取得教学成效的关键。提出引人入胜的问题、扑朔迷离的悖论，甚或学习过程中可能碰到的小小疑问，这些都如同小说开头的叙事技巧、电影情节发展中的戏剧性桥段——能让学生一睹即将发生的跌宕起伏的情节，承诺你的课将让他们明白乍看之下十足神奇的现象。

显然，这需要找到你学科中的有趣谜题，要做一番思考。发现谜题的一个途径就是，反思你自己当初为何要决定修读该科目。比如，你不可能一直钟情于龙虾交配习性的研究。回想一下：你的专业方向中有什么让你入迷得晚上无法入睡，老在想龙虾繁殖的复杂机理？有什么研究领域尚未得到探索？你的研究问题对世界有何意义？你可能要沿着这个方向多加思考，才能找到当初让你兴趣盎然的主要学科特点。但是，通过这样做，你可能重新发现学科中的一些闪光点——要尽可能在入门课中涉及——你可以用这些亮点来感染学生。

呈现给学生的谜题，不一定要像前述的生日悖论那样戏剧化、游戏化。在文学导论课中，我用一个简单做法来激发学生对文学语言意义多重性的兴趣，从而引起学习欲望。我用投影打出一首诗，它以一个老人的口吻忆述了童年时与父亲相处的经历，这类主题很多学生都能理解。然后我叫他们在笔记本上回答：他们认为叙述者对过往经历的情绪反应是积极还是消极的，同时援引原文语句来支持自己的观点。5分钟之后，我让他们开始讨论，让学生各自说说他们划出的语句。我们这样用10~15分钟赏析诗歌，最后，学生清晰认识到看到诗中叙述者是百感交集的，其回忆既苦又甜。我引导学生领悟了这一点，然后补充道，这样的学习方式，我们将在本学期继续执行下去——阅读文学作品，感悟自己的人生，同时分析文字，为自己的解读引文作证。

我这样做要达到的三个目标：用诗歌引起学生共鸣，吸引他们的注意；使他们意识到，原来自己能够理解和分析深奥的文学作品；让他们明白，解读文学不是单单给出自己的看法就够的，还要搜寻字里行间的证据以得出结论，这正是他们学习每一门大学课程都要用到的思维能力，而且毕业后在各行各业也要用到。

了解学生对学科的第一印象，把学生带入知识的迷宫，是简单而有效的策略，不过，除此之外还有很多导入课程的方式（见下面所列戴维斯（Davis）和麦吉奇（McKeachie）的文章）。

随着教学经验的积累，第一堂课可以用来实现其他目的，比如开始记忆学生姓名，踏上这条漫长痛苦之路（详见第十二章），让学生看看你的教育背景，使他们更了解你的教学方式。慢慢地，你将学会如何取舍这些教学目的。上述做法所占课堂时间不多，实施后还有大把时间做别的课堂安排，但它们很有意义，使首堂课便开启了教师兑现对学生所作承诺的旅程。

参考书目

Angelo, Thomas A., and K. Patricia Cross. *Classroom Assessment Techniques*, 2nd ed. San Francisco: Jossey-Bass, 1993.

关于首堂课教学活动的建议，见"评估原有知识、回忆与理解"（Assessing Prior Knowledge, Recall, and Understanding）（第115~158页）一节。

Bennett, Graham. "(Dis)Orientation." *The Chronicle of Higher Education*, 53.9 (November

13,2006）：C2.

该文生动描述了在一次学院新生大会中相互结识活动是如何被搞砸的。

Bennett, Kevin L. "How to Start Teaching a Tough Course: Dry Organization Versus Excitement on the First Day of Class." *College Teaching*, 52.3 (Summer 2004): 106.

贝内特描述了自己如何用"生日悖论"导入其统计学课。

Davis, Barbara Gross. "The First Day of Class." In *Tools for Teaching*. San Francisco: Jossey-Bass, 1993.

戴维斯关于首堂课的一章细数所有需要注意的方面，同时列出种种互相结识活动和其他策略，对每一种都有简单介绍。

Duffy, Donna Killian, and Janet Wright Jones. "The Opening Weeks: Establishing Community." In *Teaching Within the Rhythms of the Semester*, 121–157. San Francisco: Jossey-Bass, 1995.

达菲和琼斯列举了大量导入课程的策略，作出了对开学初营造班级集体氛围重要性的哲学思考。

Lang, James M. "Beyond Lecturing." *The Chronicle of Higher Education*, 53.6 (September 29, 2006): C1.

我在文中描述了迈克尔·根纳特在导入课上向学生介绍课程大纲的技巧。

McKeachie, Wilbert, and Marilla Svinicki. *McKeachie's Teaching Tips: Strategies, Research, and Theory for College and University Teachers*, 12th ed. Boston: Houghton Mifflin, 2006.

麦吉奇的这本书一直是一部全面的经典教学指南。其建议见"第一次会见学生"（第21～28页）。

Perlman, Baron, and Lee I. McCann. "Student Perspectives on the First Day of Class." *Teaching of Psychology*, 26.4 (1999): 277–279.

文中给出的研究结果来自一项对570名区公立大学修读心理课的学生的调查，以新颖的视角考查学生对首堂课的心理期待，以及教师如何在首堂课给学生留下深刻印象。

Showalter, Elaine. *Teaching Literature*. Malden, Mass.: Blackwell, 2003.

重点参考开头一章"教学焦虑"（The Anxiety of Teaching），它描述了教师在课堂中首次亮相时感到焦虑的合理原因。

Toth, Emily. *Ms. Mentor's Impeccable Advice for Women in Academia*. Philadelphia: University of Pennsylvania Press, 2002.

一部面向女性学者的优秀指南，语言机智。

第二周
科技助力教学

43 几年前,我教英语写作课,有个学生写了一篇文章,记述她撰写一篇历史课论文的经过。该文写得很好,最后刊登在学生报上,它给全校揭示了一片令人不安的光景:科技已经无孔不入地渗透到学生的生活中。这位同学写道,她坐在电脑前,努力就文章主题组织自己的想法,但是一直无法整理好思路,因为身边总有各种干扰:时不时响起的手机声、朋友发来的实时通信信息、父母发来的电邮、iPod 里滚动播放的音乐、隔壁室友电视播放 DVD 的嘈杂声。我很难想象自己在如此纷扰中如何能把名字和地址敲进电脑,更不用说写完一篇历史论文了。

沃尔特·翁(Walter Ong)数十年前在《口述与文字》(*Orality and Literacy*)中指出,文字是改变人类思想的一项重大发明,使人类文明从口述阶段进入文字记录的阶段,深刻地影响了人类思考的方式。如今,类似的情况发生在我们学生身上,因为他们的头脑在这些科技条件下逐渐学习如何运作,他们的创造

44 力能够通过如此多样的科技渠道得到发挥。唐·马迪根(Don Madigan)指出了、我学生的那篇文章也分明显示了,这一代的学生已经以我们老一辈不太熟悉的方式"习惯了一心多用"(p.2)。马克·普林斯基(Marc Prensky)更有力论述了学生思考方式发生重大转变的观点,其引发争议的关于"数码原住民"(digital natives)的文章称,当今学子出现"翻天覆地的变化","我们原先创设的教育系统已无法再适应他们"(p.1)。普林斯基认为,我们这帮老师——他称为"数码新移民"(digital immigrants)——需要彻底变革教学内容和教学方法,以适应学生的转变。他提到我们现在培养的很多思维能力,比如阅读、写作、算术、逻辑思考,属于"传统经典"的教学内容,将最终让位于"未来"的教学内容。

对此我只能如此评论:可能吧。这样的回应态度不是不屑或质疑,而是真诚的想法。我认为这些新的技术来势汹汹,的确有可能改变我们的学生、课程

编制、教学方式。可是，我们还没到那个担忧的地步。文字出现后过了几千年才真正改变了人类的思考模式，普林斯基洞察到的这些新技术将引发的思维革命在我看来并不显著。它们也许终将体现在大学教育构建学习环境的方式中，但是目前为止，课堂、课程编制、教育系统框架的建立，仍然是为了把新技术融入传统教学活动中，而传统教育的主要构成在短时期内并不会消失。作为一名 21 世纪早期的教师，你仍然会置身有桌椅有黑板的教室，哪怕黑板可能是绿的、白的，或有特别设计，能显示数码图像，而你的学生可能在桌上放有笔记本、台式电脑、笔记本电脑。固然会出现种种变化，但是你依然会站在学生面前或身边，培养他们需要发展的技能，他们也依然要进行阅读、写作、发言，由你评定他们掌握了什么技能。总而言之，教师的基本任务在未来好一段时间内不会改变。

此外，在 2008 年或之后上任的大学新教师几乎都是在使用电邮、手机、iPod 或其类似设备中成长起来的，习惯了用实时通信软件跟家人、研究生同学、好友保持联络。所以，今天的学生，以及他们依靠科技的学习习惯，跟新教师的距离没有跟老教师的距离那么大。你自己本身可能就是"数码原住民"。因此，本书不会论述你如何需要变革、重构你的教育观念，也不会提倡抛弃课本，统统代之以电脑操作。阅读、写作、算术、逻辑思考如此重要，它们将延续下去，至少在你和我的教学生涯中得到延续。我还要进一步指出，教学的基本原则——我写这本书时秉承这些原则——将会贯彻到任何教学活动中，哪怕是涉及在线课堂、远程教学。在这些教学环境中，即使你只是虚拟地站在学生跟前，但还是要明白基本教学互动的各个层面。所以，全书的宗旨是确保你对学生怎样学习有根本的认识，提出实际的策略去帮助他们在真实课堂或虚拟课堂的环境制约下进行学习。我预期读者有足够智慧，能想到如何树立这种认识、吸收这些策略，同时使它们适应新科技的应用。

我说以上这些并不是要忽视科技，尽管本章解释新教学技术时可能没有你预期的详细。这是有意而为之，原因有二：第一，你会发现科技在对课堂产生神奇效用的同时，也可能毁了你的进度安排。尤其是当你第一次在课堂中使用科技辅助手段时，磨合适应要花费的时间是巨大的。汤姆·拜尔斯（Tom Byers）是管理科学及工程的教授，同时是斯坦福科技项目的带头人，他估计自己每上两小时的课需要用上八小时去准备。作为新教师，你不会也不该花那么多时间去备课（下一章和在此谈到的一个教学准则是，每一小时的课应当准备两小时）。在教书的第一年，坚持运用最基本的技术，因为你熟悉其使用，无需花费大量时间就能将其结合到教学中。本章正是着眼于那些基本的教学科技。第二个原因很明显，那就是，科技是会变化的。这本书是在 2008 年或之后出版的，这时能够使用的科技可能在 2007 年初我写这本书时还没发明出来。所以我不想太过细究一些软件和与之相关的教学策略，因为它们总可能被下一波的技术创新所取代。重申一次，本章乃至本书的目的是助你打下教学理论的坚实基础，无论未来科技怎样影响教学的面貌，都能为你的教学实践作指引。

虽然如此，我还是想花时间来介绍一下在大学教学中应用非常广泛的科技发明，它似乎注定会以某种方式被沿用下去：网络学习管理系统，如 Blackboard，它是现时大学里最普遍使用的教学软件（这些软件有多种名称，我姑且称之为"虚拟课堂"）。Blackboard 这类软件，以及其同类软件，如 Desire2Learn 或 Sakai、Moodle 等开源软件，通常由大学购买了全校的使用权，然后通过校园网络供各院系老师使用，可以为他们的课程建立学习网站。这些软件提供空间供教师上传课件，连接其他资源、多媒体材料，以电子形式接收和反馈学生作业，发布信息，通过博客和论坛的形式与学生沟通，还可以让学生建设他们自己的网页。如果你还没有收到关于这个软件在学校的使用信息，就问问系主任、学校信息科技办公室；基本上美国每所大学都安装有这一类系统的。（但是这不代表基本上美国所有院系教师都在使用这些系统。很多大学的院系仍沿用粉笔和黑板，或使用最简单的技术，如用电邮跟学生通信，用幻灯片授课。要明确指出的是，即使你的课堂只有教师、学生、黑板、纸、笔，也完全没有不妥。）

Blackboard 等系统只是你在大学里能使用到的科技的一小部分而已。本章参考书目部分列出一篇在线文章，作者唐·马迪根，全面而简要地叙述了当今校园里最常用的十大教学科技：博客、维基百科、虚拟课堂、报告软件（presentation software，如 PowerPoint）、在线教学视频（Web tutorials）、概念匹配软件（concept mapping software）、网络电台（webcasts）、播客（podcasts）、电子文件夹（electronic portfolios）、个人应答系统（personal response systems）等。读者可能不太熟悉的，比如概念匹配软件、个人应答系统（有时称为"点控器"（clickers）），需要新教师花更多时间去将其融入教学中，因此不建议你在第一学期就使用。耳熟能详的那些，比如博客、电子文件夹，只要你加入了 Blackboard 等虚拟课堂，都能够使用，此外虚拟课堂还有其他功能。因为虚拟课堂被广泛使用，能够吸收其他新发展的科技，操作相对简便，本章余下部分将集中探讨其使用方法，剖析其四大好处，同时指出使用时需要注意的地方，以避开使用陷阱。

我承认自己属于那种在教学中接受科技手段比较慢的老师，不过我逐渐有所改变。当你读到这里时，我已经在使用虚拟课堂了，并在校园网络上上传了我部分课程的播客。但是由于目前经验有限，我为写本章着手研究虚拟课堂在教学中的作用时，请教了一位同事。露西亚·诺尔斯教的是美国文学，非常注重文学的历史背景,她极力推荐她在教学中用到的 Blackboard 系统的一些功能。本章全篇都贯穿着她对我的指点,在此感谢她的热心帮助。

构建学习共同体

Blackboard 风格的虚拟课堂的最大用处是,帮助你在学生之间及师生之间建立一个学习共同体。毕竟,一个班级就是一个共同学习的群体,在其中,大家共同协作以完成一致的目标:使学生比进入共同体以前更深刻地理解知识。你在帮助学生实现这个目标,他们也在自己帮助自己,同时他们也能够而且应当互相帮助。但是,如果你只在每周三个 50 分钟的课时里进行互动,而这些课时的一部分难免被你的行政职务、学生的迟到早退、节假日冲掉,那么就很难建立和维系学习共同体。

虚拟学习环境正是创造了一个宽广的平台,供学习群体的成员在课堂外进行互动。学生和教师有空时都可以花几分钟在社群里交流,而且,象征性地,这个空间总是为专属于你的课程一直保留着——这和实体课室不同(实体课室里总会有学生心不在焉),而且供各种不同的班级共用。

虚拟课堂营造社群的主要功能在于讨论版、博客,它们可以用作一个让学生讨论课程内容、提出问题的空间,也可以包括在课程里面,作为例行的作业。露西亚·诺尔斯认为,把这些互动界面作非强制性使用通常是没有效果的,她肯定地对我说,如果单纯叫学生自愿性地发帖,你会发现版面上空空如也,一片萧条。学生同时上四五门课,本身已经有很多功课要完成,他们怎么会放下作业,积极地在课程网页上写帖子,徒增自己的课业负担呢?

露西亚提倡在课程里硬性要求学生在博客或讨论版上定期发帖。在她的课程里,学生要就每节课的阅读材料写两到三段文字的感想,贴到讨论版上(超过三次不发帖就会受到惩罚)。每节课上课之前她会浏览发帖纪录,了解学生对所读内容的主要想法和疑问。一些软件,比如 Blackboard,可以让她在发言记录里搜索关键词句。比如,如果想知道是否有学生注意到所学的一首诗中的一双鞋的象征意义,就可以对"鞋"这个词进行限定搜索。这种先进的检视学生想法的方法也常常帮助她去处理始料不及的学生疑问或误解,比如学生对 18 世纪散文拼写或标点使用习惯的厌烦和困惑。在教室里,上课时先是讨论论坛上提出的主要观点或有趣的问题、疑问,然后转入更为全面的探讨,或学习露西亚准备的内容。

另外,她布置的讨论作业每节课都是一样的:从阅读材料中找三处引文,根据课程的主题或元问题进行分析。在整个学期的学习过程中,学生不断重复这种练习，相互查看帖子，于是越来越懂得选取关键文段进行分析，然后撰写回复。"真正的学习，"她说，"意味着反复使用一套问题和工具，难度级数逐渐提升。"当然，可以针对博客，布置你想布置的功课，可以叫学生上传连接到课程相关网站的链接、课程中所做项目的研究结果、论文的初稿、对彼此帖子内容的回复等等。

当时听说露西亚使用博客后，我的第一反应是觉得这样做对教师而言需要大量的工作。其实这不一定，只是乍听起来很繁重而已。露西亚并没有给学生的每一条帖子评分，她平时检查学生在每节课后是否发了帖只需要一分钟，而且这项工作还可以留到学期尾才做（因为所有帖子都会被保存，她可以按学生查看所发帖子）。发帖频率反映了学生对课程的参与度。到期中的时候，露西亚叫他们参照全学期看到的最佳帖子，写一篇对自己帖子的自我评价。她对这项作业评分，指出这样的确有助提高他们在下半学期的发帖质量。到学期末时，露西亚叫他们选出自己最满意的三条帖子，她只对这些帖子评分。总之，给帖子打分不一定要像改小测验和论文那样耗时。

当然帖子也可以不用发得那么频繁，比如一个星期一次，或整个学期一共三次。很多方面都取决于你计划如何使用论坛，但是露西亚建议用一点论坛，除非你希望它只不过是另一项需要完成的作业。如果学生发了帖子，就要确保你会在课堂上以某种方式用到这些帖子，来引发讨论，或用来指引授课内容的方向。

除了营造和维系课程学习共同体这个理想化的目标以外，论坛还能够实现一个更有实际性的教学目标：让文静内敛、在课堂参与中容易感到焦虑的那些学生能够和他们的同学与老师交流自己的看法。每门课总会有那么些学生倾向于听其他同学发言，整堂课都很安静；或是只要当众发言就感到焦虑，不参与课堂讨论（小组活动有时候也能够鼓励他们的参与）。有些老师认为腼腆的学生必须学会参与课堂，因为我们要培养能够在必要时候发表自己看法的公民和员工。我不完全赞同上述观点，因为有些学生患有焦虑症，使得其当众发言十分困难，有可能成为产生心理创伤的苦痛经历。这些学生和其他人一样同样有权利接受教育。论坛讨论能让他们参与面向更多人的课堂讨论而不用承受来自群体的压力——这种不安情绪你自己也可能会有，大多数人也会感到，只是程度较轻罢了。

总而言之，以博客和讨论版为代表的虚拟课堂，其主要特点是便于学生参与课堂讨论，构建学习共同体。

多媒体融入教学

露西亚在其课堂中教过玛雅·安吉罗（Maya Angelou）的《我知道笼中鸟为何歌唱》（*I Know Why the Caged Bird Sings*），其结尾是一个极其动人的情景——主人公在一个仪式中站了起来，歌唱黑人灵歌。为了使学生更透彻理解这个画面，与文中主人公产生共鸣，她在课程网站上放出链接，分享了黑人灵歌三个不同版本的音频，让学生在读完作品后聆听。这样，学生们在论文中使用那些音频——引用曲中歌词，或考察歌词是如何跟诗歌主题紧密相连的。

很多老师在课堂上使用多媒体资料，我自己也时常展示电影片段、播放音乐，或用幻灯片投影跟所读文学作品相关的艺术作品。但是那经常需要下不少功夫——安排投影仪到教室里，或从家里带来 CD 播放器，或是当教室里 DVD 播放机出现故障时惊慌地致电多媒体维护人员。如果在课程网站上共享这些多媒体资料，将其作为一项作业让学生在课前进行视听，能够方便这些资源的使用。如果你坚持要在课堂中使用，那就得应付调用相关设备时可能出现的麻烦——除非你是在电脑室，或所有学生都有手提电脑，且教室拉好网络线路，这时你可以直接叫学生访问课程网站——但至少你可以确保到你要跟他们讨论材料时，他们已经接触过这些资料了。

每一门课程都可以使用课程网站去连接到补充材料。你可以连接动物叫声的音频文件、在国际经济中起关键作用的国家地区的地图、失落文明时期文物的在线展览、政治宣传广告等等。重申一次，要将这些内容作为要求学生阅读或学习的功课，否则它们就会变成任学生随意浏览的可有可无的内容，你付出的大量的额外劳动却换来很小的收效。你还可以考虑布置一项作业，让学生搜寻与课程主题相关的内容的链接，发到网页版面上；随后布置作业让全班同学评析所有的链接内容，选出最佳的三个，做成课程网站的永久链接。

多媒体容量巨大，这种科技发展成果在自然学科的教学中备受青睐。规模小的学校一般没有尸体供解剖，解剖学专业的学生过去需要靠解剖猫尸来学习解剖学构造。如今电脑软件使他们能深入虚拟的人体内进行探索。在化学课里，电脑动画使学生能更清楚地看到化学反应和代谢机制。即使是社会人文学科中，科技也促使学生成为更主动积极的学习者。教师可以建个数据表，加入计算人口增长的公式，然后当着学生在屏幕上更改一个变量，向他们展示一个变量上的小小变动如何影响全局变化。学生可以在宿舍利用课程网站亲自尝试相同的操作。这些例子都说明科技如何真切地给教学过程带来巨大改进。在我的英语文学课中，虽然通过网络共享图画和音频更方便，但是在这种技术出现之前我也能够把它们分享给学生；可是对于解剖课，科技使学生们接触到过去无法想象的全新内容。

教学资料有序化

"我思考问题很有条理，"我们俩有一次坐下来一起浏览、探讨她的网站时，露西亚说道，"但我的生活习惯却十分凌乱。"使用Blackboard有助于她整理好凌乱的办公室，确保跟她课程相关的所有资料能够分门别类，归档贮存在一个单独的空间里——圣母大学的服务器上（并且备份到她的个人电脑里，以防万一。）

显然，课程网站为课程大纲提供了便捷的界面，可存放所有讲义、作业册以及其他常常要发给学生的资料。但是派发的讲义资料不一定要完全从纸质形式过渡到电子形式。在多数虚拟课堂里，学生可以在线提交书面作业——你也可以在线予以反馈，在文本中插入旁注，加亮值得表扬或需要修改的部分，输入最终评价。这些评价如果在纸质作业上写，常常要手写到纸张背面去。露西亚让学生提交作业时加上自我评价，说说自己的优缺点，她写评语时首先是回应他们的自我评价。学生的帖子，如果使用的话，整个学期都会留存在课程网站上，你期末给学生评分时查阅起来十分方便。只要你一个学期坚持把学生的各方面的分数记录进系统里，学生分数可以由软件自动根据你设置的算式计算生成。

换言之，你给学生派发的所有资料，以及学生交给你的全部材料，甚至是考试答卷，如果你使用电脑技术上课的话，都能够转到课程网站，为你的办公桌腾出空间来放置两三个笔筒，以及每年圣诞节和父亲节你孩子送给你的镇纸。这样精简办公物品的好处，当你教完一个学期可能才会体会到：

（1）学生不会抱怨说把作业投进你邮箱、塞到你办公室门口底下之后却不翼而飞；你会有学生在网站上提交作业和论文的时间记录。

（2）你不会在暑假时收拾办公室，然后发现散热器后面有三篇论文，原来是你在学期中时把它们弄丢了，当时很不好意思地叫学生重新打印一份递交。

（3）你不需要每天都把装作业的文件夹带到教室。这样的文件夹越来越笨重，塞满着每周的学生作业，不断鼓胀着，直到某天你在校园里赶路的时候破裂开来，撒了一地。

（4）更重要的是，由于在网络上，所有的学生作业直到期末一直是可视的，你很容易在教学过程中跟踪任何学生作业质量和进展情况，而这可以作为期末总评成绩的一个参考因素。

当然你也可以采取折中的做法。如果你还是更喜欢坐在家附近的咖啡店批改作业和试卷，希望有一天你会鼓起勇气请求那漂亮的女员工跟你约会，那么你可以仅把网站用作包含所有课程资料文件的资源中心；当学生缺课时，或跟你说他们弄丢了课程大纲时，你就能让他们访问课程网站，又或者让学生在线提交作业，但是同时提交重大作业或考试的纸质版本。无论你决定如何组合两种方式，教师无论操作能力、技术水平如何，都可以利用课程网站避免教学实践中出现的忙乱，减少每天要搬来搬去的纸媒作业。

完整记录教学轨迹

除了能使课程井井有条以外，课程网站还可减轻你重复教课时的工作量，也能在你接受续聘、晋升、长期任职的评估时方便地提供你的教学记录。这些事情目前看起来还很长远，但是在你刚任教时花点时间在课程网站上，就可使你下个学期开学时、需要组织材料供绩效评估时得到很好的回报。

第一，你在第一学期讲授入门课——研究生和新教师常常要教入门课——你下学期或以后可能还要再次教。在第一学期里你会感到很多方面如果换一种做法就好了，并且下次再上同一课程时会希望作些改进。把所有东西——课程大纲、作业册、补充资料——都放到网上，使其便于修改和复制到新的网址（这是多数虚拟课堂的功能），将加快你的教学改良：你可以选取原先教学大纲里要保留的部分，然后加上新内容。当你在第二次设计大纲时，回顾一下学生的功课、课程作业的回复帖子，也不无裨益。这样做可以提醒你，学生确实没有弄懂某次作业，或在第一次作业中全班都犯了同样的一些错误，这些错误只要你在作业册上作出特别说明就能轻易地避免。

第二，到一定时候，你的课程教学将会接受评估。对于兼课教师和研究生来说，这意味着系主任会到课室来访，要求审查课程大纲和主要作业安排。对接受终身教职考核未满一年的教师而言，这意味着系主任和院长会到课室来访，而且必须做一份课程的记录。无论是哪种情况，课程网站都是存放和复制教学资料的便捷平台，也能提供学生功课的详细信息，可随时发送给相关领导审核。接受终身教职考核的教师使用课程网站尤其受益，因为在你获得终身教职之前要接受三次评估——我当时接受了第一年评估、第三年评估、最终评估，每次评估时可能都要你提供所有课程的教学实践与成果的资料，而课程网站则便捷地辑录了上述种种。

现在多数老师也可以用网络文件夹来存储课堂教学的音频视频。做播客最简单的方法，就是把课堂片段的音频、视频放到课程网站上面，这在校园生活中日益常见。你回到办公室，把视频音频文件传到校园网络和个人网站以后，学生在准备考试期间就可以重温教师讲授、课堂活动的录像录音，补回错过了的部分。做博客最明显的弊端是，学生可能会对其产生依赖而不来上课。要解决这个问题，可以在上课时尽量少作讲授，依靠一系列课堂教学活动。学生单纯听课程播客永远无法媲美置身小组讨论，融入其中。

逐步适应还是全面展开？

读到这里，你可能觉得这一章似乎有点偏离本书的构思特色——每一章相应地讨论学期中的一周。在学期第二周之前老早就要决定在教学中使用多少科技手段了，事实上应当早在编写课程大纲时就决定了。不过，在第二周的教学中，你会看到使用科技手段给课堂带来的好处，因为你在第二周结束时会开始收到学生的书面作业，发现原来一门课的作业眨眼就堆积如山。

那么，作为新教师，你的教学应该在多大程度上依靠科技呢？

如前所述，要取得良好的教学效果、成为好老师，不一定非要使用新科技。前面分析的虚拟课堂带来的好处，多数能够通过其他教学手段获得，尽管需要更多耕耘，或以不同的方式安排时间。即使只靠纸、笔、粉笔、黑板，也可以成就一名优秀教师。如果你使用科技的经验很少或为零，不喜欢使用电脑，以任何理由反对其使用（比如像作家兼教师文德尔·贝利（Wendell Berry）那样，反对科学主义），那么你大可在本学期先不碰科技，到下学期、下学年才来摸索。

如果你是"数码新移民"（普林斯基的术语），接触过科技一段时间，但是没有建设网站、使用新软件的经验，那就通过Blackboard使课程网络化，用这个软件来组织、记录课程，尝试连接课程有关材料，或让学生在线提交一两次作业。到学期末时你应该能决定日后是否要更多使用教学软件。

但是我知道很多读者将会成为"数码原住民"，建立自己的网站，给维基百科编辑内容，时常访问讨论版、聊天室，拥有自己的播客。对于这个群体而言，没有理由不立马投身科技。虚拟课堂的使用很有教学价值，更不用说它能令你在一个学期四个"兵荒马乱"的月份里更加有条不紊地组织教学。

当你准备好超越虚拟课堂，尝试使用最前沿的科技时，有两种技术在最近的将来最有发展前景——个人应答系统和维基百科。个人应答系统是手动的装置，安装于每个学生的座位上，学生以电子方式回应教师提出的问题，立刻传达给教师。你可以用此技术调查、收集学生对一个话题的初步想法，考查学生对教学重点的掌握，确定全班对争议性话题的观点和态度。它可以给教师提供信息，用来决定如何开展教学或讨论，它使学生参与课堂的方式是单靠问问题和举手回答所无法达到的。

维基百科是最主流的网上百科全书，它把网络百科定义为"大众共同编写"的网站。这类网站的界面允许用户——不管是否注册——在页面上添加、删除、编辑内容。它们最近在互联网上日益流行起来，部分原因是维基百科树立了成功的范例。以往学生当然也有机会在学习中共同协作，但是管理起来要麻烦得多。教师可以就课题创立维基页面，布置传统形式的作业——论文、考试、作报告——此外还可以要求学生为课程编写专门的维基内容。期末时，维基就集中地记录和呈现了各个学生经过一个学期所掌握的知识和技能。

个人应答系统和维基百科操作所需要的计算机硬件和软件知识，不是所有教师都具备的，所以感兴趣的读者可自行继续探索这些教学技术。如果想知道你的大学是否设有这些教学工具，或大学还有别的什么教学设施，可先询问大学里的信息科技部门，他们会给你回答或指引你到其他相关部门。很多大学现在设有电教中心，把最新科技和教学结合起来，辅助教师开展教学。

参考书目

Madden, Kendall. "'The Brave NewWorld' of Classroom Technology." *The Stanford Report*, March 7, 2007.

此文提到汤姆·拜尔斯及其在课堂上使用的技术。

Madigan, Don. "The Technology Literature Professoriate: Are We There Yet?" *IDEA Paper* 43 (March 2006): 1–6.

此文简明而全面地综述了可以运用到教学中的一系列科技，全文可以在 ERIC 数据库里在线下载，也可访问美国堪萨斯州立大学 IDEA 中心网址索取：http://www.idea.ksu.edu/.

McClymer, John. "The AHA Guide to Teaching and Learning with the New Media." American Historical Association, 2007. http://www.historians.org/pubs/free/mcclymer/acknowledgements.cfm. January 29, 2007.

关于科技施教的一本优秀指南，美国历史协会提供在线下载。文中的例子源于历史课程的教学，但基本原理非常适用于其他学科。

Ong, Walter J. *Orality and Literacy*. New York: Routledge, 2002.

翁先生这部经典作品的最新版本，几处谈及数码时代，但该书一直占据重要地位是因为它提出了一个基本观点：语言载体的变化怎样影响了人类的思考方式。

Poradzisz, Sarah. "Technology—from IM to TV—Brings a Culture of Distraction." *Le Provocateur*, March 29, 2005: Viewpoint.

这是我本章开头引用的那篇学生文章。

Prensky, Marc. "Digital Natives, Digital Immigrants." *On the Horizon*, 9.5 (October 2001): 1–2.

普林斯基的原文可在线下载：http：//www. marcprensky. com/writing/default. asp.

第三周
课堂讲授

有好几年,我和家人上的教堂主要由两个教士主持:一个是年过五旬的老牧师,非常正式、传统,热衷神圣的宗教仪式;另一个三十多岁,年轻有活力,对生活采取更为随意的态度。两人的区别最明显地体现在他们的布道上。老牧师总是谨慎稳重地走到圣坛的读经台上,从布道文本中逐字逐句地诵读。那些都是精心雕琢的演讲词:他一开始总是讲一段亲身经历的故事或笑话,然后对其意义会作出反思,最后把它联系到当天的福音书节选阅读。另一个吉姆神父则会从神坛上走下来,站在会众前,慢慢地走到过道,一边布道一边走到前几排的会众中。他的讲道词没么精雕细琢,常常是口语化的,经常使人感到他说话时就是对着你说的,而不是把目光空空地放到教堂后面。一天做完弥撒后,我问他的讲稿写得有多详细。他从口袋里抽出一张沾有汗渍的提示性卡片给我看——上面顶多只有30个字,是他要论述的主要观点的提纲。他的布道常有重复,但不沉闷,显得有所准备,总会回归到两三个主要观点。引入观点时他会予以强调——"所以今天福音书的关键概念是慈善"——然后,在布道结束时,他会快速地重申每个主要观点,给我们重温布道所讲的道理。

我听了两年他们风格迥异的布道,最后感到我坐教堂长凳听布道的经历,就如同我读研时从一间教室走到另一间教室,每节课都要去适应不同的教师和讲授风格。我开始欣赏两个教士的说教风格。对我来说他们没有孰优孰劣,而是各有千秋,各自迎合我大脑的不同分区和审美情趣。

这两位宗教演说者风格迥异,而我能够欣赏两者,并从中得到启发,这使我明白到有效的讲说可以有不同的形式,如炫丽的多媒体展示、鼓舞人心的激励、亲密无间平易近人的交流、演讲词的精心准备。这很自然就引申出另一个想法,即讲授没有唯一正确的方式,无论人们分享了多少种秘笈。这个道理可以进一步扩大到教育范畴,教学也不存在公认一致的方法。高校的教学有赖于教师对教学大局的运筹帷幄——学生、教室、教材——还有对自身的认识,认清自己的优势和不足。

顺着这样的思考脉络我们就可以得出一个结论，它贯彻于本书的每一页——要使教学方法多样化。没有一种单一的教学手段可以成为适用于所有课堂的万能教学法，最优秀的教师会同时运用多种策略——融合一点讲授、一点小组讨论、一点小组合作、一点学生做习题解决问题等等。我们自己当学生时，可能对某种特定的教学法有所偏好。至于我们这些选择继续读研的人，可能更喜欢自己进行阅读，结合听老师的讲授。但是我们不能用自身的经验去以偏概全，一概而论。我的妻子在听讲座时常常感到不耐烦，因为她是一名小学教师，喜欢让学生动手操作，以讨论作为发表意见的渠道。所以适合你的教学风格不一定适合你的学生，而解决这个问题的最佳办法就是让教学方式多元化，最大限度地使更多学生通过这样那样的方式融入课堂。

对多样化这个原则不要抠得太死，不要觉得你非得把课堂时间平均分配到各种不同的教学方法上。你最喜爱的或许是讲授，或许是小组活动，但总有特定的某种教学法会使你的教学达到最佳的效果。多数教师肯定会对某一种策略更有倾向性，这也很自然。你将会形成自己的教学风格，无论是在某一策略方面，比如是严格依照讲稿还是脱稿，或偶尔看看提示性卡片，还是在策略的切换方面。不要因为对某个策略熟练了就忽视其他可供采用的策略。

在此，我像吉姆神父那样重述之前的观点——要使用多种教学方式：周一的讲授课吸引班里的一拨学生，周三的让学生共同做填空练习的小组活动吸引另一拨学生，周五组织的辩论环节又吸引另一拨（辩论过程中，喜欢周一讲授课的那些学生可能会觉得没意思，不明白辩论目的究竟何在）。我们要把教学策略的网撒得宽一些，调动尽可能多的学生的学习兴趣。

讲授法：理论与背景

我们只要随便翻阅一些关于讲授法教学效果的研究，很容易就会找到像下面的调查数据，这些数据未免给教学法蒙上一层阴影：

- 在讲授的前10分钟里，学生对讲授内容的记忆保持为70%，在最后10分钟，记忆保持下降到20%左右。
- 长达50分钟的讲授过程中，学生真正听讲的时间只占40%。
- 如果教师每分钟讲150个词，学生只会听进其中50个词。（Jones-Wilson, pp. 42–43）

以上这些数据被米歇尔·琼斯－威尔逊（Michelle Jones-Wilson）引用在本章参考书目部分所列的一篇文章中。当然，只要你搜寻有关大学讲授的资料，随处可见这些数字（包括麦吉奇、芭芭拉·格罗斯·戴维斯（Barbara Gross Davis），以及其他主要的教学指南）。几十篇甚或上百篇文章会跟我下面引用的黄（Hwang）和金（Kim）的一篇文章相似，此文描述了一个实验，调查了韩国70个护理专业的学生，他们被分成了两个班，一个班的学生主要通过小组形式共同解决老师设置的问题，另一个班的学生主要通过听传统的教师讲授来进行学习。到学期末，学生被分成学习背景和基础知识大体相当的小组，完成针对教师所设计的内容的测验。听讲授的那个班成绩显著低于小组协作的那个班。其实像这样的实验已经在很多不同的学科中进行过，几乎总是得出相似的结果。

在更抽象的层面考察这个问题的话，你会发现很多高等教育的论者和研究者针对讲授法在教学中的作用提出一种更加基本的困惑：约瑟夫·洛曼（Joseph Lowman, p.96）认为，讲授法是"前技术时代的遗留，那时书籍十分稀缺，讲授是学生获取知识的主要途径"，既然如此，为何今天我们仍然奉行这种教学方法呢？自从发明印刷术后，我们获得了一种向学生传播知识的更有效的媒介——书本。那么我们干嘛还在大学课堂上进行讲授呢？

这个问题的答案是，我们做的，而且应该做的，不仅仅是在讲授时向学生传递信息而已。威尔伯特·麦吉奇指出了印刷和网络时代里讲授具有的五种功能，简述如下：

（1）讲授能让学生获取学科领域最新的资讯和观点，这些资讯和观点即使在互联网时代常常也要过好几年才能浮现在学术期刊、常规出版物上。

（2）讲授能够综合和比较多篇文章、多部著作，使我们能够在短时间内大范围地探讨藕断丝连的话题或背景知识，而随后布置作业时，学生只需要阅读最重要的著作。

（3）讲授跟打印出来的固定文本不同，能够根据坐在我们跟前的听众的反应作出调整。极其专业化的刊物的文章固然蕴含学生需要掌握的知识，但是他们得花大量没必要花的时间，去把艰涩的内容消化成更为基本的概念，而讲授可以为他们代劳。

（4）讲授能够激励学生，鼓舞他们学习，这是书面文字无法企及的。我们作为教师，在学生面前是活生生的榜样，学生也是活生生的人，会对课程感到着迷，与老师一起燃烧对知识的热情。一场出色的讲授能够凭借教师的感染魅力，引发学生对课程的兴趣。想想你尊敬崇拜的老师、学者，甚或父母、朋友，他们对某个领域的孜孜不倦的热忱如何点燃了你的激情。

（5）最后，为讲授写稿，能够促进教师学科专业知识的积累，因为他不得不甄别、审思、讲解某个领域的核心概念。这俨然是一个自私的理由，但也不尽然，因为如果教师学识更为广博，对学生也不无裨益。

正是基于以上原因，我们不应把讲授从高等教育中剔除。你自身的经验也告诉你，听讲授也可以是闪烁着智慧光芒的学习过程，前提是把讲授做好，使听众有心去听。你也许和我一样，仍然喜欢听讲授——那些在宗教仪式、学术会议上简短形式的讲授。

所以讲授法应该保留在大学课堂里，尽管在某些课程里只占到一小部分——在上课开头的 10～15 分钟，或集中在一个学期的前几周。但讲授者这个角色绝不能成为你在课堂里扮演的唯一角色，甚至不能成为你的主要角色。而要使讲授成为肯·贝恩所称的"响应更高学习诉求的一个方面，学习环境里的一个要素，而不是全部学习体验之所在"（p.107）。事实上，宗教仪式也是以类似方式进行的——仪式过程中的布道说教常常只占整个经验的一部分，此外还包括歌唱、朗诵祈祷、做礼拜等等。但是这并不意味着你必须每堂课腾出时间来合唱热力学第一定律之歌。你需要把讲授准备成下面两类中的一类：15～20 分钟的简短讲解，在学生对所讲内容的记忆力下降之前结束；或是建立在与听众互动、获得听众反馈基础之上的讲说。

下文是提高讲授效果的总体建议，接着再谈如何在较长时间的讲授中实现与学生互动的一些策略。

声线、仪态与举止

尽管我们不愿意把上课看成一场表演，但不可否认教学是具有表演性的。每堂课至少有那么几分钟，即使我们只是给学生概述当天进行什么课堂活动，我们也是站在讲台上表演。不要忘记，一个表演者的职能就是向受众传达思想。因此，如果你不想把自己想象成讲台上的布拉德·皮特（Brad Pitt）或安吉丽娜·朱莉（Angelina Jolie）等演员，可以将教师的角色定位为沟通者。

有效的沟通依靠的不仅仅是嘴上说的话语，还取决于话语的表达方式，肢体的姿态，身体何时、怎样活动，等等。这些虽然不是新教师需要考虑的关键方面，但也十分重要。我们都碰到过一些演说者，他们要说的内容本身很有趣，但是他们单调的说话风格、欠缺活力的精神面貌使我们难以为继。就教学而言，你的性格气质很大程度上决定你的讲授风格，所以我就不大谈有效演说的一堆建议了。只要留心你平时碰到的演说者（院长、学术会议的发言老师、政客、神职人员）的谈话风格，自己想想什么可行什么不可行，就能总结出不少关于演说的心得。

第一个要考虑的方面是话语的方式。

不过，我想强调新教师有意识进行讲授练习的两个简单方法。采用这些建议一开始会觉得十分勉强、别扭，如果你没有完全把握讲授内容，也会因此而分心。但是，即使你每天只在讲授的头几分钟想想这些建议，最终你会感到运用自如，能有意无意地采用上。我想感谢提出这些建议的人，但是很遗憾在纸媒上找不到建议的出处。我在美国西北大学教学优化中心时，我们中心常年资助致力于有效课堂沟通的工作坊，其主持者安·伍德沃思（Ann Woodworth）是西北大学戏剧系表演专业的教授，获过教学奖，至今已从事表演和教人表演三十余年。我参加她的工作坊超过六次，她推荐的策略对我的教学大有裨益。本章的参考书目部分推介了南希·胡菲克（Nancy Houfek）的一段视频，展示了一个类似的针对有效课堂沟通的工作坊，此外参考书目部分还有这方面的其他策略。

首先，每位诗人、诗歌学者都会告诉你，人们说话时常常强调名词和动词。出声说前面这一句——大声地说，使词语的发音轻重突显出来——这时句子听起来应该是这样的：人们说话时，常常强调名词和动词。我们这样做有一个充分的理由，那就是多数句子中，名词和动词承载着句子的主要意思。诗歌有规整的音步，一行诗内，音步中的重音常常落在名词和动词上。

最优秀的公众演讲听起来会像诗歌。如果要有诗歌那样雕琢的语言，需要有写大量讲稿的经验，但是如果在课堂讲课时有意识地下功夫，在发音上突出名词和动词，演说技巧就会得到提升。这样做能够让听者在只能听进你说的一部分话语的情况下，抓住最关键的内容。

另一条建议涉及一个语言现象，那就是我们常常讲一句话讲到最后时，句子变得苍白无力。下面这一句我们会这样说：我今天去了商店。这十分正常，因为我们说话时是让气流呼出的，当接近句子末尾时，气流没有那么多了，就无法维持词语的力度。但是英语句子的结构常常把关键信息放到最后几个词上面。把上面这一句的"最后几个词"去掉，你就会看到全句完全丧失了意义。

所以那句话要这样说："但是很多英语句子的结构把关键信息放到［骤然停顿］最后几个词。"我们说出句子时，应当注意要为句末蓄势而不是声势渐弱，像上面这句话的例子。有意识训练上述两个发音层面，将大大改进你的说话风格。头几次在课上作讲授时，你总会关心要说些什么内容，但是到学期第二第三周时，试图用讲授的头五分钟去练习怎样强调名词、动词、关键词，为句子蓄势，强而有力地结束一句话。至少要练习好几遍准备好的开场5～10分钟的讲授，同时把全部注意力聚焦到声音的控制上。一旦这样练习过，你就会自然而然地倾向于把这些发声策略运用到实际讲授中了。

第二个要考虑的方面是身体动作。在这里我建议采取一条简单的中庸之道——不要站在原地不动，但也不要经常走动。前者使人烦闷，后者让人分神。保持动作的简单和间歇性，你要强调一个关键点时，从讲台上走下来——但是讲关键信息时必须站在一处不动。走动最适合内容之间的过渡，或内容上的抛砖引玉。但是，当你要说出将会深刻影响学生的一句话时，切勿走动，因为他们的注意力此时要放到你的话语上，而不是你活动的身体上。

你也可以用简单的动作增进课堂的沟通，使讲授增强对话感，摆脱你一个人唱独角戏的尴尬。你可以走到学生中间，使说话指向坐在教室后部的学生；走到课室不同的边缘，使说话指向坐在角落的学生；在学生桌前面走动，指向每个学生各说一分钟，宛如你和学生站在校园方庭交流想法。当有学生发言或提问时，你可以走到教室另一端，使他向全班讲话而不仅仅是向你说。

第三个要考虑的方面是姿态。我对姿态的建议基本上和动作一样。我们要使用姿态来突出重点——不要像机器人那样把双臂竖直紧贴在大腿两侧，也不要像指挥飞机入闸那样使劲挥动手臂。和动作、声音一样，对这些姿态种类提高意识乃讲授成功的一半。一旦有了这些意识，你就能依靠聆听、观察其他讲授者的经验，结合自己的直觉，指导自己如何采用更有效的做法。

讲授的内容

再来一条颇带禅味的建议：讲授内容，少即为多。

你不是一本书。书本能提供无限的概念和观点，以及所有支持观点的详尽论证。其呈现方式尽可能便于读者经常研习和重温，直到掌握知识为止。要用课程中使用的书籍来提供全面的综述和相关的细节。同时记住前面讲到的关于讲授和学生记忆的研究数据、麦吉奇列出的讲授的功能，时时加以总结、强调、澄清等。要下决心把讲授中需要强调的概念和原理控制在三到五个，尽可能透彻、清楚、经常地论述观点。

我十一岁的女儿在学校写的作文总是开篇用一小段概述将要探讨的内容，作文末尾又用一小段来总结所作的讨论。这种内容的重复一开始使我十分抓狂，但是后来我又想到其实她只是十一岁，学校一直教他们这样写。这件事体现了书面语和口语的区别。大学生的书面论述不需要那样重复，因为学生可以用荧光笔划出要点，随时回顾。但是学生不能用荧光笔涂划你的讲授，因此需要你适时作出强调，重复要点——在讲授开始和结束的时候这样做，并在讲授中途提出主要论点。

如果我进一步具体指点讲授中该如何掌控内容，谈到的细节方面必然会与这样那样的原则相悖，所以我就此打住。如果你是个风趣的人，那么就增加幽默，一些研究表明幽默有助于保持学生听讲的注意力。此外，每个概念或原理当然要用大量具体的例子来充实。这不仅能解释抽象的内容，还能让学生趁你用例子展开说明时在笔记本上记下概念。

黑板、投影、幻灯片与多媒体

在课堂讲授时你可以坚信的一点是，无论你在黑板、投影、幻灯片上写什么，学生都会将那些内容抄进笔记。事实上，有学者研究过学生听讲过程中是怎样记笔记的，而一个意料之中的发现是学生看到什么就照抄什么，而不是记下他们听到的内容，他们对所听内容往往是杂乱无章地记下。埃德温·洛克（Edwin Locke）进行了这类研究的一项初步调查，发现约有90%的文字内容会被学生记下，而只有60%的被认为是关键的讲说内容被记下来。当你在琢磨板书要写什么，投影和幻灯片要复制什么文字时，上述学生记笔记的行为模式对你的讲授有两个实际的启示：

（1）你当然应该使用这些视觉呈现方式去突出讲授的主要概念，因为你呈现的内容文字将记录在他们的笔记本里，供日后研习时重温。

（2）使用这些视觉媒体只是为了彰显要点，放上太多文字只会使学生烦躁地抄写幻灯片上的诸多细节，你说的话他们一句都顾不上听了。

上面第一点不言自明，第二点则是新任教师要注意的。教书的头几年，我讲课时一直用投影，每个学期末的教学评估时，我总会收到同样的批评意见：老师切换投影内容太快了。尽管我每个学期都努力放慢一点，我还是反复收到这样的评价。最后我甚至放慢到先放投影，然后什么都不说，让学生用一两分钟抄下定义、理论，最后才开始解说。只有到这个时候对我的投诉才平息下来。你可能会嘀咕，这些内容完全可以便捷地通过讲义资料和虚拟课堂来呈现给他们呀。相形之下，让学生抄写投影内容如此费事，这样做到底意义何在？意义就在于，抄写笔记时，他们其实在加工你给出的信息，建立知识的联系，构建意义。如果只是让他们听你讲，或是单单发个讲义，这个学习过程就很难发生了。让学生一边听一边做笔记，避免派发打印好的内容大纲，的确能够加强他们的理解。所以要使用某种影视设备去突显和组织讲授中最关键的内容——而且如果看到学生只是在听，手没有动，应鼓励学生边听讲边记——不过，影视设备应只显示提纲性的语句、简明的定义、关键事实和数据等。

我认识的一位老师着意围绕问题而非话题来组织讲授,借此把学生记笔记作为一种教学活动。于是其讲授内容的编排是基于幻灯片展示的五六个涵义宽广、概念性的问题,各部分内容以回应问题的方式来展开。学生做笔记时,他们不是简单地抄下幻灯片上的大小标题,而是同时记下问题的答案——这正是他们以后写论文和考试时要做的事情。因此,这位老师的讲授提供了一种平台,让学生既能学到东西,又能训练课程要求的思维技能。这样布局讲授内容的方法适用于任何学科,可以考虑在一两次导入课程的讲授上试用,看看是否适合你的讲授风格(参考书目部分中拙文"超越课堂讲授"(Beyond Lecturing)。该文更详尽地描述了这种策略)。

科技手段在大学教学领域日渐普及,智能化的教室不断增加,意味着我们呈现文字内容时无需再局限于用黑板、投影。但要指出的是,我在本书"科技助力教学"那一章给出的忠告在这里同样适用——单纯把讲授内容的大纲、重要信息放到幻灯片上,跟把那些内容写到黑板上和投影出来,其实是五十步笑百步。前者操作起来更加方便且具有信息复制的优势,这一点和使用虚拟课堂辅助教学一样——你可以不断地更新和循环利用幻灯片,在将来重复上同样的课程时省下不少时间。(消极的一面是,教书生涯中你总会碰到教室多媒体的使用问题,所以如果主要依靠电脑等多媒体设备,要随时准备好后备方案!)

科技手段使我们能够添加其他元素到讲课中,比如音频视频,或是网站、卡通、广告、搜索引擎反馈的结果,这些都有助于你讲解主题内容。有机会引入这些元素时,一定要抓住机会去引入。要记住,学生的注意力在前面15～20分钟过后就开始减退了,要间隔好多媒体内容的插入,将其作为每10～20分钟一次的自然过渡手段。如果你要展示与主题相关的三个电影片段,不要把它们一口气展示完,然后连续讲授40分钟,而是要重新安排节奏,每15分钟播一段影片。这些元素会使学生焕发精神,眼前一亮,为你打开一扇窗,使你能再次以更传统方式去传授知识。

如果你希望这些元素尽可能多地协助你的讲授,时不时播放搞笑、跟话题稍微相关的视频,重新唤起学生注意,这样做也无妨。借此营造的轻松气氛也使你的讲授获得缓冲,让你喘一口气,迎接新的教学内容。

讲授的时间分段

使用多媒体能在时间上为你的讲授分段,但是如果你要用课堂的大部分时间(30～45分钟)作讲授,可以而且应当用上其他方式来实现这一点。可以分配一些时间来让学生写点东西,相互讨论,测试他们对你讲的内容理解了多少。

学生本身会在听你讲授时写东西,因为他们会做笔记,写下所见所闻(新教师最感到不可思议的就是看到别人写下你说的东西,仿佛真的知道你在说什么似的)。不要在讲授过程中停下来给他们15分钟来写作业,因为那样只会引起学生不满和手部痉挛。但是可以在讲授中每隔15～20分钟插入短时练笔。比如,在50分钟的讲授中,可以中途给学生3～5分钟整理笔记,查缺补漏。让他们看看自己记下了什么,以补充他们刚刚消化但又来不及写下的信息,找到笔记中各部分内容之间的联系。这些活动会让学生在听讲时深化学习,学生也会很感激你停下几分钟来让他们消化你讲的内容。

你也可以用板书来给讲授进行分段,在一个小时里停下来一两次,提出问题,让学生在笔记本中写下答案。这些问题要够简短,让学生能够用5分钟左右作出回应,不妨叫他们思考讲到的内容引申出来的问题。实际操作方面,可以在学生思考问题时在教室里慢慢踱步,这有利于学生集中注意力,防止他们开小差、发短信、网上购物(要是他们用手提电脑连接到教室的无线网络的话)。他们要是知道你随时有可能经过他们座位,就不敢搞什么小动作了。根据教室的大小,你可以叫好几个学生作答,完成这个环节;如果时间不够,或教室不够大,那么开始下一部分的讲授之前要给出前面问题的答案。

要把讲授分成几部分,还可以中间插入学生相互讨论的环节,成对讨论或小组讨论均可。课堂上小组协作中学生的互动关系和行为规律将在第五章谈到,不过,为了让讲授只停顿片刻,叫学生快速跟就近的同学组对就可以了。这种策略最适合学生在纸上写出答案之后接着使用,也可以代替纸上作答来使用。换言之,可以叫学生当场思考问题,然后同学彼此讨论各自所写,交流想法,明确思路。

前面提到的围绕几个问题来安排讲授内容的那位老师,之所以要设置问题,就是为了达到这个目的。讲授中,他会有一两次提出下一个问题,腾出几分钟来进行他所称的"讨论时段"。这时学生跟同桌交谈,在老师给出答案之前思考一番。有些课程讲授中途要求学生运用所学原理解决问题,这时学生通过讨论能够参考彼此的答案和解题思路。无论怎样,在学生回答之前都让他们用一两分钟独立思考,这样通常能够收获到更令人满意、更周全的答案。不过,时间和课程容量的限制也会影响这种策略的运用。

关于此策略,时下一个很著名的例子是埃里克·马祖尔(Eric Mazur)在哈佛大学教物理课时开创的"同学教学"(peer instruction)法。此法已经作为一部电影短片和众多文章的探讨主题。马祖尔如此描述:

讲授中插入概念性的问题，称为"概念题"（ConcepTest），用来引出学生对所讲内容常见的理解难点。学生用一两分钟针对问题构思答案，然后用两三分钟小组讨论，每组三四个人，寻求一致意见。这一过程迫使学生在构思观点时考虑周全，使他们（以及教师）在下课之前就能考查他们自己对概念的理解。

马祖尔上课的教室让学生以电子形式作答（他使用了上一章谈到的"个人应答系统"），所以他能够立刻知道学生理解了多少。一看到那些回答，他就能决定是要继续讲新内容还是要解释学生还没弄懂的地方。达到这种境界不一定要使用马祖尔那种教室，如要获取学生的不同答案，让他们举手回答即可。不过，越来越多教室配备个人应答系统，你应当考虑用它来创设课堂互动的机会。

如果你碰巧也教物理，并且你对这种教学法感兴趣，那么你就走运了——访问本章最后所列的马祖尔的网站，可以找到用于提问学生的物理学问题的大题库。其他学科的教师应着手设计问题，来考量学生对基本概念原理的掌握。可以仅要求他们将刚学的概念运用到新的情景中，看他们能否做到。马祖尔的方法已被很多学院很多学科采用，这也大有原因："自己要弄明白道理，"马祖尔说，"最佳方式就是向他人解释这个道理。"这个浅显的真理有力地支持了讲授中让学生快速讨论的任何举措。

我研究关于讲授法的各派论说时，发现克里斯托弗·卢卡斯（Christopher Lucas）和约翰·默里（John Murry）沿着这个方向提出了另一种教学手段："让学生跟同桌相互交换笔记本，给他们时间研究彼此笔记有多完整多准确。"（p.64）每个学生的笔记都不一样，看到同桌认为哪些是重要的笔记内容之后，学生会反思自己的笔记。要指出的是，你应该在刚上课时就跟学生打招呼你会这样执行，以确保每个人都会做笔记，防止他们在本子上乱涂乱画，企图打发上课时间。

最后，你总可以依靠一种最基本的做法：时常停下来请学生提出问题。你大概会发现单纯这样做并不会引起学生太大的反响，尤其是在大型讲授课中。学生通常不愿意在这种场合提问，部分原因是他们害怕在大庭广众前发言，也因为他们会觉得其他同学都弄懂了，提问只会显示自己的愚笨无知和格格不入。此外，他们一直安静地坐着、写着笔记，要突然从这种被动的状态转入积极提问的主动角色，这种切换将十分艰难。结合这种策略和前述的任何一种策略——比如给学生一分钟来在笔记本上写下问题，或让他们跟搭档讨论所讲内容中不太懂的地方——可以使学生更踊跃地发问。采用这些步骤以后再要求提问，会收到更佳的效果。

最后谈谈讲授中的沟通方式。让学生提问时，要使他们觉得你是真切想聆听他们心中的困惑。如果你作出提问要求后，只是匆匆瞥一眼全班，然后很快回到讲授，他们会觉得自己的问题可有可无。如果要让学生提出问题，那就停止讲授10～30秒，稍作等待，或喝一口水，走到教室另一端，或扫视全班半分钟。只有停顿时间长得足够让学生构思好问题，才能让学生感到，你对他们的问题真心感兴趣，你才能真正获得到他们的提问。

参考书目

Bain, Ken. *What the Best College Teachers Do*. Cambridge, Mass.: Harvard University Press, 2004.

该书第117～126页论证大学课堂中讲授法的使用，同时对如何安排讲授内容给出实际的建议。

Gorham, Joan, and Diane Christophel. "The Relationship of Teachers' Use of Humor in the Classroom to Immediacy and Student Learning." *Communication Education*, 39.1 (1990): 46–62.

对课堂中使用幽默的研究其实多得令人感到意外，其中不少出现在关于课堂沟通的学刊中，比如此书。

Houfek, Nancy. *The Act of Teaching, Part I: Theatre Techniques for Classroom Presentation*. The Derek Bok Center for Teaching and Learning. San Francisco: Jossey-Bass, 2007.

课堂沟通技巧工作坊的一段视频。

Hwang, Seon Young, and Mi Ja Kim. "A Comparison of Problem-based Learning and Lecture-based Learning in an Adult Health Nursing Course." *Nurse Education Today*, 26.4 (May 2006): 315–322.

很多实验研究揭示了课堂单靠讲授带来的问题，这是其中一项研究。

Jones-Wilson, T. Michelle. "Teaching Problem-Solving Skills without Sacrificing Course Content: Marrying Traditional Lecture and Active Learning in an Organic Chemistry Class." *Journal of College Science Teaching*, 35.1 (September 2005): 42–46.

这是一篇优秀文章，不仅讨论了讲授法的不足，还探究了在自然科学基础课中如何把讲授法和其他教学法有机结合起来。

Lang, James. "Beyond Lecturing." *The Chronicle of Higher Education*, 53.6 (September 29, 2006): C1.

文中，我描述了以有问有答的形式组织起来的讲授，这是读者来信提出的建议。

Locke, Edwin A. "An Empirical Study of Lecture Note-Taking Among College Students." *Journal of Educational Research*, 77 (1977): 93–99.

对学生在一场讲授中写了什么没写什么，Locke进行了透彻的研究，得出了本章引用的那些数据，以及其他发现。

Lowman, Joseph. *Mastering the Techniques of Teaching*. San Francisco: Jossey-Bass, 1988.

这本大学教学指南年代较久，但仍然备受推崇。第96～118页谈论讲授法。

Lucas, Christopher J., and John W. Murry, Jr. "Teaching: Lecture and Discussion." In *New Faculty: A Practical Guide for Academic Beginners*, 39–70. New York: Palgrave, 2002.

卢卡斯和默里列出了大学课堂继续使用讲授法的理由（第58～59页），对写讲稿和进行讲授给出了一些很好的建议（第62～63页）。

Mazur, Eric. "Chaos in the Classroom?" 2007. http://mazurwww.harvard.edu/research/detailspage.php?ed=1&rowid=8. January 5, 2007.

马祖尔的网站上有进一步的内容，谈论保持学生对讲授的注意力的方法，如果你是物理系老师，上面也提供了很多学科问题供你插入到讲授中。

McKeachie, Wilbert, and Marilla Svinicki. *McKeachie's Teaching Tips*, 12th ed. Boston: Houghton Mifflin, 2006.

书中有两章探讨讲授法（第57～73页），论述如何增加大型讲授课的互动性。

第四周
课堂讨论

周日午夜时分,本学期第四周开始前的晚上。你坐在电脑前,手里捧着一杯红酒,在睡觉前重温教学资料,心想九个小时以后就要站在几十个年近二十岁的学生面前,要教他们如何以崭新的社会学视角思考种族问题。前几周主要把时间花在讲授上,使用了上一章谈到的堂上练笔和讨论,但是现在你想改变一下教学,打算用好几天让学生进行较深入的讨论,因为他们已经逐渐积累扎实的学科基础知识。

对于明天的课程,你打算用15分钟作导入性的讲授,然后提出一个引人深思的基本问题供学生讨论,接着,为了持续引起讨论,有二十多道问题可以使用。不过你觉得其实不需要用到,基本问题如此吸引全班,使人眼前一亮,学生必然会热烈参与讨论,兴奋地在座位上手足舞蹈。你此刻坐在自己房间的椅子上也兴奋得不能自已,急切盼待明天的课。

可是第二天当你走进教室时,却强烈怀疑你设计的问题是否够吸引人,你发现那十四个昏昏欲睡的孩子等着你告诉他们要学些什么,这跟头几周的情况差不多。但是你照原计划继续上课,先引入内容。最后你终于抛出主要问题,可是学生感到极其困惑。你接着提出后备问题,但越问越提不起学生兴趣。这堂课提前十分钟结束,你沮丧泄气地走出教室,心想这到底是怎么回事。你也感到疲惫了——等待学生开口讨论,面对彼得·弗雷德里克(Peter Frederick)所称的"沉默的恐慌",那几分钟俨然是你一生中最漫长的时刻,最使你黯然伤神。那么到底是怎么回事呢?是因为前一晚红酒品质有问题?还是前一晚世界棒球大赛首场开赛,学生都没看书?是学生的问题吗——现在的孩子都在玩iPod,纹纹身,注意力不集中?

都不是。究其原因,是你错误假定了学生度过的早上跟你一样。你早上7点起床,盥洗穿衣,去往学校路上买了杯拿铁咖啡喝,到学校办公室后看了朋友电邮发来的一段YouTube搞笑视频,然后上课前用30分钟重温了一下上课内容。

但是你的学生就不同了,他们8:48从床上急忙跳起,穿戴上昨天还没换洗的衣服、拖鞋、棒球帽,匆匆赶往教室,路上还在电话中跟室友商量共进午餐见面的地点。他们如今坐在座位上,想喝一口你的咖啡。他们很疲倦,能做的最简单的事情就是坐在那儿记下你讲的东西。你那艰深的问题让他们感到困惑,因为你以四种不同方式问同一个问题,而且从没有给他们思考问题的机会。他们一看到没人发言,就知道保持沉默准会收到不错的效果:要么你继续讲课,他们继续做笔记;要么你提前下课。

这种情形的出现比多数老师愿意承认的更频繁,致使很多教师,尤其是新教师,每当学生讨论没有预期的踊跃时就退回到舒服的讲授中。此时采取讲授会更加安心,因为其成功只取决于教师单方面。而讨论和小组协作需要学生的投入,这不好把握。但是请你不要停留在零风险的范围里,而要以某种形式在课堂中引入讨论。原因有三:

首先,人类学习理论表明,把全身心投入到新知识的方式越多,就学得越深入(参见本章最后所列佩维奥(Paivio)一书)。所以,阅读讲述某种知识的资料是第一级投入,听别人讲述这种知识是第二级投入,开口朗读属第三级,做笔记又构成第四级,如此下去,层层递进。如果科学家发明出一种能闻嗅知识的方法,我们就能在教室喷洒浪漫主义诗歌理论之香水,学生就能一路努力闻,闻出学术成就来。我孩子的一位小学老师多次向我表示,她自己单靠自己阅读思考还不够,还得读出声来,才能学到东西。

准备课程,作导入性讲授,跟学生探讨知识,如此一段时间后,你自己可能也会明白这个道理。有句古老谚语"不教则不长知识",就源于这个道理。教授知识时需要通过多种方式,从读、写,到听、说,再到评价,使学生全方位跟知识发生化学反应(上一章的埃里克·马祖尔描述同学教学法时也提到这一点)。

第二,讨论使学生能够形成初步的想法,这可供日后论文或考试时进一步正式探讨。你组织讨论,意味着,如果你教的是文艺复兴时期文学,当学生提出莎士比亚的十四行诗隐喻着全国运动汽车竞赛协会(NASCAR)时,你可以进行更正,指出其问题。这样学生就不会在论文中犯同样的错,这种错误出现在论文中,会对其总评成绩十分不利。讨论应该用作学生与教学内容发生反应、深化认识的试验场,要创造一个鼓励性、信息充分的环境。

最后,如果你时常明确告诉学生,讨论乃课程重要环节,他们的参与十分必要,他们就会意识到学习的一个关键:你不是茶壶,学生也不是茶杯,你并不是要把种族社会学的知识如茶水般倾倒到他们脑袋里。

讨论能够让学生看到他们是参与塑造课程的一份子，同时促进了其他同学的学习，其他同学反过来又加深了自己的学习。讨论（以及你对讨论在课堂中的作用的明确解释——这很重要）能强化学习作为合作性的构建过程这一教学模式，该模式正是本书的灵魂。教师固然要设定教学的参数和情景，提供学生所需信息，在课程中充当其向导；但学生需独立思考，并与同学一起构建自身的学科知识体系。

在这一章，我将讨论一系列技巧，用来在任何一种课堂中引发和维持讨论。你会看到，其中一些技巧其实是之前讲过的用来分段讲授技巧的更充分形式——比如在小组讨论前让学生练练笔或组对交谈——所以，你或许已经以较简单的形式试过这些技巧了。

需要指出的是，讨论要靠很多人参与，而人的活动是不好预测的。无论你多么细致地策划讨论，有时也会遭遇失败，这可能是由于学生课前并未阅读资料，可能是由于课题没有激发其兴趣，或是其他种种因素。因而，每次要上讨论课前，要做好两手准备：一是要吃透课堂内容，二是要有后备方案。

讨论法要比讲授法更加要求教师熟知教学材料，因为要随时准备好回应学生对教学内容的评论。准备课堂讨论要和准备讲授一样，要圈注准备在课上强调的重点内容，要想想学生该如何把一堂课的内容联系到整个课程，乃至他们的生活实际。至于备用方案，我教文学作品时，可替代讨论的不过是事先圈注一些段落，在有需要时讲解，另加一些备用问题，如果一开始的讨论话题使全班感到沉闷就可以抛出这些问题。

只要熟悉要教的内容，准备好第二个方案，就不用为课堂讨论担惊受怕了，在初次遭遇冷场时也不会那么轻易放弃讨论。

引发讨论的技巧

非正式写作

写作理论家皮特·叶立波（Peter Elbow）富有洞见地区分了学生的两类写作——正式写作和非正式写作。正式写作包括论文和考试中的作文，学生成绩很大程度上跟这类写作挂钩。然而叶立波认为，我们可以而且应该在课程中尽可能多地安排非正式写作，促进学生掌握知识，形成自己的观点。顾名思义，非正式写作无需批改，或只占课程成绩的一小部分——比如讨论前进行的一次非正式练笔可以只占总评成绩的2%。

在关于编写课程大纲的那一章里，我简要提到非正式写作可以设为作业，它是引发讨论的最简单而有效的方法。这可采取多种形式,最简单的做法是提出你精心设计的一个好问题,让学生用 10 分钟写下回答,然后开始讨论。

如果讨论的问题具有争议性,也可以花 10 分钟让学生写下自己的立场,并给出理由自圆其说。如果讨论是基于学生对一些事实和数据的了解,就让他们在 10 分钟内理清与讨论相关的事实的来龙去脉。如果课前布置了阅读作业,则叫他们用 10 分钟评价阅读材料中的观点。

可供选择的做法是无限的,但是在讨论前采用练笔这种方式,能避免好些本章开头描述的惨淡境况,解决不少常见问题:

- 事前练笔将学生关注点从前一晚那集《美国偶像》拉回到课程上来。10 分钟的练笔让他们从课外世界逐渐过渡回到课堂中。
- 事前练笔能保证他们有思考反应的时间。试想如果有人站在你跟前,绞尽脑汁想出一个最刁钻的学科问题,要你当场回答——"我可以端给你一杯拿铁咖啡,但前提是你必须告诉我,为什么世界强国的人道主义干预几乎从来不能达到目标——赶快回答哦,你后面还有很多同学等着要作答呢。"如果提出复杂的问题,要学生马上作出反应,你只会得到肤浅粗陋的回答。
- 练笔时间短,加上学生知道练笔只占成绩的小部分,如果你提出问题不够明确,他们会要求你说清楚。
- 有学生写好答案或观点时,你就可以让学生开始讨论了,也可以提问讨论不积极的学生,因为即使是最腼腆的学生也能对着他纸上写的文字照读。

我教的每一门课,每星期至少进行一次非正式写作,每次练笔占 10 分,整个学期最高可达 1000 分,这种练笔改起来很简单,却极大提高课堂讨论的质量,使其开展得更加充分。

使用开场白与结束语

我在跟历史学教授阿瑟·麦克沃伊(Arthur McEvoy)交谈的时候,第一次听说了他所称的"麦克沃伊式一分钟接龙"(McEvoy Minute Around)。具体做法是:摘下手表递给身旁的学生,给学生一分钟讲述当天的课程主题;一分钟后,该学生把手表传到旁边的同学,轮到他讲,如此在班里轮流。

这种策略只适用于不超过 20 个学生的班级,在大班里,这会耗费太多课堂时间。也不一定要用手表那么正式,严格限时一分钟。在上课开头,要求所有学生用一点时间要么回答你提出的问题，要么谈谈阅读材料中他认为重要或有意思的地方。学生发言时，你做笔录，用他们的评论、意见来补充、修改你设计的讨论话题。

结束语是上述技巧的稍稍改变。课堂讲授留下最后20分钟作结束语，让每个学生用一分钟聊聊从讨论中学到了什么，有什么地方不明白、不确定，想进一步探讨什么。

这两个技巧能够克服讨论课中常犯的毛病：学生坐在那里不说话，久而久之，他整个学期发言的可能性不断变小。这种技巧能保证每个人在课上至少发言一次，几乎总会使更多学生参与讨论。多使用几次这两种方法，讨论的参与度就会显著提高。

讨论前的成对与成组互动

你迟早有一天会在工作坊、会议中接触"思考—组对—交流"（Think–Pair–Share）这种做法，这是教学会议、工作坊主持老师最喜欢的。尽管听起来容易让人想到"芝麻街"这个儿童节目，它的基本理念是，在小组讨论之前，先让学生跟一两个同学交谈，这样会使他们对自己想法的价值或意义增加信心。讨论进行起来通常会十分慢热，因为学生们不确定自己的想法是否值得一提，或是自己有没有错误理解你的提问。先跟一两个人交流，再跟多些人讨论，可以消除这些忧虑。

顾名思义，"思考—组对—交流"的具体操作是：学生先花点时间自己想一想讨论的问题，然后找搭档分享初步想法，最后交流扩大到人数更多的讨论组。每一个环节可以有不同的形式，比如，独立思考可以写到纸上，讨论组的人数也可以上下浮动。肯尼斯·布鲁菲（Kenneth Bruffee）调查研究了课堂中的协作学习，总结出一些有效的操作模式，能抓好从小组讨论到大组交流的过渡。小组教学以及布鲁菲的相关操作模式将在下一章有更详细的叙述。你一定要遵循一条重要的原则，那就是让二人小组、多人小组做任务时，必须设定明确具体的目标。

从信息搜集到信息解读

你会发现，学生会倾向于回答事实性、数据性的问题，除非你已经营造了一个宽松环境，让学生自由表达不同的意见，在众说纷纭中敢于亮出自己的立场。当你提出只关乎事实的简单问题时，学生就不太需要作出一个令人眼前一亮、自圆其说的回答。比如回答："根据课文，导致一战爆发的三个主要原因是什么？"这个问题无需作深层次的思考和解读。但是这样问就不同了："你能想到哪些文中没有提到的一战爆发的原因吗?"

所以,一个自然过渡到讨论的方法就是先用一段时间来让学生收集数据、事实,为正式讨论奠定基础。等全班都对基本的资讯有确切的了解,讨论起来信息就更充分,学生参与就更踊跃。

教师为收集数据事实环节而设计的问题,也要动脑筋。太复杂的问题会让学生感到困惑,太简单的问题又会让他们觉得烦闷:"你们昨晚读的那本书叫什么名字?书中主要角色是谁?"如果你在文学课谈一本小说,开始时就要引导学生构建人物的发展历程和关系网络,而不是单纯问学生人物都叫什么名字。如果是教经济学,你不仅要问课上所讲理论的名称,还要让学生以自己在校园里作为消费者的经验为例,阐释该理论。

组织辩论

我在和历史学家彼得·弗雷德里克一起交流时,从一篇谈论教学的经典论文了解到"组织辩论"这个技巧。对我所教的每个班,这个技巧我每学期至少要用一次,那就是:找一个存在两派对立观点的议题,前一节课告诉学生要选定一方立场,并做好辩论准备。

讨论当天,你可以把课室空间分成两边,叫学生选择其中一边坐下。我通常依照弗雷德里克的建议,留出一片中间地带给悬而未决的学生,但是他们要在下课之前确定立场。事实上,任何学生如果改变主意,可以在课上更换阵营:可以从一边走到另一边,从边上走到中间地带,也可以走回去。

当然,辩论的开头可以采用练笔的形式,让学生写一段理由来论证自己为何选择某一阵营。引发辩论最简单的问题是:"你坐在这一边的原因是什么?"我通常叫一方的好几个学生回答这个问题,待他们答完以后,另一方的学生就迫不及待要反驳他们刚刚陈述的观点。

教室空间的分区同时也方便辩论的进行,因为每当有人切换阵营时,你可以停下来问他们这样做原因何在。空间分区也能让学生目睹其他同学在讨论和相互学习的过程中如何改变了看法。

趁早起步

惯性不仅仅是一个物理概念。正如一个在课上不发言的学生会越来越少参与课堂讨论,如果全班学生在头三个星期只听老师讲授,那么当你要他们讨论时,学生踊跃发言的可能性就小很多了。在多个星期的讲授之下,学生就形成惰性,并随着课程的进行而越发难以破除。

因此,如果可能的话,应在课程前几节课里就开始安排讨论。这些前期的讨论课特别要让尽可能多的学生参与，而且要坚持讨论课就是专门用作讨论，如果学生长时间鸦雀无声，不要退回到作讲授。学生是十分机灵的，如果你经常在讨论一遇到阻滞时就让学生停止讨论，他们就不会用心把讨论做好，只坐等老师取消讨论环节。

常见疑问

无论讨论的话题是什么，本文所建议的这些技巧大概都能促发学生讨论，不过，它们忽视了课堂需要学生参与时的一些棘手问题。所以下面作点补充，以一问一答的形式来探讨讨论法教学。

点名提问还是让学生主动举手发言？

很多老师对点名提问感到犹豫，大概是因为担心自己会变得像教官一样为难学生，要他们当场作答，如同电影中的那些法学院的严肃教授。而且我们还知道，有些学生的确有当众发言焦虑症，尤其是大一新生。

但是，为了让学生构建自己关于课程的知识，需要给予他们尽量多的机会去用言语表达思想，而课堂讨论就是最常见也是最佳的平台。我们希望大学毕业生无论多么不愿意开口，都能够在形势所需的时候自己主动发言，比如复述笑星杰里·宋飞（Jerry Seinfeld）的笑话——我们不希望培养出来的学生宁愿躲进棺材也不敢在丧礼上发言追悼死者。

因此，应当时常请学生讨论，哪怕他们不想主动开口。为了克服沉默的惯性，要确保每个学生在学期头两周内发言一次，无论是否自愿。

做到这一点不一定要像电影《力争上游》（The Paper Chase）里的约翰·豪斯曼（John Houseman）那样。肯·贝恩富有洞见地区分了鼓励学生参与讨论的两种方式。第一种方式是向学生提出挑战——"我说的话很有意思，现在轮到你说点有趣的东西。"第二种方式是恳请学生锦上添花——"刚才提出的想法都很不错哦，现在让大家听听你的见解行吗？"使用哪种方式完全取决于你作出要求时的措辞和口吻，这看似无关痛痒，然而对敏感的学生来说，简直是天壤之别。

为沉默的学生减轻焦虑，还可以在练笔之后抽取被动的学生作答。让他们读出非正式写作环节时所写的内容，这样他们就能率先参与课堂讨论了。

要给学生的讨论表现评分吗？该如何操作？

不少教师的确会在课堂参与方面给学生计分，常常还加上记考勤，比如，课堂表现和考勤一起占总评成绩的10%。最常用的操作办法是，学期末根据上课表现给出一个分数，然后视乎缺课情况从中扣分。

只要在评定课堂参与的分数时能够公平并且前后一致，这种做法是十分恰当的。我自己过去经常这样操作，认为自己能够在学期末扫一眼学生名单，就能给每一位评出一个大概的课堂表现分。不过有些学期，我教的学生上百人，到学期末我要计算总成绩时，已经差不多要脑力透支了。试图回想戴红袜队帽的那个学生还是洋基队帽的那个学生在课堂更投入，这样评分单凭印象，未免太过随意。

如果你决定在总评成绩中包括课堂表现分，不妨考虑使用学生每周自我评价表。可参照附录B列出的样板，那是由玛丽安娜·利昂（Maryanne Leone）设计的，她在外语学院任教。学生每周结束时填写这份表，玛丽安娜将其收起，扫描，认定学生的自我评分或根据她自己的评断对分数作出修改，记录最终分数，再发回给学生。到学期末时，她就用那些分数来计算该课程的课堂表现分。除了为评价课堂表现提供一套更科学的操作方式以外，评价表还能每周提醒学生课堂参与的重要性，使他们意识到自己的分数掌握在自己手中。

如果你使用虚拟课堂，也可以把学生在论坛发的帖子作为平时分的评定依据，露西亚·诺尔斯就是那样做的。

有时候学生讨论会跑题，最后聊得跟课程不甚相关，这时候该怎么办呢？

首先，不要慌，让他们继续聊几分钟。要记住，营造轻松的上课氛围，让每个人乐于参与课堂，乃成功的一半。为了达到这一目标，要给学生漫谈的自由。一听到学生说话离题就进行制止，肯定会扼杀其酝酿中的有益讨论。如果能够让几十个年轻人开展充满智慧的谈话，你就已经履行好大学教师的大半职责了。

不过，讨论得不着边际也不好，尤其是对于新教师来说。有两种方法可以把讨论拉回正轨：第一种方法是直接指出全班已经脱离了对考试或论文写作有用的教学内容，然后提出一个新的问题，把学生的思考重新集中到讨论上来。这样做有时候会让学生感到扫兴，他们丧失了谈论感兴趣的话题的机会，可能会感到不快。一个更妙的计策是聆听跑题的谈话，找到契机，穿针引线，把学生引回到学术正题。换言之，找出离题的一些具体话语，试图让学生根据原本的正式话题对其加以重新审视。如果一场政治学的讨论不再关心本来要谈的某个政论家，话题转到时下热点问题，请留心看似离题的观点，因为它们可以用该政论家理论来加以审思，比如，"我们能否推断，如果洛克（Locke）知道现时美国对伊拉克采取的军事行动，他会怎么想？你们昨晚阅读的资料中是否有一些蛛丝马迹，能够反映他可能的想法？"

我有两个学生讨论特别积极，而其余的人很少或从不开口，如何平衡好他们的参与？

根据我的经验，这是讨论课中遇到的最棘手的问题，对此我一直很纠结，从未真正妥善地解决。多数人都会提议建立一个机制防止这个问题的出现。比如，在一个学生互相关联起来的机制（gateway structure）内，每节课里，除非其他学生都已经发了言，否则每个学生只能发言两次。社会学家查尔斯·汉森（Charles Hanson）的做法是，学生在上课开始时拿便条，每次发言时，把一张便条放到自己桌子的前端，让所有同学都看到。前两张便条每张算一分，随后发言也相应放上便条但是不再计分。汉森称，这种制度防止一些学生在讨论中太过抢占风头，因为他们的发言次数全班都看得一清二楚。

这类办法在讨论两极化的课堂里——总是一两个学生在说，其余的人一片寂然——显得十分适宜。运用上述的技巧，两极分化就很少发生了。

在没有那么极端的情况下，我只要随意些，用点幽默，就能应付过去。当一个积极发言的学生第三四次举手，而众人静候我点他作答时，我会说："伙计们，我今天不能全部辛苦张三的哦。让我们先来听听其他同学的意见，然后再让张三来回答吧。"

再次，这里的关键是尽早下手，防止全班依赖特定几位同学，整个学期让他们来承担课上的讨论。

死气沉沉的讨论要维持多久才决定放弃呢？

芭芭拉·格罗斯·戴维斯的说法最为精辟："不要逃避学生的沉默，而是要耐心面对。"高等教育文献（包括麦吉奇，下面参考书目中会提到）中经常引用的一个调查数据是，平均来说，一个老师在提出问题后，如果学生鸦雀无声，他忍受约两秒钟后就会改一种问法，或是给学生公布答案。多数专家建议，教师要强迫自己等十秒钟才采取下一步行动。那十秒钟可能十分漫长，但你要尽最大努力坚持住。要使这段时间更容易打发，可以在一片寂然中从教室一端踱到另一端，喝口咖啡、汽水，或转过身去，在黑板上写点东西。做完这些举动之后，转回身来，通常就会看到沉默中有一只手小心翼翼地举起来。

戴维斯指出，不要看到有一个人举手就罢休。你应该有足够耐心，继续等更多的学生举手，因为这会向学生清晰传达一个信息：老师并不会替他们回答问题。

参考书目

Bain, Ken. "How Do They Conduct Class?" In *What the Best College Teachers Do*, 98–134.

Cambridge, Mass.: Harvard University Press, 2004.

特别参看"让学生开口"(Getting Students to Talk)一节(第126～134页),该部分讨论了学生在讨论课中的惰性问题,并倡导用邀请而不是挑战的方式来引导其参与讨论。贝恩也探讨了"麦克沃伊式一分钟接龙"(阿瑟·麦克沃伊在一次未辑录发表的谈话中第一次描述了这种教法,他当时是西北大学的历史学教授)。

Bruffee, Kenneth. "Consensus Groups: A Basic Model of Classroom Collaboration." In *Collaborative Learning: Higher Education, Interdependence, and the Authority of Knowledge*. Baltimore: Johns Hopkins University Press, 1993.

本章以及本书关于小组教学的那一章参考了 Bruffee 论述共识小组的这篇文章。

Davis, Barbara Gross. *Tools for Teaching*. San Francisco: Jossey-Bass, 1995.

在第85～88页,戴维斯指出了哪些类型的设问最能激发讨论,论述了讨论课中的冷场情况。

Elbow, Peter. "High Stakes and Low Stakes in Assigning and Responding to Writing." In *Assigning and Responding to Writing in the Disciplines*, ed. Mary Deane Sorcinelli and Peter Elbow. San Francisco: Jossey-Bass, 1997.

叶立波解释了什么是非正式写作,以及如何在课堂中使用。

Frederick, Peter. "The Dreaded Discussion: Ten Ways to Start." *Improving College and University Teaching*, 29.3 (1980): 109–114.

本文很经典,被引用在很多关于讨论法的论文中,在网上广为流传。

Hanson, Charles M. "Silence and Structure in the Classroom: From Seminar to Town Meeting via 'Post-Its.'" *The National Teaching and Learning Forum*, 9.6 (October 2000).

汉森的贴便条法解决了讨论中学生毫无反应或是太过强势的这两个问题。

McKeachie, Wilbert J. "Facilitating Discussions: Posing Problems, Listening, Questioning." In *McKeachie's Teaching Tips: Strategies, Research, and Theory for University and College Teachers*, 12th ed. Lexington, Mass.: D. C. Heath, 2001.

本文很好地综述了课堂讨论,细致地考察了讨论环节中碰到的问题。

Paivio, Allan. *Imagery and Verbal Processes*. New York: Holt, Rinehart, and Winston, 1971.

佩维奥的主要观点被称为"双重编码理论"(dual-coding theory),主要认为学习者接收到视觉和听觉的表征形式时,对所学的记忆会有提高。有个更宽泛的观点部分源于此理论:多感官刺激能强化学习。

第五周
课堂小组活动

有些教师觉得课堂上的小组活动完全是浪费时间和精力,甚至还会使很多学生感到烦躁不安。在这一章,我将用严密的论证来反驳这种观点。我深知很多老师都抱这种成见,因为我自己在任教之前也是这样。

写这一章时,我偶然看到一份调查问卷,描述不同的人会选择怎样的方式去学习。瓦尔克(VARK)的这个测试在 1992 年左右已经出现,刊登在期刊《增进教学》(*To Improve the Academy*)中。它包含十六道问题,被测试者的回答反映出他们在学习过程中对四种方式的偏好:视觉、听觉、阅读与写作、动觉。我也做了这个测试,发现自己倾向于通过阅读与写作来学习,其次通过听觉(比如听讲座),这也是意料之中的。

我说有些老师对小组活动有意见,并不是开玩笑,因为每个月都有将近一万人参加瓦尔克在线测试,其后有一份后续问卷用于收集所测信息,作数据对比。测试的数据显示,跟学生相比,教师学习时明显偏向通过阅读与写作方式。所以多数教师同我一样喜欢读读写写。要是将他们变作学生,被要求以小组形式进行讨论、制作、分享、角色扮演,肯定会十分纳闷。

同时,该测试数据指向另一个反面,让我们看到学生还倾向其他学习方式,如和同学组成小组开展讨论、解决问题、做任务,或其他协作形式。任教的头几个学期,我已经了解到这种情况。当我对单纯讲授、全班讨论感到厌倦时就会转用小组教学。那时我还比较犹豫,料想学生会因为要分组而不耐烦,会宁愿让他们去学术报告厅听一场化学讲座算了。可是到了学期末,在我收到的课程评价里,小组活动总被评为我课堂中一大亮点,深受欢迎。我开始以为这种反馈纯属儿戏,但后来逐渐认识到小组教学的确能让学生受益。

当然,也并不是所有教师都喜欢读写,也有教师偏爱小组学习。如果你属后者,那可以直接跳过这里的讨论。否则请注意,正如"课堂讨论"那章所提出的,切勿单凭我们当学生时的喜好作为依据去评价教学策略。此外,对课堂上如何运用小组教学的探讨现在数不胜数，论证充分，不容忽视。

下面将论述实施小组教学的三大理由。如果你阅后依然不明白这种课堂形式（有文献也称之为"协作学习"）有何价值，建议查阅章末所列参考书目，研究其更深的意义所在。

采用小组教学，首先是因为我们要为学生的将来着想，而不是因为此方法得到什么研究论证的支持。不过，讨论协作学习的著作几乎都会对其进行理论上的优化。马拉·沙彭–涉文（Mara Sapon-Shevin）这样形容小组教学："我们很难想到当今有哪份工作不要求与他人共事。如果培养出来的学生有才华却不会沟通，有技术却不懂分享，能践其所知却无法授其所识，身为其师是无法接受的"（p. xiii）。换言之，即使学生现在喜欢读书听课，并通过考试、论文来展示对知识的掌握，毕业以后他们就不会那么勤快地阅读和听讲了。如果大学教育最基本的宗旨是帮助学生为日后取得事业成功而作准备，那么教师就应承担好自己的责任，不仅要传授特定学科的知识和技能，还要培养学生职业发展所需的人际交往沟通技巧。

马拉·沙彭–涉文说得很有见地，很少职业能使人免于与他人共事——作报告、提意见、做销售、跟老板和客户沟通、在实习团队工作（对于要进医学院或法学院的那些学生而言），都需要与别人接触。我们虽然不会事无巨细地告诉学生怎样进行小组活动（尽管多数学者主张应该这样做），但是要给学生创造机会，把他们置身于日后将司空见惯的情景，体验学习或工作小组面临的挑战，尝试妥善处理问题。

其次，有大量研究对小组学习的必要性提供了有力支持。一些学生偏好通过共同解决问题、完成小组任务的方式来进行学习，芭芭拉·格罗斯·戴维斯解释道，"比起其他教学方式，这让学生更容易吸收知识，记忆更持久。"她还说，"通过协作学习，学生对课程也更满意"（p. 147）。一些新任教师正为如何获得积极的教学评价而发愁，对他们而言，以上无疑是福音。有很多研究，像第三章关于韩国护理专业学生的那项经典研究，对同一课程内容采取包括小组教学的不同教学模式，并进行对比，揭示了小组学习对学生的好处。杰克·特西尔（Jack Tessier）在 2007 年《高校科学教学期刊》（*Journal of College Science Teaching*）发表的文章给出一个全新案例：他比较了两组学生期末时对生物学课所学知识的掌握情况，一组是在协作中学习，另一组则在传统课堂环境中学习。结果表明，协作学习使学生取得更显著的进步，对分数处于下游的学生作用尤大。读者也可查阅本章末所列《协作学习技能》（*Collaborative Learning Techniques*）一书头几章，它描述了研究实验是如何检测这种教学方法的效果的。该书还指出，协作学习的好处远不止增强记忆：学生在合作环境中学习，对大学生活的满意度提升了，修读专业也更具毅力了。

实施协作学习的第三个理由比较理论化。肯尼斯·布鲁菲的《协作学习：高等教育、互助及知识权威》（*Collaborative Learning: Higher Education, Interdependence, and the Authority of Knowledge*）曾作深入探讨，他认为协作学习有助学生理解和建构知识，促进学习：

> 我们大部分人，包括大部分本专科院校的教师在内，都认为对知识的理解是一种复制性（或认知）理解。这种观点认为，知识是一个可以从一个头脑转移到另一头脑的实体，比如从教师的脑袋转移到学生的脑袋，从职工的脑袋转移到老板的脑袋。而协作学习却假设，知识是一群学识相当的个体之间所达成的共识，这种共识是成员通过交谈并达成意见统一而建立起来的。(p. 3)

现在已经很难找到有哪些学习理论还支持"知识理解就是复制性理解"的观点；如果你仔细回顾自己写论文的经历（研读大量文献，探寻未明真相），你肯定不会认为真理会刻在石板上，简单地供世人记忆和传承。维基百科现象比其他任何事物都更好地向全世界宣扬了一个理念：知识是通过合作而构筑起来的，要靠拥有知识的人共同打造。布鲁菲认为，即使如今已经很少有人相信知识是摩西从西奈山上带下来的，我们传授知识时却仍然在实践这种观点。另一方面，协作学习给学生展示了共同架构知识的一种途径，促使他们以小组为单位共建知识。学生们的认识可能是片面的、有局限的，但这不意味着让他们见识这种途径不再重要。

在讨论小组学习的方法和问题之前，让我们先定义一些术语，对协作学习的两种主要形式进行区分。首先，你会看到学界用一串名称指代这种教学方式，包括小团体教学、小组教学、协作学习、合作学习等等。这些术语指称的内容也许存在细微差异，但不必太过细究。它们都用来描述同一种教学策略，即让学生组成小组，少则两人，多则五六人，然后要求这些小组完成一定任务。不过，在课堂上实施小组教学时，教师往往采取临时小组和固定小组两种不同操作办法，在此有必要分开讨论。

临时小组是课堂中某一时段对全部或部分学生的分组，通常学生需要完成一个在该时段内可以完成的任务。把学生两两组对是比较少见的一种做法：教师问他们一个问题，他们用几分钟相互比较答案（埃里克·马祖尔曾在他的物理课堂上实行过）；更常见的做法是将学生分成三四人的小组，让他们在课堂上解决一道复杂的数学题，上交答案后予以评分。我有时会建立临时小组，让他们完成一个任务，但耗费的时间往往超出预计；所以同一个组可以在下一次任务中再次召集起来。

固定小组则不一样，要做的任务通常要求学生在课外会面，比如写实验报告、做演示、设计网页。这些分组在一个学期内维持较长时间；一些教师刚开学时就建立这种小组，维持不变，让学生在课堂上完成各种任务。我认识的一个新闻学教授就把学生分成几个写作小组，整个学期里让他们阅读、评价彼此的作文。固定小组会遇到一些在临时小组里不常遇到的问题。如果固定小组的成员不能融洽相处，其中一些成员太过强势或态度懈怠，或这些成员很难找到机会碰面（比如小组的所有成员都是走读生，时间安排不一样），那么小组就难以运作。

鉴于临时小组和固定小组都存在各种风险和挑战，本章余下部分将探讨教师可以利用哪些策略，可能遇到哪些问题。对上述两种分组我将分别讨论。

临时小组

设置任务

应该给二人或多人小组设置怎样的任务？前面关于讲授和讨论的两章提过一些建议，讲授时提出一个可以引发讨论的问题，让学生试着回答，然后由教师给出答案。其实，你布置的课后作业，或考试试卷上的题目，都可以稍加改动，用作课堂上的小组任务。事实上，教师设计的小组任务中至少应有某些方面跟作业、考试中的内容有相似之处。这样能够让学生有机会去锻炼作业要求的技能，而且他们在课上是在你的指导下进行练习，这样老师和同学都可以提供帮助和反馈。

下面列举一些可以让临时小组去做的任务：

- 完成一条复杂的数学算式；
- 列举前一晚阅读作业中出现的五个最重要的概念，按其重要性排序；
- 找到某一抽象原理或观点的三个实际案例；
- 为小说、电影中的角色画一幅人物关系网络图；
- 摘选一篇文章的关键段落，让学生为他们认为要注意的一些术语做链接，对其作出解释，并为之提供例句。

读到这里你会发现所有这些任务有一个共通点：完成任务时要得出一个具体的书面成果。

这是给小组设计任务时的第一原则。如果只是单纯地让学生分组，然后讨论文章，向彼此陈述读后感，会使任务毫无重点，学生就会感到没劲。要使小组教学法取得成功，小组就应该有一个工作的重心或方向。当小组需要共同完成一项任务时，就能做到这一点。但任务必须得出一个结果，让学生能够以书面形式表达出来。因此，学生要回答具体问题，列举实例，画出关系图，创造实在的成品，以避免小组学习法常常出现的状况——学生偏离任务，谈论周末放假计划而不是课程内容。如果你给每个小组的任务成果进行评分，就更能解决问题了，即让学生在课堂最后提交成果，评定成绩，得分占课程总评分数的一部分。

分　组

把学生分成临时小组可有多种方法，有研究者认为，应由教师负责安排分组，以使小组结构多样化。肯·贝恩曾调查优秀的大学教师，其研究报告指出，受访教师发现"与结构单一的小组相比，结构多样的小组教学效果更佳，它们具有实现多元性所需的思想素材和思维技巧，在涉及经验和技能的问题上达到多元"（p.129）。使结构多样，不是要混合生理特征各异的学生，比如混合黑人和白人、男性和女性，而是要保证每个小组有聪颖的学生和欠机灵的学生，以及水平在这两者之间的学生。有理论支持这种做法，认为聪明的学生能在帮助其他成员的过程中实现自身的学习，而其他成员则能从他的指导中受益。

这听起来很有道理，但还没有获得具体研究的佐证，所以我在教学实践中还是对其有所保留。贝恩在报告的最后指出，"有些教师让学生自主分组，使他们对自己的学习有掌控权。"（p.129）但是在大班里，为使结构多样化而设计分组，似乎太过费时，所以我不考虑。我要么让学生和邻近的同学自发形成小组，要么随机分配他们成组。这样做也很简单，确定每组学生人数后，用这个数字去除全班学生总数，除出来就是全班分成的组数。让学生逐一从1开始报数直到组数，然后又从1开始报；所有学生都报完后，把报数相同的学生归成一组。这样，如果要把20人的班分成4人小组，就会得到5个小组；而25人的班则会有5个4人小组和一个5人小组（有时难以做到均匀分配）。

如果你教的班规模较小，就有充足时间根据学生能力特意进行多样性分组。随着教学的开展，你渐次了解各个学生的水平，这时就可采取这种做法，否则就实行自由分组、报数分组。如果你进一步阅读有关协作学习、学生分组的文献，会找到按能力分组的更高策略。有文献还提倡根据学生自述的品质来分组（《协作学习技巧》（*Collaborative Learning Techniques*）描述了很多分法）。不过我认为这些方法太耗时，在临时小组上不必投诸过多精力。

课堂小组管理

大学时代,每次我出了什么状况,父亲都会亲自开车载我到学校,然后告诫我"中庸处事"。他这样说的目的只是要我别喝太多酒而已。其实这个建议对其他情形同样适用,比如管理小组时应如何办?切勿在小组之间不停地来回巡视,什么都要打听,但也不要全程坐在讲台上不理不睬。

无论你把任务设计得多么完美,总会有学生弄不明白,有小组会开小差,还有学生想方设法坐到后面任其他成员讨论而自己不参与。因此你需要监督这些小组,哪怕是稍微督促。如果布置完任务后就在某个小组旁边一直坐着,学生就会感到压抑,不想开口。要确保所有小组都清楚任务要求,给他们一点时间缓冲做准备,让他们自行开始着手完成任务。最后,你可以在课室里走动,不时留意小组的讨论,看学生有没有什么疑问,以随时提供指引。在这种场合,你应把自己的角色想象成专家,帮助学生完成他们接到的任务。

你在教室内走动时可能会遇到下面的情况:

(1)某小组一开始势头很好,后来却陷入沉默,不知道如何继续下去。这时可以给他们指明下一步,或问他们一两个启发性的问题,重新激活该小组的积极性。

(2)某小组中有三个学生正在做任务,而有一个学生却靠在椅子上,愁眉苦脸,双手交叉。这时你应该倾听片刻这个小组的讨论情况,然后问那个学生有何看法,让他跟你交谈。以后上课时如果察觉到哪个学生有游离的倾向,你就给每个小组指定一个记录员(也就是记录小组各成员意见的人),可以让不积极的学生当记录员,促使他融入小组活动。叫不合群的学生记录他人想法,也至少保证他有所贡献。

(3)某小组在讨论任务以外的事情。遇到这种情况,你只需站在能听到他们说话的区域内,让他们知道老师正在看着他们,得识趣地正经起来,这样问题就能得到纠正。

(4)某小组匆匆地赶任务,完事后干别的事情,或安静地坐着。那时如果其他小组也快完成了,就无需担心这个问题。如果你还是觉得这样不妥,其实也好处理,只要把任务设计得更具弹性,可随时延伸。比如可以叫学生作列举时再添两个例子,或让他们思考,如果他们正在讨论的问题稍加改变,会怎样影响问题的答案。可以使学生对任务有个事前的了解,活动开始前告诉他们,接下来的20分钟是专门用于小组共同完成任务的,要注意分配好时间;告诉他们,如果任务提前做完,你就会给他们一些和任务相关的有趣安排。这样,学生就不会想着要赶任务，然后花10分钟给隔壁班的朋友发短信聊天。

在开始小组活动之前可以设立一些规定，哪怕有时候用不上。我教写作课，每个学期都会让学生组成临时小组来阅读、讨论彼此的文章，而每次任务开始前我都会重申两条规定：第一，他们要给组员作业写完整评论，其中要有他们希望自己作业也能收到的细节反馈；第二，他们要充分利用所分配的时间，练习完如何写反馈评价后，应回头通读自己的文章，用余下时间写写感想，或修改原文。好几年，我发现有一小部分学生给同学的评论总是寥寥无几，完事后就在最后10分钟里靠在椅子上呆望着墙，于是我后来就提出了上述要求。虽然问题尚未得到根除，但起码不再出现得那么频繁。

处理任务成果

学生将他们的想法写在纸上后，会期待得到老师的反馈或评分。你应在课堂上为此留足时间，不然就要在上交的任务成果上进行批改。在课堂上处理小组成果最简单的方法，莫过于在活动结束前让每个小组向全班报告他们得出什么发现。这在紧要关头能奏效，但必须清楚这是一种单调乏味的活动，因为每个小组报告了几分钟以后，就得安静地坐着听（或者像通常那样，不听）其余所有小组对同一个问题作出的结论。如果班里有六七个小组，那么等所有小组做完总结汇报，几分钟前的热烈讨论可能已经变得沉寂了。

除了让各个小组按顺序作报告以外，还有两种方法。首先，把完成了的任务作为引发讨论的话题：把刚才所解答的题目再次分配给全班，让学生或小组像在小组讨论中那样作出回应。这样会给此阶段的活动增加一定的自主性，让学生对同学的观点即时作出回应，而不是要一直等到其他小组都做完报告才能发话。当然，为了保证所有小组都有机会发言，可以点名让那些安静的小组发表意见。但在所有自愿发言的人都说完之前，不要这样做——如果所提的问题之前在小组中得到充分讨论，肯定会有学生主动发言。

其次，处理小组任务成果，可以提出一个新的问题——学生之前做的任务是为这个问题抛砖引玉的，并且新问题能把学生引向另一个思考方向。比如，如果我已经让学生拿出一张纸，在上面画出一本小说中不同人物的形象和角色之间的关系，接下来我会叫学生告诉我，在这个过程中他们从每个具体的角色身上学到什么。假设你已经让学生从前一天晚上的阅读作业中找出三条符合平权行动规定、有力支持某一论点的论据，那么你接着就可以让小组解释为什么他们认为那些就是符合规定的最佳论据。这类问题将促使学生运用小组讨论中的思考方法，还能将整个班带入新的思维领域。

固定小组

设置任务

一个典型的固定小组任务,是让学生成对、成组活动,共同完成一份作业,最后向全班同学作报告。很多老师把报告当成小组活动是基于一个非常现实的理由:如果让学生逐个作报告,耗时太多。让整个小组分担作报告的任务,能把学生从独立发言的重压中解放出来。我们都希望,学生毕业以后无论是口头还是书面上都能与人有效沟通。作报告有助学生发展这方面的技能,而小组报告则使我们免于为此花费过多时间。

如果你打算采用报告的形式,请把它放在后半个学期。这样小组成员间相处会更融洽,起码比起学期第二周就得当着全班作报告要好很多。你要藉着报告叫学生做研究,发掘新观点,补充课上所学知识,这样他们作报告时就能把新的东西分享给同学。比如在哲学概论课上,叫学生就这门课谈论的主要哲学家进行调查,介绍其生平故事,向全班作个汇报。这样学生就会进行思考,把你给出的简要课程大纲充实起来。要让学生对这些材料上心,你可以跟他们说,期末考试会出一道论述题,要求将一位哲学家的生平或所属历史时期和他的作品联系起来;如果你不想办法使他们对报告主题上心的话,他们就会在其他同学作报告时开小差(就像在临时小组里,他们在其他小组报告结论时开小差一样)。把报告的某些要求纳入到考试中,还能使学生意识到做调查并非是白费时间,而是构成完整课程的一个有机部分。

固定小组的活动并不局限于作调查、作报告。学生跟实验室里的搭档组成的小组可视为固定小组,数学课、统计课上的问题解决小组亦然。学生可携手共建一个网站,展示一个书面形式的调查报告,给虚拟公司拟一份商业计划,为维基百科撰写一个条目,录制一段纪录片,将戏剧的一个桥段搬上舞台。

给临时小组设置任务时只需把任务分成几部分。而给固定小组设置任务,要方便学生汇合起来,提出计划,划分任务,各司其职。当今校园里非传统类型的学生人数庞大——既有课业任务,又有家庭责任,甚至还要两地奔波——让学生承担小组作业的每个细节会造成很大负担。因此,要组员合写一篇正式论文十分困难,成品仅是由几个独立的语篇生硬放到一块,是东拼西凑的松散组合。

分　组

比起在课堂上随机组合在一起，然后用 20 分钟解决一个问题，学生完成固定小组作业需要用更多时间与他人共事。所以教师在分组时多花点心思是理所当然的。遗憾的是，当前就固定小组的分组应该如何操作，探讨协作学习的众多研究尚未达成一致意见。

巴克利（Barkley）等人认为：" 总体而言，研究结果支持小组结构多样化，因为学生和各种各样的同学一起活动，能接触到不同想法、背景、经历的人……还有证据表明，多样化的小组学习更有成效，也更适应有多层次的任务。"（p. 45）我曾在不少书上看到这种观点的不同版本，也曾在从教的第一个学期里着力打造结构多样的固定小组，然而结果往往令人失望。巴克利接着就这个问题作了进一步探讨，让我意识到我的情况其实并不特殊。她写道：" 结构多样化的分组有利于一些学习活动的开展……对层次分明、锻炼能力的任务而言最为有效，因为学生在知识水平相当时就开始接触彼此，这样能促进交流。"（p. 45）我教高级创意写作课时，根据学生的各种写作水平将其分成结构多样化小组，让成员之间互相评价作业，结果往往不尽如人意，甚至还致使学生感到沮丧。优秀的学生互相评价作业时能有所收获，但优秀的学生难以从较差的学生那里获得建议，或是获得的建议无甚价值。而让较差的学生向较好的学生提意见，前者就会感到力不从心。

接下来的几年，我分临时小组时往往用随机选择或者结构多样化的方式，而分固定小组时则用同类组合法，即把能力强的学生放在一起，把能力较弱的分到另一组。我了解到，如果小组需要在课外会面，我很多同事会选择让学生自行分组，这样他们就可以根据各自的时间安排自主选择组员。肯·贝恩曾说，自主选择还能让学生对学习任务有控制权。但是，这样形成的小组可能是纯粹基于同学之间的关系亲疏，如果好友们处理同样的思考任务，他们可能陷入集体意识模式，没人愿意去挑战、反驳他人的意见，生怕伤感情。

芭芭拉·沃尔伍尔德（Barbara Walvoord）提出一个折中的方法，我比较欣赏。她在一本讨论写作教学的书中谈及分组问题，提议让学生分组后对其他成员的作文作评论。沃尔伍尔德建议，如果学生选择小组搭档时已有意向人选（事实上很多都没有），可以叫他们在小组正式成立前的一两节课上把名单交上来。到分组时记住这些人选，在多样化分组或者同类分组之间选择一种你认为合适的，并持续实行。如果有四个喜欢坐在最后一排、经常讲话的学生要求分成一组，那么应把他们分开。对于没有意向人选的学生，分组可以根据他们课堂表现的好坏，也可以根据他们已经在你教的专业下面选了多少门课（这点可以放在学生信息表上,让学生在开学第一天填写)。

这种策略我到现在已经用了很多年,效果不赖——我会问学生他们有何意向人选,使用同类分组法时尽量满足他们的要求。其实,设置任务时我也采用相同做法。如果我列出一堆论文研究课题供参考,我会让每组选出其最感兴趣的三个;如果有好几个日期都可以用来作报告,我会同样让每组决议三个最合适的。然而,在这些安排上有最终决定权的人是我——要让学生感到自己对分组、作业有掌控权的同时,也要清楚老师才是对课堂有最大话语权的人。

课内外小组管理

学生课后可能不太容易找到时间碰面,你应该考虑到这一点,并在课上留出时间让小组成员之间作最终整合。这不需要很长时间——事前给他们20～30分钟就足够他们协调进程安排、制定活动方案;随后还可以腾出半节到一节课,给小组做项目,这样他们就有时间把各自的成果整合起来。而你也可以在小组之间巡查,视察其完成进度。如果课堂上时间不允许,你就要想点办法去监督小组,保证任务进展不会太慢——比如,可以让他们到办公室找你一次,向你发几封电邮汇报进度,分阶段提交成果。不要以为分好组、布置完任务所有事情就会顺利开展,因为这种情况很少发生。

采用固定小组教学一段时间后,你可能会遇到下面一些常见问题:

(1) 某小组中有一两个成员没有尽力。一些认真尽责的小组成员会通过写邮件、上访办公室的方式向你反映这个问题,或是该小组在课堂上做任务时你自己也会发现问题。这种问题是有办法解决的,至少可以对集体和个人的表现进行评价,通过评分的方式来达到妥善处理。比如,小组整体的口头报告可以打一个分数,各成员为报告所写的大纲及参考文献也打一个分数。此外还可以花几分钟跟每个小组谈话,可以在教室里进行,也可以叫每个组到办公室谈,逐一问学生,他们到目前为止都为小组项目作出了什么贡献。这类谈话能使懒散的学生面对所有组员无法交待,从而鞭策他们动手做事,以避免更多尴尬。

(2) 某些小组成员相互抱怨,意见分歧太大,以致合作难以取得成果,因此请求解散小组,把他人调到别的组,或是自己要求换组。这时候,除非情节确实严重(比如学生觉得受到其他组员的威胁),否则你应该拒绝重新分组的请求。你可以协助消除矛盾,让他们到办公室找你谈话——但是要记住,他们都是成年人了,教师对他们提出的要求都在其能力范围内,同时也是其职业生涯的要求。每个班总有学生特别好相处,就像史蒂夫·卡莱(Steve Carell)在美剧《办公室》(*The Office*)中扮演的角色一样(或是该剧英版中里奇·格威斯

（Ricky Gervais）扮演的角色）。但那些人物只是为了娱乐大众，现实生活中我们总会遇到脾气不好的人。

（3）小组中有些学生总喜欢拖到最后才开始动手，或朝着一个低效的方向办事。这时你应该对其进度进行调控，在课堂上或办公室见面时对其作业的进展状况和改进方向作提点。

处理任务成果

处理这类小组成果基本上是靠评分。而主要问题是确定应该给组员单独评分还是给小组整体评分。同样，这里没有明确的答案——某成员的贡献与他人不一致，整体评分会使他挫伤积极性或分得一杯羹，但单独评分又会影响小组任务的整体连贯性，因为每个成员都会一心想着自己如何取得高分。因此，最实用有效的做法是结合两者，给全体打一个分，同时根据各成员的功劳单独打分。如果小组的正式报告分几部分完成，就让各人就自己负责的那部分写一份大纲，注明写报告时参考了哪些文献，并给文献做注释。

至于小组项目评分要注意哪些细节，如何进行单独评分、整体评分，这些内容将会在下一章予以探讨。

参考书目

Bain, Ken. "How Do They Conduct Class?" In *What the Best College Teachers Do*, 98 – 134. Cambridge, Mass.: Harvard University Press, 2004.

这是该书中最详尽讲解课堂教学每个细节的一章。

Barkley, Elizabeth, et al. *Collaborative Learning Techniques: A Handbook for College Faculty*. San Francisco: Jossey-Bass, 2005.

此书开篇讲述了协作学习的理论基础，针对小组活动提出整体上的建议，随后描述了三十种小组教学的实施策略，配有各门学科的实例。

Bruffee, Kenneth. *Collaborative Learning: Higher Education, Interdependence, and the Authority of Knowledge*. Baltimore: Johns Hopkins University Press, 1993.

这是一本佳作，不管你是否打算采用小组教学，它都值得通读。布鲁菲所呈现的是整个教育行业中最具哲学性的观点，如："协作学习是一个再积累过程，它促使学生成为知识共同体的一员，而学生的知识资产跟他们所属的知识共同体的知识总储量是不同的。"（p.3）如果这句话引起你的兴趣——反正我是完全被它吸引了——那么布鲁菲的作品将重塑你的高等教育观。他关于知识、知识习得的理论甚至可以和托马斯·库恩（Thomas Kuhn）的《科学革命的结构》（*The Structure of Scientific Revolutions*）的观点互相争鸣，布鲁菲本人也承认这一点。

Davis, Barbara Gross. "Collaborative and Experiential Strategies." In *Tools for Teaching*, 145–174. San Francisco: Jossey-Bass, 1993.

这一章涵盖了协作学习以及其他能代替传统教学法的选择,如角色扮演和案例学习,所有这些内容都值得一读。

Fleming, Neil. "VARK: A Guide to Learning Styles." 2006. http://www.vark-learn.com/english/index.asp. November 29, 2006.

问卷的最初版本刊登在《增进教学》中,后来多次修订,如今你可以登录弗莱明(Fleming)的 VARK 网站做网上测试。关于教师和学生学习方式的数据来自"问与答"部分。

Fleming, Neil, and Colleen Mills. "Not Another Inventory, Rather a Catalyst for Reflection." *To Improve the Academy*, 11(1992): 137–155.

这是首次提出 VARK 清单的那篇文章。

Sapon-Shevin, Mara. Foreword. In Ruth Federman Stein and Sandra Hurd, *Using Student Teams in the Classroom: A Faculty Guide*, xi–xiv. Bolton, Mass.: Anker, 2000.

沙彭-涉文在前言中总结了协作学习对当今高校的重要性,发人深思。此书综述了佐证协作学习的诸种理论,接着展开两部分内容:在课堂上建立、监控固定小组或临时小组的技巧;锡拉丘兹大学(Syracuse University)在各个学科中采用小组教学时的具体做法的丰富实例。

Tessier, Jack. "Small-Group Peer Teaching in an Introductory Biology Classroom." *Journal of College Science Teaching*, 36.4 (2007): 64–69.

特西尔的研究就是众多比较性研究中的一项。登录学校图书馆购买的 ERIC 或 EXAC 数据库,搜索"协作学习"关键词,你就会发现大量这类研究,其结论跟本章所引用的相一致。

Walvoord, Barbara. *Helping Students Write Well: A Guide for Teachers in All Disciplines*. New York: MLA, 1986.

沃尔伍尔德就如何建立小组提出了明智的建议,提出让学生表达自己的偏好,但教师保留实际的筛选权。

第六周
作业与评分

多数教师会说：如果可以，他们在教学中不会评分；他们压根不喜欢评分；评分是教师职业中最折磨人、最使人焦虑的因素。尽管我要骄傲地宣布我开创了"简易评分2000法"，使教学变得简单，但我还是要像芭芭拉·沃尔伍尔德和弗吉尼亚·约翰逊·安德森（Virginia Johnson Anderson）那样呼吁那些苦于评分的教师："请教师们放弃不切实际的幻想，别再认为评分是简单、无争议、单面性的。教师必须驾驭评分机制的威力和复杂性，而不是无视、否认其存在。"（p. xvii）所以，全体教师同行们，抛开那些不切实际的愿景吧。评分是一项复杂的活动，是你最抗拒的苦差役——然而，分还是要评的。

肯尼斯·伊布尔（Kenneth Eble）解释了教师讨厌评分的原因：它"威胁师生良好的关系，使教学变得不愉快"（p. 143）。也就是说，如果没有评分这码事，你可以畅想教室里坐着一帮轻松随意谈论物理的大伙儿。可是当第一次作业的评分结果公布时，理想就随即破灭，教师和学生之间不平等的权利关系霎时暴露。当然，抱怨评分还有一个更现实的原因——它耗费时间，而且整个学期每次作业都要在较短时间内批阅完，发回给学生，这给教师构成了压力。

然而，我觉得评分最让人苦恼的一点是，评定成绩时没有绝对的标准或答案，但是教师打出来的分数却对学生有绝对影响力。如果你给学生的作业评了C等，这就如同在他额头上打了印章，此后学生本人、家长，乃至同伴、未来的老板、研究生导师都能查看这个成绩。你希望有一个流传久远或上帝裁定的评分准则，使你评定成绩时有章可循，可以理直气壮地说：是的，我是给他打了C，因为他的表现就只配这个等级，根据评分准则，如果学生做出了行为X、Y、Z，就只能评C。

可是，这种评分准则并不存在。你要接受自己就是评分人的事实，承认自己只能根据过往评分经验来制定评分准则，给当前的学生评分只能沿用这个准则，而且你要对自己打的分数承担全部责任。这个觉醒过程比较漫长艰辛，而且你会时不时自问打分是否合理。此外，如果学生对分数不服，也会让你怀疑他是否有理，是否应更改评分。评分带来的这些焦虑、不确定感，并不说明你做错了什么。很多教师常常为评分纠结，你会跟其他教师一样，恨不得将其废除。

即便如此，就评分问题我还是想提供一些指导，至少让读者了解评分会遇到哪些困难，可以用哪些策略应对。按评分过程的五个环节，本章分成五节：设计作业、收作业、评价作业、评分、发回作业，针对每一阶段，我力求提出最实用的参考意见。

酝酿这章内容时我参阅了大量文献，发现沃尔伍尔德和安德森的建议最为合理，对评分过程的描述也最为全面，所以本章多次引用。如果你关于评分还有更多的疑问，可以翻翻他们的书，里面有进一步的论述和资料。

设计作业

其实设计作业这个话题在关于教学大纲的那一章里已经讨论过。在这里我再简单地提醒一下读者，在安排作业顺序、初步设计作业时，必须结合课程目标。设计的作业旨在提升学生需要提升的知识技能，并且便于你观察学生是否在进步。我认为，为了顺应国际潮流，也为了作业设计的连贯，最佳的办法是建立一个课程框架，标明主要作业和考试的性质、完成日期——在学期各周时间安排中逐一标出——然后按教学大纲设定的学习目标来审查这些作业、考试（读者可以参考沃尔伍尔德和安德森著作第17～42页，上面提供建立课程框架的实例）。如果课程框架做得妥当，余下的日程安排就很容易填进去。

关于作业本身，我想提出三点建议：

首先，正如上课要实现多样化的教学以利于学生学习，我们也应该给学生提供丰富的作业类型，如考试、论文、作报告，以及下面我还会谈的一些更具创造性的形式。克里斯托弗·卢卡斯和约翰·默里曾说："由于现在已经有多种方法帮助学生学习和接受测试，课堂教育的成熟也呈现多样化，所以很明显，评价学生的方式越多样，就能帮到越多的学生获得成功"（p.97）。比如，有些学生对考试产生强烈焦虑，如果让他们在压力下参加考试大概会考砸，而这样的成绩也无法反映他们对知识的掌握。这种情况下，你应该附以布置论文写作，让这类学生有机会发挥所长。相反，不擅长写作的学生则可能喜欢做含有多选题的试卷。无论是哪种考核方式，都会对某一类学生更有吸引力，更能发挥学生的某种天赋，所以作业设计要多样化。

其次，如果你的学科、学院惯例——或者你自己个人偏好——以考试为主，那你至少要把试卷的一部分设为写作题，哪怕只是叫学生简单解释怎样解决某个问题、为什么某个问题能得到解决。有研究探索了在试卷中如何设计选择题以刺激学生思考，但其实有更简单的窍门，那就是保证学生往实处思考，而不是凭空乱想。如果只是让学生从四个选项中选择一个，那还不足以考量是否达到教学目标要求培养的能力，还得想别的办法。用写作题要求学生解释、分析问题则可以做到这点。沃尔伍尔德和安德森举了一个数学教授的例子，该教授把试卷和作业分成两栏：一栏要用数字、算式答题，另一栏则用文字表述作答步骤（p. 22）。可以要求学生在试卷的最后解释推理、解答的过程，或完成简答题、论述题——所有这些都促使学生在考试时思考得更认真。如果试卷增加了写作题，改卷的时间必然增加，但后面我会提些建议用来缩短时间。

第三，创造性地设想作业形式。设想一下学习你专业的人最后做的是哪类工作，然后设计一份作业，让学生感受一番该专业的工作生活会是什么光景。我认识的一位历史学家就是让学生调查当地机构的历史并撰写报告；商务沟通课的老师可以让学生为校内需要加强宣传的机构设计网站和小册子；环境科学家可以叫学生给当地政府写一份关于全球变暖的报告；人类学家可以在进行某次考察前要学生写一份文献综述来为考察作准备；数学家可以让学生准备一份教学计划书用来教高中生一个具体的解题方法。我所在学科领域的一位同事叫学生向《言明》（*The Explicator*）杂志投稿，这是一份刊登短小论文的学术性杂志，发表的作品针对世界文学提出新观点，都是基于深度阅读或者原创研究写出来的。为了发表文章，学生要对该杂志及其稿件规定做调查，写一篇符合要求的作品，随同一封介绍信寄出（作业则让他们自行决定是否真的要投稿）。十九岁的学生容易沉迷各种社团活动，然而，上述所有作业形式可以提醒他们一个容易被他们忽略的事实：我们教给学生知识是为了帮助他们日后取得生活和事业上的成功。

设置创意性作业，还可以让学生做一系列阶段性、基础性的作业。换言之，可以把一份大作业——比如基于调查的议论文，或一次大型演示报告——分成几部分，每部分作为独立小作业。对于一份较大的研究论文，可以把其中的计划书、文献综述、文章摘要、参考书目作为几次阶段性作业。当你思考哪些可作为阶段性作业时，可以考虑设置一次大型作业旨在锻炼学生哪些技能。至于写研究论文，学生需要搜寻并参考相关文献才能树立自己的观点，因此，文献综述可作为一次阶段性作业。还可以把这些阶段性作业本身变成作业，而不用考虑最后成果。我把这些称为"基础性作业"。比如，如果你所教的学科里，学生不需要学习创作大型研究论文的全套技巧，只需懂得怎样开展研究、分析、报告结果，那么可以要求学生在文章中只提出一个假设，并作文献综述支持假设。露西亚·诺尔斯有一份作业要求学生每节课上引用三句彼此相关的话，写在黑板上。这也可算作基础性作业了，因为旁征博引是写文学批评的一个要素。

最后，沃尔伍尔德和安德森在《高效评分》（*Effective Grading*）一书的附录中列出了百种不同的作业形式，其中一些特别有创意，比如：

- 广告
- 简报、白皮书
- 预算书
- 给中介机构写客户报告
- 上书法庭
- 以小说人物或真实历史人物的口吻写日记
- 经营计划
- 操作说明
- 致编辑的信
- 制定规章、法律
- 向资助机构写份研究方案
- 评述一本书、一场演出、一场展览
- 各个范畴的分类法（pp. 193–195）

无论是上述创意作业还是较早前列举的作业，我们都应要求学生将自己的作业公开，或面向虚拟的特定读者群。除了独裁者的秘书，没有什么职业只面向一个读者，因此，让他们以特定读者或普通民众为对象写作业，是上佳的做法，能让他们了解到毕业以后实际工作会是怎样的。

设计作业最后要考虑的是如何向学生描述作业——要做到全面、准确。如果是安排考试，要口述或在试卷上写出考试说明；如果是作业布置，应给每次作业写一份简述，分发下去或挂在课程网站上，并在课堂上念一遍。如果阐述作业要求时表达含糊，这对优秀的学生毫无影响，因为如何布置作业他们都照样能出色完成。如果在期末告诉学生"给我写些有趣的东西"，聪颖的学生总能写得活泼生动。可是其他学生就会焦虑不安，苦苦思索可写什么，提出各种琐碎问题来烦你。因此，讲解作业要求时，不仅要讲清楚格式标准（比如写够十页、写够三段），还要说明作业合格需达到什么质量要求（比如论点明确，每段都有论据支持论点）。此外还可以公布评分标准，使学生清楚地知道应在哪些方面下功夫。

最理想的做法是告诉学生作业是用于什么目的，具体说明作业训练或测试课程旨在培养什么技能。可以把它写在试卷开头或作业册上："这份作业的目的是让你体验一下，开展研究时如何面向民众。也就是说，你要用课程一贯要求的方式开展研究，随后掌握一些策略，把技术性的结果以通俗晓畅的文字表达出来，让任何受过教育的成年人都能看懂。由于不少学生以后工作的单位常常要用研究结果去左右决策，所以你们必须驾驭这种语言表达技能。"明确作业意图能使学生重温教学大纲和课程学习目标，清楚作业里的内容孰轻孰重。至于考试，你可以提前一两节课说明考试目标，这样他们在思考应该学什么、怎么学时就有所参照。

收作业

收作业——无论是让学生从后往前传上来，还是你亲自从学生手中收上来——都大有学问，一些杰出的研究者已经为此争论了几十年。如果我说在这里我会提十四条详尽的建议，哈，那我只是开玩笑而已，因为我会让你自己来处理这个问题。

关于收作业，唯一要思考的是如何处理迟交的作业。你最好在教学大纲上说明对它们的处理办法，不仅要立下规矩，规定学生是否可以迟交、怎样提交，还要为这些规定说明理由。规章一旦定好，就依照它来行事，不过也要留点周旋余地，照顾那些有紧急事务或正当理由迟交作业的学生。

话虽如此，我还是想说，处理迟交作业并非易事。如果上级施加压力，教师就不得不对迟交作业的学生予以一定惩罚。但也有不少教师认为，因为很多工作要求从业人员按时完成任务，所以我们也应培养学生获得这种品质。学生要如期完成作业，否则将受惩罚，这种规定预示着，员工在职场中要如期完成工作，否则将被扣工资，甚至被炒鱿鱼。这个观点合情合理，叫一个年轻人按时交作业，没理由感到犯难。

但至少有一位学者持不同意见。肯·贝恩在《如何成为卓越的大学教师》一书中指出，因迟交作业而惩罚学生，片面强调了作业的结果，违背了视作业为学习体验过程的原则。他引用了同行的类似观点："如果学生追求更高的作业目标，下更大功夫以做得更加完善，就可能会迟交作业。"（p. 154）换言之，如果学生对自己提出更高要求，愿意为完善作业而投入额外精力，迟几天上交作业，结果遭受惩罚，你认为这样是否公道呢？贝恩还质疑按时交作业的要求是否合理："即使是坚持这种规定的老师，如果要他们证实这种做法确实可以增强学生的时间观念，在课堂以外也坚持守时的品质，他们也很难提供这方面的证据。"（pp. 153–154）很难想象有谁能收集到这类证据，贝恩的质疑有一定的道理——因迟交作业而惩罚学生,真的能教会他们守时吗?即使真能教会,这样做是否以扼杀更大的学习潜力为代价?我的一位好友,做什么事情都会迟到,他过去总是这样,将来恐怕也难以改变。每次我俩去某个地方,如果我问他要多久才到,他总是说估计要20分钟。我觉得惩罚也无法改变他的习惯,或许多数人有某种基因使其对时间更加敏感,而他恰恰缺乏这种基因。

上述问题也是教师愁于评分的一个原因。解决这个问题没有唯一方案。我的建议是,可以根据你个人的情况来制定规矩,坚持执行。但是,在教学的第一年,任学生迟交作业而毫无约束,你会感到很难执行,因为在一堆作业中跟进时间错位的作业会带来很多麻烦,甚至容易把作业放错地方。建议你过几年再回过头来看这个问题,反思贝恩的观点。到目前为止,你应该在教学大纲、作业册上注明了,如果学生要求延迟提交作业,须至少提前一天告知教师;请求合理则予以批准。你可以采取一些举措(比如扣分、延迟发回作业)来处置没有事先说明而迟交的作业。看看这样做是否奏效,再在第二年重新思考改进。

评价作业

本节会涉及很多数字,但因为我是文科出身,所以内容不会太过高深。但是对于刚接触评分的你来说,内容越基础越好,故我的不足正好成就你的收获。

第一个关乎数字的问题就是评分的工作时数。评分耗时,但可采取两个方法来减少检查作业、催促作业的时间。对于较小的作业,像小测验、简答、简短的演示报告,你可以用口头的方式予以实质性评价,只打个分数。对作业中最常见的错误,可以边评分边作简短记录,到上课发回作业时,针对作业中出现的毛病作简单点评。假如你发现所有学生在作业中都误用了逗号(这是个常犯的错误),可以在课堂上花两分钟解释逗号的使用,无需在每份作业上都写逗号的用法。即使是较大型的作业,对于常见的小错误,也可以这么做。但是对于严重的问题,则需要单独给出针对性的反馈,这样才能帮助学生在下次作业中有所改进。

使用评价量表也能节省时间,同时有助于建立清晰、便于学生把握的评价标准。所谓评价量表,就是建立一套分类或标准,以便你前后一致地评价作业。它可以是一个表格,在批改作业时填写,也可以内化在头脑中,让你批改时心里有底。评价量表好处有三:首先,正如凯瑟琳·蒙哥马利(Kathleen Montgomery)指出的(p.36),评价量表能使作业重点明确,提醒你在教学中需要关注哪些方面;其次,它能保证给每份作业评分时,标准是划一的,对每份作业的关注点前后一致，对其评价角度也一样；最后，它能帮助教师提高效率，让你只关注作业的有限方面，把作业发回去时只需向学生集中剖析特定方面的问题。沃尔伍尔德和安德森把评价量表的使用称为"基本特征分析"（Primary Trait Analysis），简称 PTA，即"确定评分所需考虑的因素或维度……在定性的基础上划定分数范围……然后根据所得的规则来评价学生表现"（p.67）。他们还建议教师给各门主要学科建立一个 PTA 量表。

以学生的议论文写作作业为例，如果满分为 100 分，可建立评价量表如下：

评分项目	分值	评语
（1）论点明确	（20 分）	
（2）结构清晰	（20 分）	
（3）各段重点突出	（20 分）	
（4）论据充足	（20 分）	
（5）语法准确	（10 分）	
（6）开头、结尾简练	（10 分）	

总评：

使用这个评价量表，要求评阅时注意六个方面，给每一项评分，同时在"评语"一栏为所给的分数作一条简短说明，最后在"总评"一栏写建议，告诉学生下一步努力的方向。把每项的得分加起来，就得出一个以 100 分为满分的分数。当你有大量论文、作业要批改时，这样的评价量表可以帮上大忙。如果你没有在纸上写好、脑海里想好一份评价量表，不断批阅学生作业真的很费脑，因为每 10 分钟就得苦思完一份作业的优点和不足。此外，蒙哥马利还指出（p.36），评价量表的巨大作用更见于复杂作业的批改上（多环节研究论文、演示报告），这类作业涉及多种技能或任务，如果不依靠评价量表，你大概会忙不过来。

评价量表还能帮助改善学生表现。学生在动手做作业之前，看到评价量表的要求，就明白教师评分时会关注哪些方面，作业旨在训练的技能就得到强化。这个方法的劣势在于，它会限制教师评分的自由发挥，其奖罚决定完全取决于作业是否符合评价量表的标准。如果有学生出色地完成一项课外研究，表现远远超过其他同学，或是做了一份精彩的技术报告，文中却充斥着过激言辞，带有种族、性别歧视内容，这样就不好评分。不过无需担心，如果你第一次批改作业时已经设计好评价量表，之后就可以适时添加、删除一两个评分项，重新修订。教学生涯中随时可以更改，到你"阅"历够丰富，对学生的作业表现了如指掌时，设计出来的评分细则便能涵盖所有重要的方面。

评 分

本章多处涉及数字，上一节谈如何减少批改作业的工作时数，比较简单；这一节则讨论评分中更为复杂的问题。但是首先你要决定，分数是否要呈正态分布，也就是说，设定一部分名额使一定比例的学生能拿到 A 等，并清晰地规定获得 A 等的要求。请恕我直言：请不要按正态分布来评分。分数不应是让学生争个你死我活的稀有物；学生衡量自身表现应按照教师设定的标准，而不是和其他同学攀比。简单地说，如果用正态分布来定分数，就意味着分数的高低比学习本身更重要，将让学习过程沦为一场要定胜负的战争——这与学生应有的学习态度恰恰相反。如果所有学生都已达到课程学习目标，还何必强调学生之间的微小差距，使一些学生感到低人一等呢？他们会感到自卑，你也不会觉得好受。这样做也会使学生觉得，教师评分时有些因素是他们无法控制的。

在我见过的案例中，教师使用正态分布分数，只有两种情况：一是考试太难，学生都考不好，要鼓励学生；或是考试太简单，学生都取得高分，要把分数降下来。用正态分布来修正这些问题，只是玩数字游戏，而更重要的是你要认真审视自己的教学。如果设计的考试只有一两个学生能考好，这说明要么考试太难，要么你的教学并未有效地帮助学生应考。无论是哪种情况，你都要反思，然后考虑如何重新调整标准，以切实帮助学生达到学习目标。所设计的试卷没有学生能够做完，或是所布置的作业如不用正态分布，则多数学生就会不及格，这些情况都说明你评分太严。然而，跟主流观点相反，严并不等于好。如果没人及格，问题很可能出于教师本身而非学生。这时，不要单纯靠正态分布来解决问题，而应该重新思考你想学生达到什么标准。

讨论完上面的问题，现在来介绍两种简单的评分系统。首先谈谈字母系统。如果你想用字母来评分，首先得看看学校采用字母评分设置了多少个等级，然后给每个等级找出一个对应分值。我们学校有 A，A－，B＋，B，B－，C＋，C，C－，D，F（没有 A＋，D＋或者 D－）10 个等级。由于 F 等于 0 分，其他字母对应一个 1~9 之间的分值，其中 A 为 9 分，A－为 8 分，以此类推。得到这些等级划分的信息以后，你就准备好用这个系统来评分了。

举个简单的例子，假设你的学生要参加三次考试、写两篇论文、做一次演示报告，你首先要确定在总评成绩里这几项分别占多大权重。可以把考试和论文的权重设置成大致相同，而演示报告则小一些；此外，期末考试的权重比其他考试都要大一些。这样可以得到如下比例：

考试：50%（15%，15%，20%）
论文：40%（20%，20%）
演示报告：10%

比如，学生阿强获得以下等级：

考试：B，B+，C
论文：A，A-
演示报告：B

把这些字母转换成相应的数字，就得到：

考试：6，7，3
论文：9，8
演示报告：6

每项分数乘以其权重：第一次考试的权重是15%，于是用这次考试的分数6乘以0.15，最终得到一个初始分值（0.9）。对阿强的各项分数都这样操作：

考试：0.15 × 6 = 0.9；0.15 × 7 = 1.05，0.2 × 3 = 0.6
论文：0.2 × 9 = 1.8；0.2 × 8 = 1.6
演示报告：0.1 × 6 = 0.6

把所有初始分值相加：0.9 + 1.05 + 0.6 + 1.8 + 1.6 + 0.6，总和为6.55。把这个数再转换回字母——根据你正在使用的字母系统——归到6分，评B；归到7分，评B+。至于归哪一个级别，很多教师会视学生的学习态度、进步来决定，可以用这一点来奖励你认为值得加分的学生。所以最终阿强会得到B或是B+。

这就是我从教前几年所用的评分体系，称为字母系统，在实践中十分管用。如果不想做这些计算，可以把初始分值和权重百分比输进电子数据表，设好公式，让电脑来运算。（我对此操作完全一头雾水，不过一位经济学老师给我指点了一番；你大可拿着登分册去经济学系转一转，装出一副困惑的样子，可能就有人伸出援助之手了。）也可以用Blackboard等软件协助计算，不过最佳的选择是Gradekeeper一类软件，网上有免费下载，或只需交少量费用。一些教师非常

144 信赖这类程序,它们既能节省时间,又能避免低级的计算失误。

第二种评分系统一开始就涉及数字运算:把分值转换成百分数,学期末根据预设的量表转换成字母——称为分值系统。一般而言量表如下:

A +	97～100
A	94～96
A -	90～93
B +	87～89
B	84～86

如此类推;60 分以下都评为 F。在这里,最简单的做法是设定整个学期有 1000 分。那么,前面的例子中,每次考试值 150 或 200 分,每篇论文值 200 分,演示报告值 100 分。整个学期都用分值来评分(你可以在教学大纲里给出数字-字母成绩转换表,如果你或学生想知道字母成绩,只消把数字成绩转换一下),到学期末只需把所有分值相加,把总值转换成相对的百分数,再按上述的量表转换成字母等级。虽然给文章、演示报告这样的作业打一个数字成绩会有点别扭,但可以在脑中先给一个字母成绩,然后转换成对应分值(也就是说,如果把文章评为 B,就可以打 85 分)。久而久之,你就会发现自己可以用数字来思考了。

145 1000 分值系统最常见的替代是 100 分值系统,它使评分好看,也能简化百分比的计算。100 分值系统缩减了评分等级,然而也有缺点:评分等级的减少简化了计算,但是对作业质量的区分度也随之下降。

下面的表格是保罗·乌姆巴赫(Paul Umbach)给我的,该表清晰地比较了刚才描述的三种评分系统,供你们这些喜欢通过阅读来学习的教师参考。在前面一两个学期的教学中,建议你采用分值系统,因为它涉及的计算只有加法,没有复杂运算,即使是我这种数学白痴也能驾驭。它也便于学生跟进自己的成绩变化趋势——他们只需随着教学的开展,把分数加起来。不过我最终归依分值系统是另有原因。有一个学期,当我还在用字母系统评分时,一个学生在论文中公然抄袭他人作品,而这次论文占总评分数的五分之一。我给其论文打零分,部分原因是因为我觉得他应该重修这门课,而我也很肯定,抹去 20% 的分数将使他难以及格。但是到学期末,我惊讶地发现他最终竟然得了 C。那时候 *146* 我才认识到,字母系统中的零分,其破坏性小于分值系统中的 0 分。如果有两份作业,每份都占总评分数的 50%,或者 1000 分值系统中的 500 分。一个学生其中一份作业的成绩为 B -,而另一份作业则没有提交。那么,应该让他通过

		测试1	测试2	期末考	论文1	论文2	作报告	总评成绩
字母系统	满分	15%	15%	20%	20%	20%	10%	
	得分	6	7	3	9	8	6	
	初始分	0.9	1.05	0.6	1.8	1.6	0.6	6.55
	等级	B	B+	C	A	A-	B	B/B+
1000分值系统	满分	150	150	200	200	200	100	
	得分	127	132	138	190	182	85	864
	等级	B	B+	C	A	A-	B	B/B+
100分值系统	满分	15	15	20	20	20	10	
	得分	13	13	15	19	18	8.5	86.5
	等级	B/B+	B/B+	C	A	A-	B	B/B+

课程吗？在分值系统中，他不会通过：即使他有一份作业做得极其出色，最多只能获得500分，最终成绩只能是F。然而在字母系统中，如果他没交的那份作业得0分，交了的作业得6分，拿6分乘以0.5得3分；0和3相加总和为3分；把3分转换成字母就得到C-。虽然这个成绩欠佳，但学生到底是通过课程了。

表中的简单例子显示了两类评分系统的主要区别。在字母系统中，只要学生有所作为，不管做得怎样，都能得到一些分数，不至于0分；只有当他一次作业都没交，才会挂科。然而在分值系统中，如果学生总分低于600，就不及格——所以如果学生有一项重大作业没交，很可能就挂科。

如果你还是想采用字母系统，它的缺点也是可以克服的：只消在教学大纲上作简短说明，要求学生必须完成所有作业才能通过课程。其实我不太赞同使用分值系统，因为我喜欢根据自己的判断来决定不及格学生的数量。但是我同意评分过程应尽量向学生透明，这样，即使是欠聪颖的学生也能跟进自己成绩，并且看到，如果不交作业或剽窃论文，就得重修。不过，你可能也跟我一样，发现系主任、同事正不露声色地——有时候光明正大地——对你施加压力，要你对分数的日益贬值作出抵制。新闻中对此经常有所报道，教学楼走廊上也能听到教师抱怨。（如何认识分数贬值这一现象，请查阅参考书目中科恩（Kohn）的著述；他回顾了美国的评分历史，作出以下结论："一个基本事实是：没人能证明当今学生得A跟以往学生得B或C是一样的。压根就缺乏数据去支持那种言论。"（p. B8））我用字母系统算出的分数绝对比分值系统高，我认为分值系统更能精确地反映对学生的评价。因为上述原因，也为了让教学变得更轻松，建议你在从教之初就选用分值系统。

无论你最终选择了哪种系统，都要做到公开透明。不要使学生无法理解你采用的评分体制，要让他们在课程学习中随时都能自己计算成绩。站在他们的立场上，你就会发现这不仅是提升教学的要求，也是做人品德的要求。分数对学生的人生产生影响，他们有权知道自己在学业上的定位，以决定该集中精力搞好课程中的哪一门，知道自己的成绩是否够格申请奖学金或其他项目。公布成绩可以以电子或纸质的方式：Blackboard等软件可以向学生显示一个学期中他们平均分的走势；如果你仍然采用纸张印刷的方式，教学大纲上可以附加一页或空出一片，列出所有作业，空出一栏供学生填写自己的分数。无论是在大纲上还是课堂上都可以告诉学生，如果想知道自己目前的课程成绩，欢迎到办公室找你，由你告知更详细的情况。

发回作业

最后这节给出一条原则和两点实用建议，告诉你把作业发回给学生时可以怎样跟学生谈论他们的功课。

你会发现几乎每本关于评分的书都会谈到这样一条原则：布置和批改作业的核心是促进学生学习，而不是论证你的打分如何合理。（正如卢卡斯和默里所说："最理想的情况是，考试能提升学习体验。"）

发回写好评语的作业后，你可能会先向学生指出所有做错的地方，以解释为什么他得到这个分数。其实这样做往往只是出于你的焦虑，这种情绪本章开头曾经谈及，它是由绝对评分标准的缺失引起的不安。教师固然要指正论文、试卷、报告的不足，帮学生找出错在哪里，但评语应该力图帮助他们在随后作业中深化分析、加强表达。应尽可能地多给实用建议，鼓励学生为提升作业质量而去掌握一些学习、思考、写作的技巧，培养其良好的学习习惯。如果学生论文结构松散，建议他动笔前写提纲；如果文章论点模糊，告诉他下次先写一句话立论再继续铺开。显然，提出这些建议就得先指出作业的毛病，这也十分正常，但是指明问题后要迅速转入有建设性的指导建议。

同时，切勿忘记表扬作业中的闪光点。学生不仅从纠错中长进，也在赞扬中进步。评论作业的套路（也是多数教师遵循的）就是先扬后抑。但称赞时不要漫不经心，或说成套话，只求引出后面的打击："你的论文表达挺清晰的，但是有十四处问题现在需要跟你深入剖析。"我妻子是小学教师，她说，如果我们的孩子向我展示画作，我的赞词应有针对性："你用黄色来画太阳，我觉得这样很好"，或"那条正在吃人的龙，尾巴画得很漂亮"。对大学生的作业要遵循类似原则，表扬时要说清哪点做得好，而且在评语中要占一大部分。

评分是为了学生学习而不是为教师辩护，从这个原则可引申出两点实用建议，我用它们来结束本章。

首先，尽快发回作业。如果想让学生从上一次作业中学到什么，那么作业收上来以后就要及早返还。至少，下一份类似性质的作业到期之前的一两节课，学生应将其取回，这样才有时间反思教师的评语，改善作业习惯和策略。最好在一周内返还作业。试想，学生自己的生活有那么多事情，如果过了三个星期才领回作业，他们对其已经淡忘，谈何细看评论、思考改进呢？这一点读者从自身经验也能明白：你向学术期刊投稿或提交论文部分章节，好几个月都没有回音；等终于有回复时，上面写满修改建议——而此时你已经写别的论文或写到最后两章了。你很想抛开旧事务、避免艰苦的修改工作，以把精力放到新的任务上。相反，如果你热情犹在时得到了及时的反馈，回过头来修改就比较好办。学生的作业也同样道理，所以最好不要长期"拖欠"学生作业。

其次，注意避免过度评论，不管评语是积极还是消极的。你在每页的空白处写满批注，最后写一个详细的总结，提出十几条建议，心想自己劳苦功高。其实，这样做很可能让学生产生抵触情绪，觉得这次文章没写好，想尽快抛诸脑后。评论太多，学生会觉得受打击，只关心肤浅层面，忽略实质性问题。曾有教育研究者访问一些学生，他们刚取回写好评语的论文，评语指向语法和内容方面的不足，而他们往往更关心语法形式问题（Walvoord and Anderson, 124; Sommers）。这并不是说我们无需指正语法。写评语的有效方式是指明两三个最需要改善的方面（评价量表可以指引我们只评论哪几个方面）；如果坚持要讲语法也可以，但记住自己正在努力引导学生改正几个更主要的问题，所以切勿旁生枝节讲上十几个语法点。通过确定需要关注的修正重点，就能把学生和自己的精力集中起来，教学生在下次作业中改进这些方面，这是评分的关键。此外，通过限制评语数量，还能节省时间。有时候，只点出学生的两个问题，他们就会质疑为何得分那么低。因此，最好在发回作业前解释你是怎么批改的，告诉他们如果他们想知道自己成绩背后的详细理由，可以到办公室询问你。

至此，我们终于结束了本书中充满数字的一章，对教学中最复杂的环节，我已经竭尽所能给出参考。下一章将暂时抛开具体教学建议，转而考查学生的学习机制。

参考书目

Bain, Ken. *What the Best College Teachers Do*. Cambridge, Mass.: Harvard University Press, 2004.

该书第 150～163 页讨论了评分问题。

Eble, Kenneth. *The Craft of Teaching*, 2nd ed. San Francisco: Jossey-Bass, 1988.
这本指导书比较旧,但是值得一读。第 153－163 页有 Eble 对评分的建议。

Gradekeeper. http://www.gradekeepr.com. January 23, 2007.

Kohn, Alfie. "The Dangerous Myth of Grade Inflation." *The Chronicle of Higher Education*, 49.11 (November 8, 2002): B7.
此文清晰地分析了分数贬值现象。

Lucas, Christopher J., and John W. Murry, Jr. "Active Learning and Other Instructional Management Issues." In *New Faculty: A Practical Guide for Academic Beginners*, 71－104. New York: Palgrave, 2002.
此文就新任教师如何评分作出合理建议。

Montgomery, Kathleen. "Authentic Tasks and Rubrics: Going Beyond Traditional Assessments in College Teaching." *College Teaching*, 50.1 (2002): 34－39.
此文展示了众多不同学科中评价量表的实例,并提出大学教学应设置创新的、模拟真实情景的作业。

Sommers, Nancy. "Responding to Student Writing." *College Composition and Communication*, 33.2 (1982): 148－156.
这项研究中,作者让学生一边阅读作文评语一边接受采访,沃尔伍尔德和安德森曾引用此文。

Walvoord, Barbara, and Virginia Johnson Anderson. *Effective Grading: A Tool for Learning and Assessment*. San Francisco: Jossey-Bass, 1998.
此书就如何设计作业、试卷以及如何评分提出建议,内容详实。最后一章谈评估问题,新任教师可以跳过不看。

第七周
学生是学习的主体

想象有一位父亲出于一番好意,决定给自己儿子所在的足球队当教练。这位父亲自己也踢足球,经常在电视上看比赛,还曾用一两年时间仔细观察其他教练如何训练自己的孩子踢球。他觉得从自身经历和观察他人中已经学会如何胜任教练的工作,能够训练年轻人进行这项他熟知的运动。

开始练习的第一天,孩子们到场以后,他让他们花几分钟热身。他叫他们拉伸身体,就像他以前那样,也像他在电视上看到的运动员热身那样:把身体的某个部位向一个方向弯曲,然后前后弯腰,直到肌肉都得到放松。腿和手的肌肉都做了 5 分钟拉伸以后,他让他们站起来,开始跑步——然而,现在所有队员的运动量却是热身后肌肉所能支持的两倍,导致他们需要费更大的劲。

很多人都采用的这种热身方式,我的理疗专家帕蒂(Patty)把它称为"弹跳拉伸",这是普遍流行的拉伸动作,其实却产生了跟人们预期完全相反的效果。对于理疗专家、医生来说,如果要使肌肉收缩,他们会采用轻敲和弹跳的动作。拉伸肌肉需要以正确姿势弯曲身体,保持该姿势至少十秒,这是肌肉开始放松所需要的最短时间。帕蒂说,即使是对此多少有点认识的人,也很少坚持到所需时间。

虽然我们的教练确实有心想教好,也想让球员们更有效地发挥体能,但很不幸,他对人体的运作机制知之甚少——只是依靠自己的经验,对他人的观察,以及自己的常识。所有这些不仅导致他无法有效地训练队员,而且可能对他们造成伤害。如果他对人体生理有最基本的了解,那他在帮助孩子们为练习、比赛作准备时,他的指导能力就会大大提高。

你能明白我说这些的意图吗?

多数高校教师认为自己能够促进他人掌握复杂的学科知识,相信根据自己当学生的经验,对同行的随意观察,加上常识和直觉就行。但是我们都非常清楚,单凭经验、以偏概全,是十分不稳妥的;我们从自己的专业领域中也得知,常识有时候可能误导人。如果其他教师同行跟我们自身的水平差不多，那么观察他们的教学也无甚收获。

读者朋友倾向于首先把自己视为一位学者，但既然你阅读这本书，你同时也应该是一位教师（或者即将成为教师），亦即从事一个帮助他人学习的行业。学习是一个复杂的过程，随着年龄增长而演进。关于神经、心理如何支持人类习得新知识和技能，现在有大量的研究和著述，但是，如果你刚刚苦读完大量学术文献，写完毕业论文，取得博士学位，大抵不想再看另一堆论文。

我不是要把你打发回学校再去攻读学习理论的博士学位（虽说拿到两个博士学位很酷），而是要使你意识到教师有责任掌握一两个解释成人如何学习的重要理论，并思索这些理论对教学有什么作用。学习这些理论没有你想象的难——本书最后一章推荐了关于教学的六本书，方便你掌握最基础的学习理论，获得大量实用的教学方法。阅读《高校科学教学期刊》（*Journal of College Science Teaching*）或《社会学教学期刊》（*Journal of Teaching Sociology*）等专门期刊时你会发现，即使是很短的文章，也常常在开头说明有哪些教学理论或教学思想启发了文中的实验或教学技巧。

首先，我想介绍两个基本理论，它们讨论的是学生在大学期间如何学习，智力如何发展。把这部分内容留到现在才讲是因为，虽然这些信息从开学第一周就会对你大有启发，但根据我的经验，刚开始任教会使人紧张，可以令你在头一两个月里，除了最现实、紧迫的事以外无法思考别的问题。例如，你得考虑如何应付眼前的几天，如何使学生的下一次论文、考试有所改进，如何处理个别学生出现的意外状况，所以你无暇顾及其他事情。我的建议是，你读这本书时把本章看完，到学期中段时重读本章——估计你现在正处于秋季学期的几天假期，或春季学期的一周休假——看看你的教学实践是否与本章讲述的人类学习理论相一致。

将要介绍的两个理论所涵盖的范围是不同的——第一个理论描述了人类获取新信息的基本模式，以儿童时期为起点；第二个理论更加具体，谈论大学四年期间，学生经历怎样的一连串智力发展阶段，这些阶段深刻影响他们吸收课堂内容和对其作出反应的方式。很多文章对这两个理论有详细论述，也有很多论著提出有力反驳，或改良建议，或支持其他理论。目前你不必细究这些学术争论，只需从本章出发，逐渐深入，每年暑假看一些讨论教与学的新书、新文章即可。

心智模型理论

之前已经介绍过心智模型理论这个概念,有些学者也称之为"图式",这里将作更细致的讨论。心智模型理论很难说是哪个思想家或哪本著作提出的,不过主流观点认为它是由教育学家让·皮亚杰(Jean Piaget)最先提出的。皮亚杰分析儿童如何习得知识,提出儿童通过与世界互动而建立事物模型和行为模式。随着儿童不断接触新事物,产生新经历,这些关于世界的模型不断得到修正;随着时间推移,儿童的心智模型逐渐演变为更复杂的观念形态。对于这一章的讨论而言,这一过程的启示是,学习过程就是孩童在不断修正已有观念,将其扩大到更大范畴,上升为更抽象的形式。所以,儿童已经获得的知识会深刻影响其以后的经历和遇到的新事物,他会将新元素妥当地纳入已被理解的知识结构中。皮亚杰揭示了学习过程的两个环节:一个是同化,即录入新信息,把它加入到已有的认知框架中;另一个是顺应,即接触的新知识要求对现有的心智模型作出调整。(这些都是非常简化的说法,但是皮亚杰的原著比较晦涩,可参考辛格(Singer)和里文森(Revenson)著作的第 12~26 页,该书对这个理论的解释通俗易懂。)

现在,我以抚养五个孩子的亲身经验来作例子。五个孩子中,有一对双胞胎刚庆祝完他们的两岁生日。我家里有一架钢琴,每当我弹琴时,他俩总喜欢乱敲琴键。他们通过敲击制造噪音,形成了一个关于钢琴的心智模型。双胞胎到隔壁邻居家玩的时候(这让我松一口气)。对钢琴的认知让他们能够径直爬上邻居家的竖式钢琴,在上面制造类似的声音,尽管它和我家钢琴的造型不一样。在这个过程中,心智模型给了他们有力的支持,令他们能够认识本来完全陌生的事物,把它同化到对钢琴的已有认知中。最近我又买了电子琴(如果一切都按照计划走的话,当你在看这本书时,我的音乐人身份应该比我的学者身份更为人所知),它需要耳机或扩音器才能发出声音,而有一段时间耳机和扩音器都没有。我把这台新乐器搬进家里,刚组装起来,双胞胎立马爬到上面,开始拍打琴键——拍了很久,电子琴一直没有任何声音,他们感到十分困惑。电子琴迫使他们要重新认识那种带黑白键乐器的原有模型——一些孩子会更加使劲地乱敲,一些则就此罢手。他们可能要花几年才能最终搞懂,从此把这些乐器分成两个独立类别:钢琴和电子琴。双胞胎放弃耍弄电子琴不久,我发现其中一个又爬上去,试图构建新的心智模型,因为这种新乐器在他眼中太像钢琴了。

随着年龄不断增长,心智模型的形成和维持变得更加复杂,但这些原理对于大学生而言同样适用。学生步入大学课堂时,也带着对你所教学科的初始模型。之前我提到，学生会带着关于美国印第安人的初印象走进人类学课的教室。至于物理课，大量研究发现学生带着关于运动的心智模型去学这一科。科学家克雷格·尼尔森（Craig Nelson）经常撰文讨论教师该如何在自然学科的教学中培养批判性思维，他如此描述这方面的一项研究：

> 假设我抛一个球上天，抓住它，然后问学生，球往上运动时受到哪些力的作用。选修大学物理导论课程的学生中，只有10%的学生了解17世纪后的物理学。这些少数相信牛顿学说的人会回答，唯一一个显著的力是重力，它使球上升的速度减慢。其他人的答案反映出他们相信牛顿学说以外的观点。大部分人会根据自身的经验如此回答：当我们停止推动某个物体时——比如地毯上的一张桌子——那个物体就会停止运动。一般的物理课并未让很多学生扬弃这种亚里士多德式的观点。（p.46）

换言之，学生移动物体或者看物体移动时，凭自身经验去获得关于引起、阻碍运动的力的常识。这些运动观并不是愚笨的：它们常常和亚里士多德的运动观相吻合，而我们不能说亚里士多德就是个笨蛋。但学生没有把物理学在过去400年内的发展考虑进来，而大学物理导论课也未能纠正学生对物体运动的感性常识，尼尔森认为这令人担忧。

以上说明，学生遇到关于运动的新知识、新理论时，会将其纳入到自己的常识中，这种常识是一种亚里士多德式的心智模型——于是，学生同化了新信息，而不是自身作出顺应。因此，他们能够"学习"物理并顺利通过考试，但他们对运动的心智模型却没有获得实质的进展，也就是说，他们的思想未能从后亚里士多德时代转入后牛顿时代，虽然任何一位教物理的老师都希望学生能实现这样的转变。可见，心智模型有强大的力量，竭力抵制我们放弃原有模型而重建新模型。以我的双胞胎为例，他们明白什么叫做东西坏了，因此下结论认为我的电子琴不过是一架坏了的钢琴，而不是另一类型的琴或是钢琴以外的乐器，以保持他们对钢琴简单模型的认识（他们还太小，不能清晰地向我表达想法，所以我只能假设）。在这样的智力活动中，对他们而言，钢琴的概念和损坏的概念相结合所需的心智能量，远小于建立一个全新的或关于另一类型琴（或一种和钢琴相似却不同的乐器）的模型所需的心智能量。这种创建新概念的活动也会带来情感意志上的折腾——每当一个孩子或学生遇到新事物或者新模型时，如果跟他原有的模型不相符，他就会暂时陷入一个陌生的空间，在这个空间内事物不像预期那样运行。至于如何处理、掌控它们，会是一段令人恐惧、耗费心力的历程，而且问题性质不同，所遇的历程也各不相同。相比而言，我的双胞胎调整自己的钢琴模型并未消耗太多精力，但是对于拥有坚定宗教信仰的学生而言，如果遇到的科学理论有悖于他对世界本源的基本假设，他就会想方设法把科学信息同化到其宗教思想体系中，无法同化的就将其忽略。

杰克·梅滋罗（Jack Mezirow）提出这种观点的另一个版本，用略有不同的表述区分了跟上述相类似的两个概念：转化性学习和同化性学习。和皮亚杰的理论相似，同化性学习是指学生单纯地吸取知识，置身于现有的知识结构或心智模型中；转化性学习是指学生解构原有知识结构，用教师提供的新信息加以重建。凯利·麦甘尼格（Kelly McGonigal）用一个大家熟悉的例子说明同化性学习的局限，这是关于物理课学习的例子："大学的自然学科和数学课，学生在修读这些科目之前已经在高中阶段学习过简化版本的相关概念。当学生从经典物理的学习转入现代物理时，不能单靠简单地往既存认识上添加新信息。"（p. 1）往旧学添加新知属于同化性学习，属克雷格·尼尔森描述的那种类型。相比而言，按梅滋罗的观点，转化性学习更为复杂，有更高的要求：

要批判性地意识到，我们既存的假设是怎样限制了我们对世界的想象、理解和感受，以及为何变成这样；要改变惯常的预期方式，获得更包容、更整合、更明辨的视野；最后，获得新认识后要采取行动。（p. 167）

以上描述用了不同的表达方式，其实换汤不换药。实现转化性学习意味着自觉意识到自己的模型或图式（即上面引文中的"假设"），明确其局限所在，然后加以修正，以容纳新知识。

这里有两点需要强调：首先，学生开始学任何一门课的时候都带有一定的心智模型，这些模型会影响他们从老师那里看到的、听到的信息。第一章已经提到，应该想办法摸清学生的初始模型。要做到这点，可以在开学第一周让学生做练习、填信息表，也可以阅读教学法的书，获取相关资料；这些资料在具体学科教学的期刊或学科核心期刊的专栏中都能找到。比如，政治学的一本重要刊物——《PS：政治科学与政治》（*PS: Political Science and Politics*），每期都有专栏探讨政治学教学。无论你采取何种方式收集信息，只要你摸清了学生对学科的初始模型，就可以采取相应措施去修正或帮助学生修正它们，以打造出新的模型。

其次，要记住，舍弃旧模型或建立新模型都不容易，可能对学生坚持已久的假设、信念造成冲击。我们不难理解为什么人们常常会把生疏的事物整合到原有的模型中，而拒绝建立新模型。这也是为什么有时在课堂上或办公室里你遇到一些学生故意忽略某些事实，直率任性，或是把你教给他们的知识以歪曲的方式反馈给你，让你认为他们简直是难造之材。我同事露西亚·诺尔斯说，上她美国文学课的一些学生读了关于内战前美国黑奴的资料后，惊讶地发现原来有些奴隶是呆在屋内做佣人，不用下田摘棉花，以及挨主人马鞭抽打。他们由此得出的结论是，黑奴的生活并没有他们一直认为的那样痛苦不堪。露西亚对这种想法感到诧异，同时意识到学生其实从未见识过极大的邪恶与不公，一直相信社会是公平的，多数人性本善。他们没有让整部黑奴血汗史挑战自己的信仰或使其复杂化，而是抓住奴隶生活的一处细节，加以放大，以顺应自己的世界观。

所以，遇到抵触或不能理解新知识的学生时，请想想这一点。对于前者，应当包容——看似叛逆任性的学生，可能是对重整一个根深蒂固的心智模型感到惶惑不安。对第二种学生，不应该一味强调同样的观点，而要停下来查明有什么心智模型使学生难以吸收所学知识。如果有，可以寻求某种方式去剖析这些模型，告诉学生为什么这些模型需要修正。

心智模型理论会对你的教学很有启发，但是你要教一段时间后才能做到准确鉴别并有效处理学生的初始模型。下面讨论的第二个理论同样非常有价值，它不是泛泛地解释人类的学习过程，而是专门用来阐释大学生学习和智力的发展。

大学生智力发展理论

要想对心智模型理论有更全面的了解，必须读各种不同的书（可以从《皮亚杰的基本理论》看起，然后看德里斯科尔（Driscoll）的述评），而这里介绍的第二个理论却详尽地收录在一本著作里。如果你想了解传统的研究方式——一个不时抽一口烟的教授在办公室里调研，办公室起了一个像"国家安全委员会"那种感觉的名称——那么阅读威廉·佩里（William Perry）的《大学期间智力与道德发展形态：一份提案》（*Forms of Intellectual and Ethical Development in the College Years: A Scheme*）将是一大享受。此书最初出版于1968年，至今仍然影响着世人对大学生的认识。

20世纪50年代，佩里在哈佛大学的学生咨询处工作，那是一个给学习有困难的学生提供指导的机构。1953年佩里宣布，办公室人员要开始"将哈佛和拉德克利夫学院本科生四年的大学生活情况记录在档案中"（p.3）。接下来的六年里，他们尝试了好几种方法来进行这次归档工作，直到最后才偶然想出一种切实可行的做法。佩里这样描述：首先向学生派发调查问卷，了解大学生活开始和结束时学生对课程、学习及知识的态度；接着开展长时间的开放性访谈，询问学生对问卷的看法。问卷题目设计成让学生表达对一些问题的同意程度，如："我坚信，即使世上存在绝对真理，人类也永远无法探知，因此必须习惯在不确定中作选择和冒险。"（p.69）而访谈以这个问题开始："当你回顾大学四年生活时，有什么事情留下最深印象？"（p.69）佩里和同事在四年里总共做了464个访谈，访问了84名学生，在分析这些数据的基础上提出了他的学说。

你可以在网上轻易找到佩里研究的最新版本（皮亚杰的理论也是）以及对它的综述，但佩里的原著还是值得一读，这样能一睹当时的访问协议书，藉此了解20世纪50年代的访谈和学术研究是怎样开展的。其中一篇访谈录很有意思，主持人打断了受访者的话，问他"要一起抽口烟不？"注释还写着，那是主持人在递给学生一支烟。可以想象当时的情景：在哈佛校园一个地下室的苍白房间里，一角放着硕大笨重的磁带录音机，主持人穿着灰色西装，戴着黑框眼镜，剪了平头发型，正把烟盒递给一个不耐烦的学生。采访的用词对性别区分很敏感，对话多处涉及"人""男人"两种表达。与主流观点相反，我认为佩里应该很早就构想好了他的理论，随后通过设计的问卷和访谈用学生的数据证实了假说。

佩里的贡献至今仍影响着广大高校教师。他提出，学生在四年大学生涯中经历智力和道德发展的三个主要阶段，这个观点引发很多教师深思。佩里所说的"阶段"（也叫形态）并不是什么学科知识或内容，他将其定义为"一个人在特定时间对知识和价值的本质、起源的假定所具有的形态特征"（p.42），论述时用到了"二元论""相对主义"等术语。佩里的理论认为学生在大学期间的智力发展分成三个阶段，每个阶段又包含三个时期。但是，学生们并不是像士兵那样唱着战歌并肩前进，同步跨越这些阶段，而是有些学生一直停留在第一阶段，或到达下一阶段后滞留在那里。从学生表现出来的迹象看，他们在不同课程中处于不同阶段（比如，在主干课程学习中表现出更成熟的第三阶段的思维，而在其他学科的通识课学习中则可能仍处于第一阶段）。佩里提出学生在不同阶段的变化体现了其智力及道德的不断发展。即使你不同意这个观点，也不难看出佩里的理论勾勒出了你在教室、办公室所看到的学生对于知识的一种态度和观念。

佩里指出的第一个阶段称为二元论阶段，这个阶段包含三个时期，从简单到复杂。用二元模式思考的学生相信有绝对真理，它存在于世界某个地方，而教授们懂得如何去寻求。他们认为，教授的职责就是获取绝对知识，传授给学生；学生的任务就是服从权威，接受真理。处于这个阶段的学生会很自然地选择听讲座，对课上的讨论或小组活动可能会嗤之以鼻。"我交学费的目的是要从专家那里学习知识，"你可能会听到学生这样说，"为什么我要坐在这里听一帮同学胡诌?"他们期望老师用浅显直接的方式呈现理论和事实,否则就会陷入迷乱。佩里引用了受访学生的一些话,表明了大学历史课教学跟高中的差异使学生感到无所适从:

> 在高中,我们也学习这门历史课。那时,老师会告诉我确凿的事实,而在大学全都变了,我很困惑。我觉得历史课上老师最好……我的想法可能显得有点不成熟,但我觉得老师最好给出实在具体的知识——而不是因为某个特定词语就扯到别的方面,那个词语跟我们讨论的话题应该没有太大关联,我对它不太关心。(p. 76)

学生对"确凿事实"与"具体信息"的渴求说明他们存在二元思维。他们期待的教学模式是"真实"叙述历史,无需涉及历史的其他版本或历史事件的另一种可能。换言之,他在寻求一种当今大学里已经不再讲授的历史。人们现在已经认识到对历史的叙述可能存在多种版本,错综复杂,每一种都强调同一事实的不同侧面、不同解读,因此我们会质疑"历史事实"这个概念本身。

学生如果持有这种世界观,就很难熬过大学生涯。我怀疑有些学生之所以辍学,其实是因为他们不能妥善调解自己的二元思维和他们在课堂上获得的信息之间的矛盾。而二元论下的世界是一个舒适的世界,因为每个问题都有明确答案,放弃二元论只会引起精神上的痛苦。但事实上,即使是大一新生当中也很难找到纯粹的二元论者,他们已经开始意识到二元世界观的局限性。学生看到其局限的一条途径是,发现同一领域的两位专家存在意见分歧:学生修读同一学科的两门不同课程,而两门课程的教授对该学科的基本问题存在根本上的分歧;另一条途径是,发现任何学科总有一些领域尚待研究。当学生遇到这些情况时,就意味着进入第一阶段的过渡时期,开始相信虽然绝对真理必然藏在某处,但还尚未揭示完整。

佩里认为,多数学生会从二元论阶段的过渡期踏入第二阶段——相对主义阶段。相对主义阶段的第一个时期是解放思想,处于这个时期的学生认为,由于真正的答案并不掌握在任何人手中,因而所有人的答案都是平等的,包括他们自己的答案在内。"《白鲸》这本小说的一个过人之处,"佩里引用一个学生的话说道,"就在于没有人能完全读懂这本书!"(p. 98)这一点能够解放学生,使其敢于提出对这本书的看法,这种态度是当学生处于二元论阶段时无法想象的(他们会想,反正教授会给出正确答案,我何必冒险说错话呢?)。学生解放思想的坏处在于,他们一开始会反抗、质疑老师对其作业的评价,会想教授们到底凭什么扣他们的分,因为毕竟每个人都有权发表自己意见——他们会把个人观点和问题答案等同起来。没有反抗情绪的学生则可能会陷入迷茫,不能理解为什么一次作业他拿到 A 而另一次只拿到 C。"如果我按要求完成、递交作业,那应该会得到 A,"某个学生说道,他试着找原因,但还是放弃了:"或者得到其他分数吧……我还是搞不清他们想要我回答什么。"(p. 90)所以,学生进入相对主义阶段,有的感到思想解放,有的感到担忧不安,觉得自己像在大海上漂浮,看不见引航的灯塔。

此阶段的学生还会产生"学习就是要花招"之感。为了提高成绩,学生要研究每个教师的想法,对每个教师投其所好。这时,学生明白再也没有绝对真理,同时看到分数是由人评出来的,因而他们要学会在作答时如何迎合不同评分人的口味。到了这个阶段的后期,他们会形成一种程序性智力,每个学期伊始就揣摩老师们的意图,然后在整个学期里试图顺承。我最机灵的一个学生到办公室找我谈话时,非常清楚地描述了老师们都有怎样的不同立场、倾向,以及在写作作业中见风使舵是如何重要——这些学生都在运用他们的程序性知识。这样的认识有一定道理,因为任何老师都会偏重某种写作内容和方式,永远不可能形成统一、客观的评分准则。但是,学生可能会片面地认为各个老师、各门课程的评价标准毫无共同之处,然后在这种感性认识的基础上行事。

学生如果能把握老师的评判标准,按照这些标准去进行学习,就能顺利毕业,日后也更容易取得事业成功——从这点来说,他堪称一名出色的大学生。但我们不希望教出来的学生像变色龙一样,不管置身什么场景,都要伪装自己,失去独立判断能力。因此,老师都想推动学生进入佩里描述的最后一个阶段:在多元的世界中坚持捍卫自己珍视的价值和知识。

正如佩里指出的,这个阶段涉及情感意志上的付出,同时具有循环性,比如,学生可能一开始全心投入某种价值观,认为自己已经作出道德抉择,不久却又堕入一个道德上进退两难的复杂困境。佩里的一个学生曾说,自己作出了一个决定,后来却意识到很多事情都没有最终的决定:"我的决定都是真诚、明确的,但是也有可能改变,我认为这才是我能作出的唯一一种现实的决定,因为它允许修改的可能性。"(p. 161)我认为,在多元、民主的社会里,这种学生正是我们要致力培养的——明白坚持某些具体信念和认知的重要性,但同时意识到意念会因现实而变化,从而保持开放的心态,正确面对价值观可能出现的变迁。这种学生也更懂得他人的价值观会因时而变,因而在坚持自己信念的同时,也能够尊重他人的意见。

要指出的是,培养这些品质并不意味着他们——或者你——要放弃自己的宗教信仰。佩里在自己的书中反复谈到这一点,并把第一阶段的二元思维比作盲目的信仰,把第三阶段的价值评判比作成熟、有所知情的信仰。不管学生有怎样的宗教信仰，教师要做的就是让学生学会在这个对多数价值取向有所抉择的多元社会中生活，同时尊重其他人所作的选择。

以上种种观点对教师有何启示呢？首先，教师要意识到三个阶段的存在，以了解课堂上学生在以什么方式听取、看待所传授的内容。你碰到处于不同阶段的学生时，会发现他们的思想和行为都有一定的特点。一个二元论阶段的学生走进办公室，会请求教师就某篇诗歌提供正确解读，就某个问题给出绝对答案，也会因为最近一份作业向教师哭诉，不是为了抱怨分数，而是因为他相信别的同学都知道答案而自己却蒙在鼓里。如果是一个相对主义的学生，他会向你指出某某教师的教学思想有点不一样，想知道你倾向于哪一种，他们很愿意顺应你那套。你还会遇到一些大三大四的学生，他们正在思索到底要专志于什么事情，会在课堂上就你所教学科的基本假设与你争论，或在咨询时向你倾诉他们准备加入美国和平部队。

其次，具有识别学生所处发展阶段的慧眼，会使你成为一个更包容、教学更有效的教师。我们都希望在课堂上完成很多任务，但归根结底是想让学生在他们自己选择的道路上走得更远。二元论阶段的学生可能会让教师束手无策，教师还可能把他们固执的二元思维误认为是一种愚笨（一如我们会把坚持错误心智模型的学生视为愚笨）。了解这些学生的情况，我们就能懂得怎样进行更有效的沟通。无论在办公室还是在课堂上，都应该循循善诱，让学生逐渐意识到真知并非神造之物，无法触及，而是存在于像他们一样的其他人的头脑中。我教文学入门课的时候总会强调一点：没有任何一首诗、一本小说只有一种单一的解读，这一点是针对二元论的学生讲的。我接下来的话则是面向相对主义的学生：尽管唯一正确的解读并不存在，也并不意味着所有版本的解读都对等；我希望学生能通过应用我教的思考方法去形成自己的解读，并在课堂上、作业中为自己的见解自圆其说。

大一新生们听完我这样一番激昂的讲话后，是否马上会从二元论或相对主义阶段飞跃到价值评判阶段呢？答案自然是否定的。但到学期末，其中一两个学生可能会朝着这个方向进步，而别的学生，如果在其他课程里也听到这类的讲话，他们可能就会记在心里，然后在某次宿舍夜谈中有所深思。把学生推向价值判断阶段，对教师而言是一种挑战。曾经有一份研究佩里理论的报告（可以说是对佩里学说的改进）指出，大部分学生大学毕业后至少要一两年才开始作价值抉择。但这不是说教师不应该继续鼓励学生往第三阶段的方向走，而是意味着，对于学生在课堂上能实现怎样的提升，我们的预期要切合实际。

最后要指出的是，佩里的理论自提出后已经引起了大量的讨论，如今的教育理论家引用的著述往往要比佩里的学说更现代。但是如果在教育界人士居多的鸡尾酒会中提及佩里，遭遇的白眼倒不会多于在心理学界大会中引述佛洛伊德（Freud），但这样做是相当于在物理学系年度聚餐中大谈牛顿却不提费曼，极其落伍。此外我必须承认，本章所作的介绍十分简化；学生从一个阶段发展到另一阶段的过程不可能那么规整分明，比如，他们在不同问题上的思考可能处在不同阶段——如果你试着要诟病佩里的这么一个简单的学说，就会发现你的批评别人早已提出过了。然而，把学生视为处在这些特定的阶段，从二元思维渐次过渡到价值评判，这种观点一直与我的教学经验相符，现在也继续得到其他教师教学实践的验证。

你开始任教时，已经有一个关于学生如何学习的心智模型，这主要是从你自己当学生的经验中建立起来的。你或许难以舍弃这个模型，因为它花了大量时间才得以建成，而且你贯彻这个模型也似乎收获不小。本章的一个目的是鼓励你重新审视自己的模型——考虑一下，如何利用大学生学习和智力发展学说对其改良、重构，以更有效地在课内外优化学生的学习。

你的学生学习模型，以及与之相适应的一些教学策略，在未来三四十年里是需要不断改进的，因为你会不断反思自己的教学，接触最新的教学研究，对人类学习加深了解。克里斯托弗·卢卡和约翰·默里就学习理论应如何指导教学，提出了一个恰当的目标，我十分赞同：

> 我们首先期望的是，即使无法科学、精确地衡量学生在学习方式上的差异，大学教师也应提高对其差异的敏感度。其次，考虑到学生在学习方式以及与年龄相关的特征上存在差异，教师应避免依赖任何单一的教学方法——比如只依靠"板书加讲授"，而将更多的选择拒之门外。（p. 86）

如果读者像我一样，专业不是心理学、神经生物学、教育学，那么查阅学习理论的文献时，你大概也会像我一样，发现讨论人们如何学习的理论数不胜数，并且很多有重叠，甚至彼此冲突。这些理论，每一条似乎既头头是道，同时又受到相关批评，被指其漏洞百出。在我看来，最佳的做法是阅读关于主要理论的综述，这多数能在网上找到。随后再深入研究那些你认为最有道理的理论，想想它们对你的教学可以有何启发。除了本章讨论的理论外，下面还列举了加德纳（Gardner）和科尔布（Kolb）提出的学习理论，以及一篇丰富了佩里理论的文章（贝兰奇（Belenky）及其他作者），它探讨了性别对学习的影响，做这方面的研究可以花上毕生精力。

参考书目

Belenky, Mary, et al. *Women's Ways of Knowing*. New York: Basic Books, 1986.

作者更新了佩里的学说,提出另一种思考角度;正如标题所示,本文关注女性独特的学习方式。本文的论说和佩里提出的基本学习过程相一致,认为学生对知识本质的认识经历四个阶段:首先全盘接受,然后认为知识是主观的,接着进入程序性知识阶段,最后则认为知识是被构建的。如果你对佩里的理论有兴趣,这本书值得一读。

Driscoll, Marcy. *Psychology of Learning for Instruction*, 3rd ed. Boston: Allyn and Bacon, 2004.

虽然这本书是一本教材,但它对学习及其应用理论进行了全面的综述。你可以向学校图书馆推荐购买此书,因为它对新教师而言有点贵。

Gardner, Howard. *Multiple Intelligences: The Theory in Practice*. New York: Basic Books, 1993.

你可能已经听过"多重智能理论"的其他版本,而加德纳的研究主要是以中小学生为研究对象。加德纳认为人类有七种智能——语言智能、音乐智能、数学逻辑智能、空间智能、身体运动智能、人际智能和自我认知智能——同时指出,传统学校只注重培养这些智能中的一两种。这种理论的支持者致力于帮助学生以其他形式发挥其才华,比如通过音乐和动手等形式。

Kolb, David. *Experiential Learning: Experience as the Source of Learning and Development*. Englewood Cliffs, N. J.: Prentice-Hall, 1984.

科尔布的学习理论包括四个阶段:具体经验、反思性观察、抽象概念化与主动实践。这个理论和心智模型理论并非相差甚远。科尔布理论的支持者认为学生需要通过一次具体的经验启动学习过程,教师应设计一个活动让学生发现问题,激发其思考。对自然学科课程而言这很好办,但对文学课可能有点难度,不过也可以让学生在开始学习诗歌前自己写首诗。

Lucas, Christopher J., and John W. Murry, Jr. "Active Learning and Other Instructional Management Issues." In *New Faculty: A Practical Guide for Academic Beginners*, 71–104. New York: Palgrave, 2002.

如果想了解各种学习理论及其对教学的启示,可从这本书看起,特别是第81～86页部分。

McGonigal, Kelly. "Teaching for Transformation: From Learning Theory to Teaching Strategies." *Speaking of Teaching*, 14.2 (Spring 2005): 1–4; http://ctl.stanford.edu/Newsletter/transforma-tion.pdf (January 21, 2007).

此书很好地评述了梅滋罗的著作,最后一章总结了该研究成果在课堂教学中的应用,可在网上找到。

Mezirow, Jack. *Transformative Dimensions of Adult Learning*. San Francisco: Jossey-Bass, 1991.

作者在书中区分了同化学习和转化性学习两个方面，在某些方面和皮亚杰提出的心智模型理论一致。

Nelson, Craig. "Cultural Thinking and Collaborative Learning." *New Directions for Teaching and Learning*, 59 (Fall 1994): 45–58.

Perry, William. *Forms of Intellectual and Ethical Development in the College Years: A Scheme*. New York: Holt, Rinehart and Winston, 1968.

佩里的经典原文。

Piaget, Jean, and Barbel Inhelder. *The Psychology of the Child*. New York: Basic Books, 2000.

虽然这是由皮亚杰写的大作，但读起来十分艰涩，皮亚杰并不擅长把理论娓娓道来。

Singer, Dorothy, and Tracey Revenson. *A Piaget Primer: How a Child Thinks*, rev. ed. Madison, Wis.: International Universities Press, 1997.

这本书介绍了皮亚杰的学说，可读性很强。我以教师和父亲的身份读这本书，觉得很有趣。

第八周

学生也是人

如何与学生相处

178　　在写这本书期间,有一天晚上我跟一个同事聊天,聊到了我们都认识的两个朋友,他们是一对夫妇,已经结婚十几年了。我的同事比我更了解这对夫妇,当晚他随口跟我说,他很开心他们解决了最近的婚姻危机。

"什么婚姻矛盾?"我说。

"早几年前他们的婚姻已经走到了尽头,"他说,"你不知道吗?他们早就在谈离婚了,这是随时的事情,但最后危机还是消除了。"

"天啊,我毫不知情,"我摇摇头说道,"这真是太不可思议了,对别人的生活我们实在了解得太少了。"

"是啊,"他说,"但总的来说,对别人的事情知道得越少越好。"

大多数情况下,你对学生的了解就如我在上面的情形中一样,对他们课外生活中所发生的事情一无所知,而当你偶尔窥视到他们个人生活中的事情时,也很可能和我的同事有同样的看法,并且希望回到毫不知情的美好状态。

179　　下面我用两个故事做例子(细节有所改动),告诉你对于前几年来上我课的学生,我对他们的个人生活是多么不了解。有一年,我给大一新生上写作课,其中有一个女学生,从她的第一篇作文中可以看出,与学院大部分英语专业的大四学生相比,她的写作水平一点也不逊色,甚至可以说更好。我很高兴她能成为我的学生,并且愉快地预想她能够给班级做哪些贡献,并且这个学期里她接下来的文章一定很容易阅读和批改。然而随着学期的推进,她越来越频繁地旷课,而且还迟交作业,或者干脆不交。虽然她交上来的作业仍然展示了巨大的写作天赋,然而文章却充满了各种因草率而犯的错误。一开始我曾在她的文章上用评语鼓励她,告诉她不应该浪费这么好的天赋。当这些评语似乎都不见效时,我又尝试警告她要对这门课认真点,如果继续迟交作业或对作业马虎敷衍,将给她的最后成绩带来糟糕的后果。在学期末的某一天,这位女学生来办公室找我，告诉我她的妈妈因患癌症面临死亡，她住在家里照顾她，每天奔波于家和学校之间。我也刚刚在一两年前才目睹了自己的母亲因为癌症死去，对于那些可怕的经历还记忆犹新。在她离开办公室以后，一想到自己居然曾用扣分作为威胁来督促这个女孩多花心思做作业，却不知她正在照顾临危的母亲，我就感到胃一阵不舒服。

　　同一年，在我给英语专业学生上的入门课中有一个学生，虽然这个学生没有哪方面特别出众，但能力不错。她很安静，甚少与人交流，学习勤奋，虽然有时候不太能抓住课程的主要概念，甚至有时完成作业也有困难。发生这种情况时她会来办公室见我，让我给予帮助，我通常都会帮她。第二年她选了我的另一门较高水平的课程——非小说类创造性写作，而在课堂上我发现她变得不一样了。她换了一个发型，穿着也不同了，和同学之间的互动变得多了，在教室里说话也多了起来。她的写作水平明显提高，并且，看起来她绝对比在那门入门课中对班级投入了更多感情（当时在我看来，她只是默默地勤奋学习，按学位条件完成学习任务）。但是她似乎不再对课程里的个别内容特别上心——她错过了几节课，迟交作业，不会读完所有阅读作业。在她给这门课写的最后一篇文章中，我找到了她发生这些变化的原因。原来，她在大学二年级就订了婚，未婚夫是一个士兵，两个人相恋已久；在她上入门课的那段时间，未婚夫去了一个军事基地，而她大部分时间就是给他写信，和他的妈妈一起去探望他。但这个未婚夫回来以后开始酗酒并且辱骂她。于是这位女学生和他解除了婚约，并且在她的人生中第一次开始自由地约会、和伙伴交往，重新捡拾起曾被压抑的作家梦——她的那个未婚夫过去极力劝她放弃这个梦想。所有这些事都在她上我的创造性写作课前发生；而在那门课中，我看见的是，一方面，她因获得自由而产生矛盾的感觉；另一方面，她又下决心想开始新的生活。

　　我讲述这两个故事，并不是说这两个关于苦难和挣扎的例子特别感人，也许它们确实感人，但如果深入地调查所有学生的生活细节，你会惊讶地发现这样的故事每天都在学生身上上演。我想说的是，我们能见到的只是学生生活的一小部分，而这一小部分很难向我们展示，对学生来说什么是最重要的，或者迄今为止哪些主要事件或者人物塑造了他们的生活。二十岁左右的学生也许要亲眼看见自己祖父母的逝去（对于一些人甚至是自己的父母），正在经历第一次恋爱和失恋，正在接触（或者躲避）毒品和酒精，第一次离开家人试着和室友相处，用心规划着未来的生活。任何一件这样的事情或变化都有可能消耗一个人的巨大情感和智力能量——而我们的大部分学生正在处理几件甚至很多这样的事情，但是每个学期还得努力在四五门完全不同的课程中保持名列前茅。

　　因此对于正在教的某门课程，它可能此时占用了你很多时间和精力，但却只占了大部分学生内心和脑袋的很小空间。它确实应该对你更重要，而不是对学生更重要——毕竟它是你毕生的工作，而对于学生只是旅途中的一站，因为他们的终点尚且未知。

我说这么多并不是鼓励你去探究学生的个人生活，然后为每一个生活有困难的学生调整评分或出勤规定——事实上，我觉得这两个都不是好主意。这些故事以及我对他们的反思只是为了给你作准备：学生也是正常人，课堂之外他们有自己复杂的生活。在第一年教学中有很多方法可以帮你如何跟他们开展工作，而同时维持教学的职业标准。

坚持标准，富有同情心

如果学生读了你的教学大纲，并且在选课周过了以后还留在课上，那他算是已经同意完成你的一部分作业了。对于那些有私人问题的学生，你不应该减少或大幅度修改他们的作业量。确实，教室里的每张脸孔可能都戴着面具，面具下藏着像上述两个故事那样的人生。但你也会遇到另外一些学生，他们迟交作业或者不来上课，理由却没那么合理。他们要么是因为前一天晚上去了俱乐部，要么在宿舍里忙着玩 X-Box 游戏，要么仅仅是忘记了作业。如果需要面对一个对上课态度不端正的学生，你可以态度谦恭但一定要坚定，你应该执行为课程设定的任何相关规定，还应该在脑中设想两种对立的可能情形——这个学生可能在试图利用你，或者可能确实他家中的妈妈即将离世。由于不知道他是哪种情况，所以有义务根据为课程所设的标准对学生一视同仁。要抑制冲动，不要用威胁来督促学生，也不要恼怒；因为这些举动只会让真正陷入困境的学生雪上加霜。还有，要提醒学生有哪些课程规定，并且要执行这些规定。

如果某个学生向你提出，一些具体的困难导致他在这门课上有问题，你应该在自己的能力范围内尽力包容他——可以免去迟交作业的惩罚，延长交作业的期限，或者允许走读的学生做一份独立的研究论文而不是小组演示报告。但如果学生不能完成课程作业，那就不能随便地放过这些问题。到了学期末，如果你发现一些学生有可能难以完成课程作业，你应该联系系主任或者院校处理学生学习问题的行政管理员——这个人通常是某个主任，一般是学生处主任。很多高校里这个主任可以干涉这类情况，找出学生问题的严重性，并且和你合作，保证学生能完成课程作业，或者允许他们不用完成，或者干脆让他们休学。记住一点——如果某个学生在你任教的课程中有这样的困难，那他很可能在其他课程中也有类似的困难，最好有个可以整体看待他的问题的专门人员来帮他，而这个人应该有处理这类情况的经验（也就是说，这个人不会是你）。

倾听，但别提出忠告

在你的教师生涯中，终究会遇到某些学生，他们去办公室找你，不仅是为了坦白遇到的困难，还希望你在评分上手下留情。你还会遇到另一些学生，他们向你袒露心事仅仅是因为你是他们尊敬、钦佩的人，他们想请你给一些忠告来处理正在面临的危机。我曾有学生来办公室找我，或者在他们的书面作业中坦白他们是同性恋、有酗酒的毛病、遭受家庭暴力或其他的问题。有时候这些学生很明确地请我提建议；有时候他们只是诉说自己的故事。其实我的性格并不是和蔼受欢迎、喜欢接受学生倾诉的类型，然而在六年多时间里还是陆续有很多学生找我倾诉；而那些我认识的性格温和的教师，特别是容易被学生错当成母亲替代角色的女性教师，每个学期听到的类似倾诉会更多。

在听到类似倾诉时，教师很容易受到引诱，然后根据自己的人生经历、本能和常识来提出忠告。你应该抵制住这样的冲动。咨询学之所以成为一个学位项目，有其存在的原因——帮助学生处理他们生活中的复杂事情，并不是个简单的任务。校园里有专门帮助学生处理课外生活问题的专家，除非你刚好是教咨询学的老师，否则不应该取代他们的角色。

在校园的某个地方会有个办公室叫作学生咨询处，而这个办公室分派有受过培训的、能够单独会见学生、帮助他们处理生活问题的员工，还会有一些小册子或者名片，上面写了联系他们以及预约的方式。在学期开始之前，你应该找到那个办公室，并且拿一堆这样的小册子放在自己的办公室。如果有学生问你要解决生活危机的建议，你可以耐心包容地倾听，然后给他们这个小册子，引导他们去咨询室。第一次这么做时，你会觉得自己残忍——但咨询并不是你工作的一部分，而对学生的不熟悉、对咨询工作复杂性的不了解都可能意味着，你在依靠自己的经验和本能提供忠告，最后可能带给学生更多的是伤害而不是好的建议。

了解你的校园

即便是在开始教学的第一个学期，你也应该知道咨询室的位置以及其他需要指引学生去的地方。校园里可能有一个独立的毒品酒精咨询室（通常在学生咨询楼内）；有一个处理学生学习问题的主任办公室；还有提供健康服务、公共安全、学生生活以及其他服务的多个办公室。你的学校应该会发放一些小手册或参考指南，上面罗列了学生可能需要咨询的所有主要办公室的信息，当学生遇到紧急情况或者特殊情况时，如果有这些手册的话，他们可以去那里咨询，你看看自己能否拿到这些信息。如果没有，可以查一下学校电话簿的公开页，或者浏览学校网站，然后熟悉一下这类办公室的名册。你应该对他们及其服务范围有足够的了解，这样才知道如何及时指引陷入困境的学生去相应办公室。

最后，校园内你需要认识的最重要的人，也是需要特别友好对待的人，包括在任何可能情况下要停下来和这个人聊天、假期的时候也要记住的这个人，那就是院系助理或秘书。这些人知道校园或者系里各种资源的位置和可用性，通常，在你因学生问题受到困扰时，或者在学校里遇到任何头疼的事情时，他们都能为你指出正确方向。事实上，无论何时，如果你对学校规定或者校园文化有疑问，院系助理可能是你第一个想咨询的人；除非他们也是新手，不然他们很可能听过其他人问过你相同的问题，所以如果他们不知道怎么回答，也通常会知道谁有答案。在你刚毕业或者刚加入教师队伍时，第一件要做的事是保持微笑，态度友好地向院系秘书介绍自己。

对了，院系秘书还可能是最清楚学校或院系历史的人。也就是说，他们知道系里所有人最新的小道消息，像系主任在闲暇时画内战时期的人像或者录制了一张演奏圣诞音乐的CD这样的消息。没有什么比知道这些，让系主任看起来更平易近人了。

保护自己

我之所以极力劝阻你不要太过干涉学生的生活，其中一点是出于法律因素的考虑——你跟某个学生走得越近，就越有可能让自己因为某个不当行为而受到指控，包括从性骚扰到曲解学校规定而提供无用劝告。如果这是你教学生涯的第一年，那你可能是个刚毕业的学生或者是个助手，或者处于终身教职考核的第一年，这意味着你的地位很脆弱。再强调一遍：你的地位很脆弱。你很容易在学期中间被踢出课堂，或者合同不能续签。然而如果你处事够专业，能够倾听学生的问题，然后把他们引向学校里合适的办公室，同时遵守规定和坚持原则的话，就不会伤害到自己。越过这些界限的话，就很容易把自己推向在工作上伤害他人以及自己的可能。

为了进一步确保不会受到因不当行为而被指控的困扰，你可以采取两个预防措施：首先，把你和学生之间的每一次看起来不寻常的交流都记录在案。你可以保存电子邮件，或者在电脑中新建一个文件夹，并且写下你和某个学生会面的日期和谈话的实质内容。其次，在办公室见学生时，永远别把门关紧。在你会见某个学生时，门应该保持半开着，哪怕只留一条小缝隙，这也是比较重要的。这种策略能够防止学生把你的办公室当成忏悔室，或者是私密的房间，或者是任何其他不是讨论课程和学习生活的地方。

我很清楚，这种建议可能让你看起来很冷血和冷漠。你加入教师行列可能是因为你有一份想帮助学生的热心肠。而在教学生涯中，你可能对自己的能力逐渐充满自信，每个学期你看到学生受到问题困扰时，都觉得自己能够提供明智的忠告。如果是这样的话，我只能祝你好运。

但是在第一个学期，或者第一年，你应该首先考虑到两个事实：你没有时间去对自己学生的个人生活掺入太多感情，以及做了之后，你承受不起在自己的职业生涯中可能发生的任何风险。你可以在学生需要谈话时有同情心地倾听他们诉说，但之后应该退出来，让学校的专业人员来解决他们的问题。

高校学生数据统计

在结束这章之前，我想给你一些关于当下高校学生四个方面的统计资料，然后简短地反思一下，这些统计数据对你和学生的课上课下交流有什么意义。当然，全国人口统计资料跟你所在的学校的情况不会完全匹配。如果你想要你们学校的学生统计资料，可以从校园里某个研究所的办公室那里获得（对于较小的学校，管理这些资料的可能是个员工而不是办公室，而这个员工还可能在学校担任其他职位）。这个办公室应该有你学生的相关数据，并且也通常放在该机构的网站上（你有时候还可以从终身制或者长聘制的教师那里获得这类信息）。下面展示的全国性数据是来自国家教育数据中心发布的两份报告，这个中心是属于美国教育部的一个办公室，在网上也能找到它（见后面的参考书目部分）。

年　龄

如果你有阅读过去一二十年里关于高等教育的文献，你会发现这些资料越来越关注非传统学龄学生——一些初次来到或者返回校园时，年龄都大大超出传统适龄范围（通常定义为18～24岁）的学生——数目的增长。这些非传统学生群通常会受到特殊的关注，但这也是应该的，因为与18岁的学生不一样，一个40岁的人来高校学习，同时还要参加全职工作，养活整个家庭，因此，不管是课堂上还是课外，他给一所学校带来的挑战是全然不同的；同样，一个工作了二十年以后的40岁男人重返校园，和一个18岁刚从高中毕业的学生相比，学习方式也会不一样（这里可以参考佩里的理论）。特别是在社区大学教书的老师，他们会发现自己很大一部分学生的年龄都在传统高校学生的适龄范围之外。

大部分接受高等教育的学生年龄还处于传统范围内，而国家教育数据中心预测，在未来六年内这个趋势还会稍有增长。在1992年，大约57％的高校学生年龄在 18～24 岁之间；到了 2000 年增长到了 60%，估计到 2012 年会达到 61%（摘自《教育数据推测》（Projections of Education Statistics））。很有可能，不管你在哪类学校教学，在你的第一年教学中，你都会遇到一些年龄较大的学生。

当你想象要教比自己年长 20 岁的人时，可能会觉得心虚，比如当我 22 岁，在教学的第三个学期遇到这种情况时，也有同样的感受。但是想一想你从小了解到的野生动物是什么样子的——通常而言，他们害怕你多于你害怕他们。老师很少会遇到挑战自己权威的成年学生，或者人生经历比别人丰富却不愿分享、说话傲慢无礼的学生。如果不巧真的遇上了，那么最好通过和学生单独谈话来解决问题。

通常而言，重新返校的成年学生会给班级增添额外精彩，因为他们懂得自己正在接受的教育的全部价值（而不像传统的学生，他们通常还要父母负担其费用）。而且，他们都希望自己花的钱能物有所值，所以会尽量多地作贡献和学习。但要记住很重要的一点，成年学生通常需要特别照顾，像有特殊困难的学生那样。成年学生通常有工作，而且他们可能已经结婚并且有小孩——所有他们生活中的重要事情可能优先于也应该优先于学校功课，而其他的事情，如在酒吧玩通宵、和女朋友分手或者心血来潮的公路旅行，统统不会成为没好好学习的理由。同样的，这并非意味着可以找理由免除成年学生的作业。你应该尽量理解他们的生活有更大的复杂性，然后帮助他们做好功课。

性　别

很长一段时间以来，学院或者大学里的女性都多于男性。在 1990 年，女性占了高校入学人数的 55%，而在 2000 年为 56%。到 2012 年为止，估计女性入学人数会占据总入学人数的 57%（摘自《教育数据推测》）。这个情况会根据学科不同而有所变化，我不止一次遇到英语或者教育学院的老师发现有时候全班都是女生；而经济学或者自然科学院系的老师则发现有些班级里男生占了大多数。高校学生的性别问题对于课堂而言似乎并没有那么重要，除非，你认为女生应该学习诗歌然后成为教师，而男生应该建筑桥梁和引爆物体（不一定是这个顺序）。

然而，最近涌现出大量文献，大部分都在讨论、辩驳一些较老的理论，这些理论讨论的话题是女性和男性有着完全不同的学习方式——因此他们会因教学策略不同而学习得更好或更差。根据我个人教学经验而言，我觉得这种理论在某种程度上是成立的，但这种研究并没有使我很信服，或者让我觉得有必要去想办法为课程制定两种不同的教案。实际上，这种策略实施起来，无论如何都是很困难的。在你教完第一年以后，如果你认为上述理论的意义比我所述的要多，那在制定策略时，你就可以从查阅贝兰奇写的《女性的认知方法》（*Women's Ways of Knowing*）一书开始做起。前一章的内容引用了这本书，在本章的参考书目部分也有标注。随后你可以看看本章的结论部分，在那里我会提一些通用的意见，告诉你统计资料的变化及学习方式中可能存在的异同会怎样影响我们的课堂教学。

但是，这里确实需要注意一点。一些研究人员认为女性学生在课堂上营造的气氛可能比较"冷淡"，特别是在像工程学和自然科学这种以男性为主的课堂上（参考桑德勒（Sandler），西尔弗伯格（Silverberg）和霍尔（Hall）写的文章）。例如，在"冷淡"的课堂中，老师可能不太愿意叫女学生发表意见，或者不太可能接受她们的意见。后面有研究对这样的现象表示疑问（参考德鲁（Drew）和沃克（Work）写的文章），但这种现象可能是因为一些课程没那么适合女生而导致的。这也值得我们关注，应该注意平等地对男性和女性学生，使课堂变得人人都获益。

出勤情况

原始数据显示，2000年美国高校的全日制学习有900万学生注册；而国家教育数据中心预测，这个数据将在2012年达到1010万人。非全日制学生的人数在2000年时为630万，而估计在2012年将上升至690万（摘自《教育数据推测》）。因此，高校机构中全日制注册的学生比例略低于三分之二，但是不同高校的具体数据会存在很大差异。常春藤联盟大学的大部分学生都是全日制，而在社区大学中，非全日制学生的人数会多很多。

当然，非全日制的学生之所以选择这种学制，主要原因是他们还有其他事情要忙——工作、养育孩子，或者照顾某个生病的亲戚。但你不可能总是清楚哪些学生是非全日制的。但同样，你要记住，比起全日制学生，年龄较大的学生可能会要求或需要特殊的照顾。

种　族

从1976—2004年，在美国的高等教育学校注册的少数民族学生比例从15%上升到30%，这主要是因为注册的亚裔和西班牙裔学生人数有所增加。而这段时期，亚太岛裔注册的学生比例从1%上升到6%；西班牙裔的注册学生从占高校总人数的4%上升到10%；黑人学生的注册率也提高了，从9%上升到13%（摘自《教育数据推测》）。

跟性别问题一样，一些研究人员认为，和来自美国主体文化的学生相比，来自非西方文化国家的学生的学习策略或学习方式会有所不同。(同样,请在本章的结论部分看我对此话题的看法。)若不讨论这个话题,这个问题会在众多不同课程的课堂上导致较严重教学陷阱,特别是人文学科和社会科学课程。学习这些课程时,学生会面对和讨论关于种族争议的话题。在这些课的课堂上,老师和学生都可能把少数民族学生叫起来,希望他们能给出代表西班牙裔或亚裔、黑人立场的看法。很显然,我们不应该叫任何一位学生起来代表整个种族或民族说话,他们不应该承受这样的压力。而我怀疑,这通常是在无意的情况下发生的——例如,一位老师提出了一个关于种族主义对人们生活影响的问题,然后很自然地,他的眼光落到了课室里唯一一位黑人学生身上,或者班上其余学生都倏然安静,眼睛齐刷刷地望向那位学生,带着期待的目光等他诉说自己的故事。

在这些情况中,一些少数民族学生可能想要发表观点,但大部分都憎恨这种被期待的感觉、这种以为他们的经历就代表了整个种族的想法的感受。在这些情况中,你要注意和学生之间除了口头沟通以外的交流,并且尽量活跃,以确保有尽量多的学生参与到讨论中来。

结论:课堂上的种族和性别问题

在这里,我陈述的观点比较笼统,读者有必要意识到,每个学校的数据统计风格是很不一样的。如果你们学校的统计数据比较倾向于新类型的学生——年龄较大的学生、非全日制学生以及少数民族学生——那我在这里所陈述的观点可能比较有用,你还应该用学校的统计数据来指导你的阅读方向、跟进本章参考书目部分的某些内容。如果你在一所大部分为女生的大学里教书,那可以看看讨论女性独特的认知和学习方式的文献;如果是在一所具有多样性民族的学校上课,你可以深入研究一下和种族教学相关的资源。即使一些教师和我一样,也在一所大部分是传统学生的大学里教学,如果能更加全面地考虑这些问题,那么我们关于教学的观点也会得到拓宽。

一本教学指导书所要关注的重要问题是,组成结构多样化的学生人群的学习方式和策略的理论是否影响以及如何影响我们的教学。M. 李·亚普克拉夫特(M. Lee. Upcraft)是一个对高校学生多样性有多年研究经验的学者,他在十几年前发表了一篇文章,对这个主题作出了两个结论。在当时,上述的很多数据统计变化才刚刚变得显著。他写道:"学生数据和特征发生变化给我们的第一个启示是,教学中应该采用更多样和不断变化的教学方式。"(p.34)这样就可以确保有尽量多的学生在课堂上能学到东西。其次,"虽然学生和他们的老师可能存在不同之处,但他们和自己的同学却有很多相同之处。老师可以也应该多鼓励他们相互学习。"（pp. 35 - 36）换言之，老师应该给学生提供更多合作学习的机会。

对于不断变化的学生结构给教学带来的影响方面，我并没有花很大篇幅谈论，但其实，本书的一个指导原则就是促进老师往"教学方式更加多样化"的方向发展，包括学会以协作学习为基础的教学技巧。因此你应该听取刚刚我所提出的那么多建议，包括对于学生构成多样化问题的建议。我认为目前大部分学者专家也会这么做，或许将来会出现被实践检验有效的具体教学技巧来针对不同学生群体的教学，到时候你可以参考并使用那些技巧。

当下的很多教学指南书都是在过去十几年前出版的，它们会制造很多"杂音"，告诉你在自己班级里看到多样化学生群体时会感受到怎样的冲击。但我猜测看这本书的读者大都是第一次参加教学工作——即使你已经本科毕业好几年了——当你又进入这些领域时，还是会感觉自己像个本科生一样，因此不会感觉到什么文化冲击，而我也不需要花好几页内容来警告你这些。确实，今天的学生跟三十年前的学生已经很不一样。但是他们跟五年前或者十年前的学生不会有太大不同——也就是说，可以再次肯定的是，他们很有可能跟你没什么差别。

参考书目

Belenky, Mary, et al. *Women's Ways of Knowing*. New York: Basic Books: 1986.
这本书的写作目的跟佩里的相似，但更关注女性的学习。

Digest of Education Statistics: *2005*. National Center for Education Statistics, U. S. Department of Education, June 2006. http://nces. ed. gov/programs/digest/d05/ack. asp, November 11, 2006.

Projections of Education Statistics to 2012, 31st ed. National Center for Education Statistics, U. S. Department of Education, October 2002. http://nces. ed. gov/pubs2002/2002030. pdf, November 11, 2006.
教育部有很多这类的人口统计报告和数据，全部公布在它的网站上。

Drew, Todd, and Gerald Work. "Gender-Based Differences in Perception of Experiences in Higher Education: Gaining a Broader Perspective." *Journal of Higher Education*, 69. 5 (September - October 1995): 542 - 555.
德鲁和沃克的研究表明，对于冷淡的课堂氛围并没有相关的证据证明其存在。

Sandler, Bernice, Lisa Silverberg, and Roberta Hall. *The Chilly Classroom Climate: A Guide to Improve the Education of Women*. Washington, D. C. : National Association for Women in Education, 1996.

这本书包含了早在20世纪80年代初出版的关于"冷淡课堂"的初始研究,以及如何使课堂气氛活跃起来的建议。

Upcraft, M. Lee. "Teaching and Today's College Students." In *Teaching on Solid Ground: Using Scholarship to Improve Practice*. San Francisco: Jossey-Bass, 1996.

虽然他所写的人口统计数据已经过时十几年了,但亚普克拉夫特提出的关于教学模式多变性很有必要的观点,于我而言,还是很有用的。

第九周
学术诚信

2005年11月,一个笔名为"迈克尔·汤普森(Michael Thompson)"的研究生在《美国高等教育纪事》中发表了一篇告诫式的文章,讲述了他是如何从众多不同的外语资源中剽窃信息,把它们翻译过来后剪切拼接起来,作为自己毕业论文中的一个初稿章节,再加上自己的一些想法把它填充成一篇文章。对于他来说不知是幸运还是不幸,对于那个章节,他从论文委员会那里只得到一个不冷不热的回应。之后,他为自己的行为感到越来越不安,并最终促使他废弃了那一章。之后他在没有剽窃的情况下重写了那一章,之前的剽窃信息最终没有放进终稿里。文章中作者试图解释他剽窃的原因,但显然他也没花太多心思去想,因为说出来的一半都是借口——他那时候对学习毫无兴趣,觉得要毕业并找到一份学术工作没多大希望,所以他就学那些政客、商业领袖和神职人员,这些人因为不诚实而经常上新闻头条。这可能也是那篇文章中最让人震惊的一部分——不是他的剽窃行为,而是他对为何剽窃真的没有什么认识,也给不出什么理由。

很多教学指导书都指出,目前在我们国家,我们越来越不把作弊或剽窃看成是什么不寻常事件,或者是需要复杂解释的事件。在《教学的技艺》(*The Craft of Teaching*)一书中,肯尼斯·伊布尔说道:"作弊是自然、常见的,并且受到个人所在处境的巨大影响。"(p.165)约瑟夫·洛曼在《掌握教学技巧》(*Mastering the Techniques of Teaching*)一书中认为:"虽然高校学生的作弊行为不合理,也不应该得到宽恕,但他们的作弊动机太普遍化,也很容易理解,老师们应该对这些作案的学生严厉惩罚。"(p.207)麦吉奇查阅了关于教学的文献,然后以一种似乎妥协的语气写道:"几十年以来,关于作弊行为的研究都指出了一个共同的事实:大部分学生都承认,他们曾经作弊过。"(p.113)我们可能认为,研究生在自己的毕业论文里"作弊"是一件很令人震惊的事情。然而研究表明,各种研究学院的作弊及剽窃事件从未停过,特别是在商学院。2006年一份对美国及加拿大32所研究学院的调查显示："商科研究生中56%有过作弊行为，非商科项目中47%的研究生曾作弊。"（Mangan，p. A44）我觉得这份数据中值得警觉的地方并不是商学院中有更多的学生作弊过（因为本科商学专业学生的作弊率也比其他专业的要高），而是去年在一般专业中研究生作弊的比例居然高达47%！

换而言之，在第一年的从教经历中，你很有可能遇到作弊与剽窃事件，也会因此感到震惊、失望、生气，还很困惑不知道该如何作出反应。我会试着指导你通过这个雷区，而这也是身为教师最难解决的一块。要通过这个雷区，就要考虑到侵害学术诚信行为的三个方面：学生作弊和剽窃的统计数据以及例行方法、预防措施以及应对措施。

统计数据与例行方法

作弊人群

罗格斯大学（Rutgers University）有一位教管理和全球经济学的教授，名叫唐纳德·麦克伯（Donald MaCabe）。在过去二十年里他做了好几个调查，希望了解高等教育中所有年级学生的作弊程度。1990年，他发布了第一份调查结果，促进了"学术诚信中心"（Center for Academic Integrity）的建立。这是一个研究、支持机构，赞助及记录关于作弊问题的研究，促进这类问题的预防和降低这类问题的发生。该中心目前借寄于杜克大学的凯南伦理研究所，并且定期发布关于作弊和剽窃的新信息和调查结果。仅麦克伯本人就声称，在过去15年中，已经调查了美国和加拿大中超过10万的高校学生，调查的学校超过140所。大部分研究和结果都能在网上获得，这些网站都罗列在后面的参考书目中。

在本书写作期间，麦克伯在2005年进行了最新研究，并发布了以下数据，下面我就直接引用该中心对研究结果的综述：

- 在大部分校园里，70%的学生承认曾有过一些作弊行为。接近25%的参与调查的学生承认在去年有过严重的考试作弊行为，而一半的学生承认曾在书面作业中有过一次或多次的严重作弊行为。
- 网络剽窃在所有高校中正得到越来越多的关注，很多学生都表示不清楚怎样才算合理使用因特网。由于老师没有给出明确的指导，很多学生总结出，"剪切和粘帖"这种剽窃——从因特网上的不同资源里找一个或两个句子，然后把这些信息组合起来放进文章中而不加适当的引用——并不是什么严重的问题。这样的行为，在1999年只有10%的学生承认做过，而现在有40%的学生在"评估项目调查"中承认做过。大部分学生（77%）认为这样的作弊并不是一件非常严重的事情。

- 纵向比较研究发现，严重的测验或考试作弊行为和学生串通合作作弊行为有明显的上升趋势。例如，9所大中型州立大学的学生自己承认的串通合作作弊行为，从1963年的11%上升到1993年的49%。而这个上升趋势还有持续增长的迹象：在1990—1995年期间，31所中小型学校的串通合作作弊行为从30%增长到了38%。（Center for Academic Integrity）。

这些（让人不快的）信息告诉我们问题的答案。究竟谁在作弊？答案是每个学生都在作弊！

这个答案令人意外，却还没有告诉我们一个事实，那就是，作弊的程度在不同类型的学校里是不同的，在不同的专业和学习项目，以及不同教育水平的学生中不同。如果我们相信这份研究结果的话，那么仅这个作弊学生的数目就暗示我们，作弊正在各种各样的课堂上发生，每一种学生都有可能。你可以问一下你们系的一些教龄较长的老师，我敢打赌他们绝对会认可这种结论。我也有很多学习拖拉而懒惰的学生在我的课堂上作弊，但同时我也发现，我的那些最聪明的以及看起来品德最优秀的学生也有剽窃文章的行为。

所以，不要因为你没有亲眼看到，就假设在课堂上没有学生作弊或者剽窃。事实上这个概率会和你的设想截然相反。

作弊方法种种

从1978年《动物屋》（*Animal House*）上映到2004年《老学校》（*Old School*）上演，这期间，一些研究人员就已经在跟踪研究作弊行为——换言之，学生的作弊方法，已经从搜遍垃圾堆以寻找某份油印的试卷，发展到了利用无线电技术把考试题目发送给帮助者，让他帮忙寻找答案，然后再把答案用有线（无线）的方式传回学生的隐藏式耳机中。俄罗斯的一个博物馆展览，以更加专业的角度展示了作弊艺术的发展：在裤子上写对数；穿一条有七个口袋的牛仔裙，在里面装了很多卷成小卷的纸张；能够躲过不太严格的监考官的眼睛的新一代微型耳机，可以从电话里接受信息（MacWilliams）。

显而易见的是，学生的作弊方法会因作业类型不同而不一样。对于小的测试和考试，学生可能采用老式的方法，例如在身体上写下公式或者原理，或者写在衣服、铅笔、书、笔记本或桌子上，以及任何能够保留墨水或者黑铅的、在考试时他们能看见的地方。现在，学生们携带的任何电子设备都可能具备记忆功能，可以用来储存信息，学生在考试的时候把它们放在膝盖上就可以偷偷浏览。手机、PDA、iPod、计算器等设备都有可能用来作弊。相对来说，如今的书面作业的作弊行为就没那么多样化，一般都是学生从网络上剪切材料然后粘帖，或者直接从买卖论文的企业网站上下载整篇论文，这些网站兜售你能想象到的所有学科的文章。一些愿意花钱的学生可以把作业提交给某些网站，雇一个学者就会直接根据他们的要求写一篇论文。为了不引起太多关注，学生甚至会要求写一篇质量差的论文，这样就可以和他们在这门课的整体作业质量更加一致，也就是说，你可以订一篇A等的文章，但如果你愿意，也可以订一篇C等的文章。当然，学生还可能通过去图书馆找网上没有的书和文章来作弊，但是在我看来，能够找这些麻烦的学生都值得免去惩罚，至少他们肯去图书馆。

从这个角度看，作弊对于学生来说更像是免费下载音乐，而教师扮演了唱片工厂的角色。学生能够找到作弊的方法，正如他们能够找到下载音乐的方法一样，无论我们想出什么策略去击败一个作弊方法，都只会激发有创造性的学生找到新的方法来愚弄我们。在我写这本书和这本书出版之前的期间，我敢肯定一些新的作弊和剽窃手段又会出现，而一年之后，攻克这种作弊方法的技巧才会出现。

这里我没有详细考虑学生为何作弊，一部分原因是因为对我来说，他们的作弊动机很明显；另一部分原因是那不重要。学生作弊大抵是因为他们懒惰，生活一团糟，然后忘了还有考试或作业，或者因为某些悲剧或不可预见的事情导致他们没法学习或没法完成作业，而作弊是他们最后可用来保住奖学金、保持平均学分绩点的方法等等。不管是什么原因，作弊行为都破坏了学术诚信，而作为新教师，你的任务不是去分析美国作弊文化，而是找出预防作弊的方法，以及当它发生时该如何作出反应。然而，一些导致学生作弊的因素和你将用到的预防措施还是有关系的，所以先让我们来看看这些预防措施。

预防措施

为了找到学生作弊的原因，你不妨把自己放在学生的位置上。假设有两门不同性质的课程要完成：对于其中一门，学生的分数完全取决于他在期中考试和期末考试的成绩；而另一门课程，考核包括几次考试、两份论文、一次口头演示报告、几份小测试、一次课堂写作以及课堂参与的成绩的综合。在第一门课中，作弊不仅很容易实现（因为一个学期里学生只需要精心策划两次就行），它还有很高的回报率，因为在一门考试上能够作弊成功就保证该课程功课的50%能够拿到高分了。对于第二门课，如果想要在所有作业上作弊，加起来要做的事情可能比简单地做作业还要多。而且每一次作弊还伴随着相应的焦虑和风险，这样一来，每次作弊的回报就小很多了。换言之，你给的作业越少，每门作业的分数比重越高，就相当于越鼓励学生作弊。

预防这种作弊行为也很简单，并且跟我在这本书其他章节所给的建议是一致的，那就是：在课堂上给学生大量机会去学好本课程的知识，布置各种占课程总分分数的作业，还可以在多个时间用多种方法测试他们的能力和知识。这样就会降低在每份作业作弊所带来的回报，而且，即使学生在作弊或者剽窃以后确实躲了过去，没有被抓住，这样也能保证他们还是为你教的课做了很多有益的努力和功课。此外在教学上，这样做还有额外的好处，那就是给学生很多成功的机会，而习惯不同学习方法的学生也能得到回报。对有严重考试焦虑症的学生而言，如果只有两次压力很大的考试，他们可能无法很好地发挥自己才智和所作的努力。然而，如果课程考核项目包括一次测试、一份论文以及一次口头演示报告，就可以保证他们在这门课中有更公平的机会。

对于人数多的班级，虽然不太可能布置很多论文或口头演示报告作业，但也可以通过改变考试或作业的类型和增加考试次数，来避免主要考试过多而带来的压力。你还可以每个星期布置简答题测试，将它们计入总分；或者改变试卷的模式，从选择题变成简答题，从辨别题变成较长的论述题等。

第二个预防措施对于规模较小的班级而言，绝对更合适。麦吉奇曾说，"在一个情境中，如果每个学生的身份都确定，那作弊的可能性会减小"（p. 117）。我认为这种说法很合理。人们更容易对一个陌生人说谎。并且，如果你跟学生没有私交，他们就会把你当成某个体系里要尽力攻破的一个关口，对作弊也就不会感到太内疚。所以，你应该尽可能地和学生建立关系——并不一定是个人关系，毕竟上一章我们讨论过有关的问题。但你们可以建立基于课程共同兴趣的思想关系。你和学生都应该知道对方的名字，这是应该建立的最基本的关系。这意味着对于一个三十人或者人数更少的班级而言，你最起码应该主动地努力去记住每个学生的名字。

我告诉我的学生给我三个星期的时间去记住他们的名字，之后我努力尝试去记住。在课程刚开始时，第一两个星期我拿着名单去上课；每一次我收集、返还作业时，我都会额外拿出几分钟去核对名字；每当有学生在课上发言时，我都让他们先说自己的名字。几乎毫无例外，每到学期末学生对我评估的时候，我都会因知道每个学生姓名，而得到至少一条以上的正面评价。对于大的班级，即使你不太可能记住所有学生的名字，也可以把在课堂上发言或去办公室见你的学生的名字记住，这样也能记住十来个或者一两个学生的姓名。玛丽·麦金尼（Mary McKinney）是网站"成功的大学教师"的运营者，她写了一篇很好的文章，里面有各种记住学生名字的小建议（该文章可以在网上找到，请查阅参考书目部分）。

第三条预防策略对论文特别有用，那就是设计一些很难或者不可能剽窃的作业——至少设计一份。如果你给学生一份作业，让他写一篇五页纸的文章，分析赫尔曼·麦尔维尔（Herman Melville's）写的《录事巴托比》（*Bartleby, the Scrivener*）中的主角，那就是布置了一份老生常谈的作业，这种作业在过去一个世纪里已经有无数老师布置过。可以肯定的是，网上关于这个话题的学期论文无处不在，而学生如果要剽窃，则可以从多个版本中选取内容。但另一方面，如果你给学生的作业，是让他们分析在一部于2001年发布的现代化电影版本里，导演克里斯平·格拉夫（Crispin Glover）对巴托比的描绘是否很精确地反映了原著主人公的行为。这种作业可以挑战学生的想法，还能排除让他们想要从网上挪用整篇论文的可能。但是即使对于这么独特的作业，学生还是有剽窃的可能——例如，他们可能在网站Sparknotes上找到并采用关于巴托比的角色分析，之后只需要加一些他们对电影的个人看法就行了。但这类作业至少能够防止学生剽窃整篇文章，完全不贡献自己的想法。

构思并且设计一份独特的作业可能需要更多想法和精力，但它的益处远大于单纯的预防剽窃和作弊。这样的作业可以帮助你和学生从新的角度看待课程材料，然后消除一些令思想麻木的无趣感。如果接下来三十年的每个学期都需要批改三十份广泛性讨论"巴托比"的文章，你真的会感到无聊。同样，如果你设计独特的作业和试卷，这样的做法会形成循环，每一份只会保存几年，那你的学生就不可以简单地把他们的想法或论文传递给大学生联谊会成员了。大学生联谊会和寝室里有试题库和论文库是司空见惯的事情（我的邻居曾上过商学院，他给我描述说，他的大学生联谊会拥有大量的文件橱柜，用来储存整理有序的论文集、试卷档案文件，这些都用来重复利用的）。因此，如果每年问学生同样的问题，或者布置同样的作业，会怂恿学生去依赖往届学生的智慧和经验，而不是依靠自己的能力。如果能够设计独特的作业和试卷，并且每年都作出变化，这可能是预防作弊和剽窃的最有效方法之一。

我曾在第六章中写道，你要保证学生明白你布置独特作业背后的道理，以及完成这些作业会有什么收获。当学生能看到作业和课程学习目标之间的联系——并且他们已经融入了那些学习目标时——他们就不太可能把作业当成是必须跳过去的环节，也不太可能去寻求任何可以帮他们跳过这一环节的途径。

第四，在课程考试期间，你应该到场并且保持警惕。就像我一样，你可能禁不起诱惑，用考试的时间来改卷、给另一堂课备课，或者放松脑袋然后盯着窗子45分钟。如果在考场上走动，你可能会感到尴尬，感觉好像怀疑学生在作弊一样；你想把他们当成人对待并且假设他们不会作弊。我完全理解这样的想法，但我们已经确定了很多成年人都会作弊，你需要采取合理的措施来防止班级里发生这样的行为。当然，你可以让自己在学生考试时干点什么，但应该留意学生，在任何可能的情况下都要关注他们，并且应该每隔5分钟或10分钟就在走道上来回走动。你不需要像个盖世太保警察寻找违法犯罪者那样，在走道上悄悄潜进；非语言的沟通在这里可以传达很强的信号，所以你可以在教室里来回走动，让自己看起来是要提供帮助和回答问题那样。在较大的班级里，可能会有更多的陌生学生，会让你觉得不适应，这时应该在学生到来前，在黑板上写上用来防止作弊可能的提示性信息——让学生隔开坐、清除学生的计算器上的记忆、将所有电子设备收起来等。你可以跟部门同事探讨一下，看他们都用什么措施来保证学生的考试诚信；你可能会因此发现，对于需要格外小心的问题，或者学校里已经有了良好的策略。

第五，很多大学已经开始和像Turnitin.com这样的预防剽窃的企业合作。这个网站是一个神经生物学的毕业生在20世纪90年代末建立的，但只有当你的学生提交电子版的论文时才能用上。在学生提交电子版论文以后，你把它们提交到这家公司的数据库里，但这里通常需要完成两个步骤：网站首先为每一篇文章建立一个叫作"数字指纹"的东西，然后将该指纹和在其网站上能找到的资料进行对比；之后它把该指纹储存起来，这样就能够在以后将论文跟其他资料进行对比了。这里所做的第一步比你能做到的要超出很多，你只能利用谷歌这类搜索引擎，将学生的一部分论文输入然后进行搜索，而Turnitin.com网站则能够获取很多买卖学生学期论文的网站的信息，但这些信息是你需要付费才能获取的。该网站的第二步能够防止学生在第二年循环使用已经提交的论文，因为如果学生再次提交相同的文章，该网站就能把它当成复制品识别抓到，即使很多年后再次提交也一样。

Turnitin.com网站公司在它的效率和合法性问题上引起了很大争议。该网站的数据库将学生的作品储存起来并且用于商业目的（这个公司是个以盈利为目的的企业），于是关于学生的隐私权和知识产权的法律问题就逐渐形成了。然而在实践层面上，在提交学生的论文以后，你会收到一个报告式的回馈，上面有学生的论文与网络上其他文章匹配程度的百分率，并且会将匹配的短语和句子标出来。如果看到这样的报告里有一些相匹配的短语，这并不一定表明学生有剽窃行为；毕竟我们所有人都总在重复其他人在我们之前已经说过的话。因此，老师有必要小心一些，不要只根据这些报告就轻易地得出结论；在确定是否给一个学生定下剽窃的指控前，我们仍然需要作一些分析和思考。然而——这也是为什么我在预防措施这一节内考虑这个问题——如果你所在的大学确实订购了这类型的网站,或者采用了任何其他方式来探测剽窃或作弊行为,你要确保所有的学生都知道这点。你没必要告诉他们太多细节——如果这么做,只会引起学生采取某些行为来挫败这个系统——只需要告诉他们这种作弊和剽窃预防机制的基本信息,让他们知道你会好好利用它,这样就足够了,就能保持学生往该走的方向走。

最后,你要保证学生完全清楚对你的课堂而言,哪些行为构成了作弊和剽窃。一些课程需要学生做大量写作以获得学分,这时,老师应该在课堂上花15或者20分钟,告诉学生哪些行为算是剽窃行为。对于哪些句子改写是可以接受的,哪些是不可以接受的,学生通常没有一个非常清晰的概念。而对于哪种类型的信息需要标明出处,哪些类型的信息属于众所周知的内容,他们也几乎全然不清楚。一些课程需要写大量的研究论文,这时,老师应该花一堂课的部分时间梳理一下所在领域的参考引文协议(在很多大学,老师可以将这样的课交给参考文献图书管理员,给他一个小时教学生梳理这些内容)。这样一来,对于什么算是作弊行为学生就有了比较清楚的认识。但即使这样,你也应该让他们清楚,在你布置的家庭作业、小测试和考试中,哪些行为是允许的,哪些行为是不允许的。

应对措施

无论老师已经讲解得有多清楚,无论已经采取了多少措施去预防剽窃和作弊,事实上我们最终还是会遇到这类事件。那该怎么办?做一个仁慈的教育者,还是纪律的守护者?是原谅学生、忘记作弊行为,还是严厉地惩罚他呢?很多教学指导书在这点上的意见很不一致,这表明这是一个很让人困扰的问题——芭芭拉·格罗斯·戴维斯建议老师应该立刻采取纪律行动(p.301),而麦吉奇则认为只有情况非常极端时老师才需要作出反应。我在这里会提出些许建议,而我的意见属于走折中路线。这样的策略既是为了解决这种违纪行为,也是为了保护老师本身。

首先,你得完全确定学生确实出现了作弊或者剽窃行为。在整场考试过程中,没有学生是能够完全将目光集中在自己桌子上的。当学生在写论文时,他们也会犯一些情有可原的错误,例如把一句话从某本书中复制到小卡片或电脑上,然后把他们再次复制进自己的论文中时,却忘了那些是直接引文。所以你应该对学生"疑罪从无",直到认为自己找到了无可争议的证据为止。这样的证据可以是学生打印了某个网站的整篇内容,或者是从该网站上抄袭了多个句子、段落,也可以是考试过程中看见学生使用小卡片或禁用的手机,或者是任何其他的、与学生对质时可以用来做具体证据的物件。某些厚颜无耻又诡计多端的学生总会找到方法,将可能是作弊的异常情况通过解释消除,而通常这些情况都没有具体的证据证明他作弊。

然而,即使没有确切的证据,也并不意味着你不需要处理这个问题。虽然没有确定的数据,但我看到有报告文献显示,20%~40%的教师会忽略课堂上学生作弊行为的迹象(例如,格罗斯·戴维斯引用了20%这个数据)——因此我们很好理解,为什么这些教师因忽略作弊行为而闻名全校后,其未来的课堂上会出现更多的作弊行为。在没有确切的证据时,你可以质疑学生但不去处理他们。如果一个平时能力在D等级的学生上交了一篇A等级的质量的论文,并且看不到学生发生这些改变的原因,你可以把学生叫进自己的办公室,问他当时的想法,他的写作过程以及他怎么会突然进步那么多。如果学生有作弊,这样的对话通常能让你清楚地知道真相,并且——虽然这次谈话找不出论文是否存在作弊,除非学生自己坦白——这次谈话应该能防止学生在以后再次作弊。

如果有确凿的证据,我建议你采取以下两种方案。

首先,不要生气或者把它当成是针对自己的行为。学生作弊是因为他或她自己的原因,而不是为了向你传达任何特殊的信息,或是传达关于你的特别信息。从自身的经验中我知道,你可能很难不这样想——对于一个作弊的学生,我总是用最尖酸挖苦的语气去问我总想问的第一件事,那就是"你认为我是个笨蛋吗?"相信我,他们对你的考虑远远少于你想象到的,无论是这件事还是生活中的任何事。所以,在面对学生时,应该尽可能地平心静气。如果学生在你面前开始啜泣或者生气,你可能很难做到这点。但对接下来要发生的事情你应该集中精力,而你自己也想这么做的话,那就必须保持冷静。

第二,对于接下来要发生的事情,我同意约瑟夫·洛曼的看法:"你要确保自己遵循了所在高校的处理程序;不要让自己来评判正义——即使有学生的合谋——然后私自作出处理,例如给一个较低的分数或者不及格。"(p.208)学校的处理程序通常会以书面形式写清楚,要么在关于学术诚信的公开刊物上,要么在学生手册或者教师规定指南里。这些程序可能会让你指导的学生去学校某个特定的办公室,或者让学生签一份处理表格,或采取其他具体的措施。你应该遵守既定的程序,这样既可以保护自己,也可以保护学生。这对于你和学生可能看起来太过严厉,特别是当学生在办公室里对你哭泣并且感到后悔,而你也对他感到同情时。这种情况下,你可能被触动,然后挣扎着忽略这件事,或者只给予个人处罚。

所以你应该记住这个预想:如果打算再给学生一次机会,让他重做该门功课而免受惩罚,或者只是给一个较低的分数算作对他的违纪行为的惩罚,你可能就成了四十个老师——学生在大学期间所有课程的老师总数——其中一个"再"给学生一次机会的人。我知道我在不停地强调无论何时都应该对学生"疑罪从无"的重要性,而我也将不断地支持这点,毕竟,你还要跟学生相处整个学期。不要把作弊的学生从此定性成恶人,而应该根据学期剩下的学习来评定他们。即使他们犯了一次严重的失误,对于他们往后的功课,也应该尽可能地客观对待。但这样的慷慨假设不应该改变对作弊行为所要采取的对应措施——毕竟像酒醉驾车这样,它可能也只是一个严重的失误,但也应该受到法律制裁。如果学校对作弊的处理程序包括把学生交给某个专门办公室,或者用某种方法把它记录在文档中,作为老师的你都应该采取这些步骤。只有你这么做了,那些不值得宽恕的学生的违规行为才会曝光,然后受到合理的处罚。遵循既定的处理程序还能保护你免受对学生处置不公,或者是对某些学生偏心、绕开学校规定等的投诉。

当我开始写这一章的时候,我预测只是快速地讲讲作弊及相应措施的重点内容——这一章应该是本书较短的一个章节。但最后它却扩展到和其他章节差不多长。这也反映出一个事实,那就是在第一年教学里,你可能只需要处理几件作弊或剽窃事件,但会发现处理这些事情是教师生涯中最苦恼的事情。对此,我建议你去咨询一下同事和系主任关于学校文化和有关这些事情的信息,并且遵循所在高校设定的官方规定。这一点在这里比在其他方面都更加重要。虽然曝光学术诚信问题让人很难堪,但这是必要的措施,所以,你可以提前考虑一下这方面的问题,然后询问一下有过相关处理经验的同事。

让我们翻回本书的第一章,记住,你可以,也应该利用教学大纲以及刚开学的那几天,制定并向学生解释这门课程对于学术诚信的规定。如果你在教学大纲中已经写明了这些规定——其实应该这么做,这样就比较容易开口跟学生谈这个问题——那就向他们解释在以后上交的作业中,哪些内容违反了学术诚信,然后用严厉和令人痛苦的方式向他们描述惩罚措施的细节。

最好的情形是在你的第一个学期里没有学生作弊,而在教学大纲写的相关的整整一段落算是浪费了空间,也浪费了课堂上用来解释的5分钟或10分钟,但别指望一定会发生最好的情形。

参考书目

Center for Academic Integrity. "CAI Research." June 2005. http://www.academicintegrity.org/cai_ research. asp,January 24,2007.

唐纳德·麦克伯研究的关于本科生作弊的最新调查数据放在了这份总结页面上。

Eble,Kenneth. *The Craft of Teaching*,2nd ed. San Francisco:Jossey-Bass,1988.

请参考"作弊、对质以及其他情况"这一章,在第 164～180 页。

Gross Davis, Barbara. *Tools for Teaching*. San Francisco: Jossey-Bass, 1995.

Lang, James. "Dealing with Plagiarists." *The Chronicle of Higher Education*, May 14, 2002. http://chronicle.com/jobs/news/2002/05/2002051401c/careers.html, January 24, 2007.

这一次的专栏只出现在该杂志的网上版本中,现在还能在网上找到。它详细地呈现了我在开始几年中如何处理剽窃者的经验,以及是什么想法引导我用上面所推荐的应对措施来处理。

Lowman, Joseph. *Mastering the Techniques of Teaching*. San Francisco: Jossey-Bass, 1984.

洛曼在讲述考试和评分的章节中讲到了作弊的问题,在第 207～208 页能够找到。

MacWilliams, Bryon. "The Art of Cheating." *The Chronicle of Higher Education*, 52.4 (September 16, 2005): A46.

这篇文章讲述了俄罗斯博物馆举办的作弊科技展,包括在短裤里藏作弊纸条的方法也有收录。

Mangan, Katherine. "Survey Finds Widespread Cheating in MBA Programs." *The Chronicle of Higher Education*, 53.6 (September 29, 2006): A44.

这篇文章提供了关于 MBA 项目中作弊现象的一些数据。

McKeachie, Wilbert, and Marilla Svinicki. *McKeachie's Teaching Tips: Strategies, Research, and Theory for College and University Teachers*, 12th ed. Boston: Houghton Mifflin, 2006.

该书在"应该怎样应对作弊行为?"一章中,谈论了学术诚信的问题(第 112～122 页)。

McKinney, Mary. "What's Your Name Again?" *Inside Higher Ed*, February 13, 2006. http://www.insidehighered.com/workplace/2006/02/13/mckinney, January 24, 2007.

这本书收集了大量记忆学生名字的方法。记住学生的名字,学生就不会觉得老师不认识他了。

Thompson, Michael. "Hidden in Plain Sight." *The Chronicle of Higher Education*, 52.15 (December 2, 2005): B5.

这就是那篇博士生写的对他剽窃行为的自白。

第十周
课堂外寻求平衡

214 　　大部分新教师都是从秋季学期开始教课的,如果你也是这样的话,那么第十周的到来就意味着,你离感恩节仅几周之遥了。也许你正扳着手指急切期待着假期的到来,因为在假期里,你不仅有几天的时间可以从课堂中解脱出来,还可趁此机会处理过去两个月堆积下来的生活琐事。当你那些在公司上班的朋友们憧憬着要在感恩节吃喝玩乐,看足球赛,去旅行或购物的时候,你却是在苦心筹划着批改成堆的论文、打扫屋子、给车子换润滑油或预约牙医。唉,你可真"幸运"啊!

　　为什么放假了还要做这些苦差事呢?那是因为你会发现第一学期的教学让你不得不全神贯注,尤其是当你正处于终身教职考核期,要拼尽全力表现自己的时候。但是,即便你还只是一个研究生或教学助理,只需要教一两门课程,你仍然会发现在第一学期,有关教课的顾虑和想法会强行进入你的大脑和肌肉,将其他的所有事情都从你的身体里排挤出去。说到底,教书就是做公众演说。无论你之前有过多少次经历,每做一次新的演说都需要准备和花费精力,而且

215 对我们大多数人来说还会引起焦虑。作为教师,每个星期通常要做几次演讲,这足以使你一门心思投入到教学中,而把其他的事情放诸脑后,包括那些不太会引起不安的事情(比如读一些对你写论文有帮助的文章,给车子换换油,邀另一半出去共进晚餐等等),或者那些没有限定截止日期的事情(一个学期中常有一连串的最后期限让人喘不过气,比如备周一的课,批改周二要讲解的测验,为周三的课写作业单等等)。罗伯特·博伊斯(Robert Boice)用过去20年的时间做了一个长期的调查,为的是研究大学教师如何适应他们的角色和职责。研究的最后,他给出一个精辟的总结,恰好印证了上面所述种种:"以我20年的观察得知,对新教师来讲,最大的痛苦皆源于上课这件事情。"

　　即使像这本书一样具体和精彩至极的教学指南,也无法让你在第一学期少受点罪,或者无法让你不抱怨教学是如何蛮横地霸占了你的生活。当然,经过

几个学期之后，生活的其他部分会慢慢地回到你的头脑中，你几乎可以回归到在教书之前所过的生活，这是一个莫大的安慰。在我接受教职考核的第一个学期，我曾对资历稍高于我的同事说，备课似乎搜刮了我课外的每一分每一秒。

"一个小时，"他说，"我只花一个小时准备一堂课。一小时结束，我就准备完了。"

我听得目瞪口呆，想到自己备一节课好像要花上几个小时，就感到万分窘迫。难道我是个十足的笨蛋吗？我不排除这种可能性。但是，最主要的原因也许是我还处在教师生涯的第一个学期，而他已经是在第三个学期了，你无法想象多两年的教学经验会带来何其大的变化。

那么怎样克服第一学期遇到的这个问题呢，如何才能保护你生活中与教学无关的那些时间不被占用呢？如果你能给我一个完美的答案，那么你自己就可以写一本教学指南了。关于这个问题，我能给你的最好建议就是提前准备，在学期开始之前把一些生活琐事处理妥当，并且收拾起那些要在第一学期大手搞研究或写论文的雄心壮志。当然，你也不能把那些志向一概抛弃，尤其当你在一个研究所接受终身任职考查的时候。你可以为自己设立一些适中的目标，并只准备实现它们中的几个（后面还会提到这一点）。

究竟怎样才能在第一年管理和协调好任教生活的各个部分呢？为了不让你在这个问题上感觉摸不着头脑，我就把自己收集到的一些小窍门倾囊相赠吧。当然，与全职教师相比，研究生在课堂外会遇到完全不同的一系列问题，而教学助理或博士后又会面临全职教师和研究生不会碰到的特殊障碍。下面我要谈的是与这四个类型的新教师都相关的几个方面。

教学：控制备课时间

从经营人生的角度来讲，教学的最大问题来自备课的时间。当然评分、上课也需要时间，但是与为备课留出来的时间相比，那些时间都有非常明确的界限。尤其当你对课堂上的实际教学状况焦虑不安时，如果不加以控制，那么备课这件事情简直可以见缝插针，夺去你所有的时间。博伊斯曾研究过有助于新老师在第一年取得成功的特质和行为（以及那些导致失败的特质）。在研究对象中，博伊斯提到这样一个教师，他每周要花30个小时为两门本科生的概况课程备课。而且他深信，要是有更多的时间用来备课，他可以教得更好（p.57）。约翰·P. 默里（John P. Murray）也曾研究过新教师如何适应他们的角色，他说他的研究对象中有一个新教师每周用于备课的时间高达50个小时（p.8）。显然，每周花那么多时间备课必定意味着剩下的时间少得可怜，不够你去履行其他的学术职责，包括公共服务和写论文，更别提那些要生存和过正常生活所必须做的其他什么事情了。

我不建议大家学习那位资历稍高于我的同事，他通常只在临近上课前，最多花一个小时备课。相比较而言，我更赞同博伊斯的建议，将备课的时间控制在一个适中的范围内，他称之为"nihil nimus"，这是一个拉丁格言，意思是"凡事莫要过头"（这与我父亲老挂在嘴上的格言刚好互补，"凡事中庸而行"）。博伊斯认为，很多新老师会犯同一个错误，那就是企图在他们的日程表上找到大块的不间断的时间用来备课，最后常常灰心丧气，原因不外乎两个：他们无法找到这样大块的时间，尤其是在终身教职考核的第一年；或者确实能找到这样的时间，但是当他们坐下来的时候却发现根本无法完成那么多事，最后把这些宝贵的时间白白浪费掉了。博伊斯接着指出，成功的新教师在备课方面有不同的习惯：他们会采取有效等待的策略。这个策略由三个阶段组成：首先，在离实际上课还很久的时候，他们会利用一些哪怕只是很短暂、很分散的时间为备课做初步的笔记。接着，在别人觉得可以动手之前，比如读完最后一篇文章，又或者在头脑中形成一个完整的想法之前，他们已经开始了备课的过程。最后，在一段更长的时间内，他们定期地抽出小部分时间去准备，而不是干等着，把备课的事情一股脑地留到上课之前的某大块时间里。与单独划出一块时间用于备课相比，这种方式意味着在连续很长的日子里，你的头脑里想的都是这一节课的准备工作，这是千真万确的。但是博伊斯的建议也意味着，在做其他事情的时候，备课工作可以在脑海里慢慢酝酿，你可以在几天中利用几个简短的时间段将一个成功的教案整理出来，而这些时间全部加起来也不过一到两个小时的集中工作时间。

在他的书中，博伊斯列举了很多成功的新教师所共有的其他工作习惯，同时还提出了一些有关做研究和履行公共服务义务方面的建议（他用大量的篇幅鼓励他的读者们放慢速度，耐心等待——从来没有一个人如此频繁地告诉我要停下来喘口气）。在我终身教职考核的第一年，我还不知道他的研究和建议，备课时，我更像他所描述的那些失败的老师那样，而不是很快上手的老师。在之后的几年时间里，我开始把他所说的这些习惯当作纯粹的生存策略来实践，因为那个时候，我一个人一个学期要教三四门课，每周又得抽时间在家里陪伴还没到上学年龄的孩子们，根本没有什么大块连续的时间。如果我要备课或写论文，或完成会议结束后带回家的服务工作，唯一的办法就是把备课的时间填塞到每天一小块一小块倏忽即逝的时间中去。因此，我的个人经历又再次验证了博伊斯的研究结果，可以说与之前不断寻找所谓的理想工作条件（大段的、安静的、连续的时间）相比，我现在的备课工作变得高效多了。

那么，在实际操作中，这两种不同的备课方式会带来什么不同结果呢？打个比方，周一上午11点你要上一门讲座课程，讲课内容是关于学科领域中的一个调查，在课上你至少得用一部分时间展示相关资料、观点或理论，当然了，按照这本书的建议，你同时要在这节课中融入一些互动的环节。另外，课前，学生要完成相应的阅读任务，而阅读材料你已经看过，只是上课前还需要再回顾一下。周五下午，你完成了一周的工作任务，只是还没有读完那些材料。第二天就是周末，你决定到时再备课。周五晚上，你的脑子已经榨干了，根本无法工作。周六，厨房的水槽堵住了，结果你花了整整一天的时间来清理。周日，一个朋友邀你去邻近大都市的一个博物馆参观，你实在无法抗拒这样的机会。在整个的"放松"过程中，你一直隐隐担忧着周一的课。周日晚上终于读完了课上要讲的材料，周一早上8点，你一迈进办公室，便开始着手备课。但通常情况是，你有30封邮件要查收，其间还有两个学生去办公时间找你咨询，所以，越临近上课，你就越感到要赶紧将讲课内容写下来，也就更加无法集中精力。结果，你写了一份平淡无奇的讲稿，只在下课前留了一些提问的时间与学生互动。这就是博伊斯所描述的失败的新教师常走的模式。

更接近博伊斯主张的模式，也许是这样的。周五，在离校前的15分钟，你回顾了一下教学大纲，提醒自己周一要讲的内容以及它与课程之间的联系。回家后，你在电脑上为周一的讲座创建了一个文档，写下三个需要讲解的主要问题，每个问题用一两句话记下就可以了。周六，在清理厨房水槽的排水管时，你可以间或回到电脑上，把突然想起来的需要讲解的另外两个问题加上去。此外，你还想到下课前可以做一个有趣的练习，把这个想法也记下来。在博物馆的时候，你发现有一个展览品完美地阐释了其中的一个问题；回来后，在网上找到这个展览品的有关资料，并把网站链接保存在文档中，以便讲座时使用。现在你的头脑中已经形成了讲座的大致结构，周日晚上的阅读也变得更有效率——阅读过程中，你能判断出哪些语句和事例切合讲座主题，就把这些重要内容标记出来。周一早上到学校之后，你要做的就是让"火车"沿着已经铺好的轨道前进，把所有零碎部分放到合适的位置，最后定型——这些事情在你回邮件和与学生交谈的空档就能做完。

对于这两种截然不同的备课方式，我觉得有两点值得一提：首先，缓慢的渐次的备课过程可以让你有更多的时间去发现现实生活中的例子或有趣的阐释方式，然后将它们渗入你的教学中。如果你在上课前一个小时才坐下来，绞尽脑汁想要找到与那五个问题相匹配的现实例子，最后往往不能如你所愿。但是如果三天前你就将这五个问题放进脑海里，接下来的三天里哪怕什么也不做，你也至少能想到几个例子，并且这些例子会比你在一个小时内搜索枯肠得来的好得多，也周密得多。其次，虽然博伊斯的备课风格似乎有一个弊端，它会让你整天想着上课的事情，但这也好过另一种情况，那就是什么也不做，但是整个周末你都为周一的讲座忧心忡忡。特别是在教书的第一年，几乎上课之前你都会感到坐立不安，与其这样，不如将焦虑的时间用来考虑如何备课，这么一来，还能把你的工作做好。至今我仍然会在上课前给自己留出至少一个小时的时间完成准备工作，但是近来我已经很擅长"脑海备课术"了，经常可以在10～15分钟之内就整理好教案，然后用剩下的时间来处理我常竭力推掉的行政工作，或者在走廊上与同事谈论波士顿红袜队的事。

当然，这种工作方式也许与你的个性不相称。我知道很多人，大部分是学生，也包括一些同事，他们认为在最后期限迫近的时候，在有压力的情况下他们会做得更好。我个人是这么理解的，压力和最后期限当然能帮助人们赶出一篇极好的论文或讲座初稿，但是如果能花几天的时间去细细斟酌总会让你得到一篇更好的论文或讲稿。不管你是否采用博伊斯推荐的备课方式，最重要的是必须找到控制备课时间的方法。我之前已经提到过，可以允许的最长备课时间，粗略来讲应该是教室里一个小时，教室外两个小时。如果你采用的是缓慢的渐次的备课方法，那么想要划出明确的时间界限就比较困难，因为准备的时间都分散在几天里了，但是这种方式的高效性可以让你轻而易举地把备课时间控制在期望的范围之内。

做研究与写论文：寻找时间空隙

也许你已经猜到了，博伊斯建议用与备课一样的方式来做研究和写论文。在我看来，这是一个很中肯的建议。现在我们不如把博伊斯先放一边，谈一谈杰伊·帕日尼在2005年4月份发表在《美国高等教育纪事》上的一篇文章，题为"每天两页的惊人满足感"（The Considerable Satisfaction of Two Pages a Day）。帕日尼在大学里任教已有三十年之久，也是一个极为多产的作家。他的名字出现在几十本书的封面上，包括几卷诗歌、小说、传记，以及他独立编辑或与别人合作编辑的选集。他还定期为《美国高等教育纪事》写一些有关教育和写作生活的文章，甚至还专门写了一本教学方面的书。一个在这么多领域都著作颇丰的人，很难让人相信他还不能以此过上安乐的生活，但是他曾不止一次写到，他需要用一个学术计划来保持自己的积极性和一直工作的状态。

那么他是如何把所有事情都做好的呢？文章的题目已经告诉我们答案了：帕日尼给自己定了一个规矩，不管写什么体裁的稿子，每天都要写两页纸。他说，每天写两页纸，一年就可以写完一本很长的书。他并没有十分严苛地逼自己执行这个计划:"在这件事情上我并不是神经质的。有时候我根本不想写,但是我还是冲着两页的目标去做,结果常常都能写完。"(p. B5)早上,他会坐在当地的一个小餐馆里写东西。他解释说,一周中只有那么几个早上可以这样悠闲。在教书的第一年,这样的早晨几乎是奢谈,尤其当你要批改一堆论文和试卷,或者又要为一节课做最后准备的时候。帕日尼把曾在学术上指导过他的一位学者和教授当作学习的榜样,这位教授在处理繁冗的行政事务的同时,还取得了著作等身的成就。有一次帕日尼向他请教提高效率的窍门,那位学者是这样回答的(简直像是出自博伊斯之口):"我知道怎么利用一天中零星出现的那大约20分钟的时间间隙。"(p. B5)帕日尼接着说道,除了早上在小餐馆的例行工作时间之外,他也学会了如何将这样的20分钟都利用起来。

当我说我的大部分文章都是按照帕日尼的模式写出来的,一些人会不以为然,声称与我的写作相比,他们的工作是需要更为艰巨的研究、资料收集和分析。我最开始的那两本书是在教职考核的头四年写出来的,都是创作性的纪事录,的确不需要很多常规研究。一些人会告诉我,写学术类的文章需要大块的时间复习笔记,制定计划,做好准备,最后才动手写作,而对于理工科的科学家或社会科学家来言,则需要有充足的时间待在实验室或进行实地考察。这话听起来是有点道理,但是我想顺便提一下,我曾按照帕日尼的模式写过一篇学术论文,帕日尼自己也曾用这样的方法写过几本传记,而传记显然需要进行常规研究。我还是就反对的声音再做两点回应:

首先,在全职任教的第一年(或者即使你只是作为教学助理或研究生负责几门课程的教学),一学期中你不会有大块的连续时间。这一点是确定无疑的。也许假期的时候,会有这样的时间,但是到了那时候你又想做点其他的事情,比如睡觉,读几本不费劲的小说,看完之前错过的《迷失》(*Lost*)剧集,又或者再次增进自己与另一半和孩子们的关系。在我教职考核期间,每一个新教师都会雄心勃勃地对我说,他们要趁着假期做研究写论文;但每次放假归来,当我问起他们的研究进展时,他们总会局促不安,找借口解释为什么他们离预期的目标还差一点。默里的研究对象们也表达了各种期望,比如其中一人就这样说:"我希望在暑假的时候写两篇文章。"而另一个又哀叹道:"一个学期的时间几乎都用在教学上了,暑假里我一定要做做研究。"(p.13)然而,默里指出,比起那些指望在假期里做研究的人,从一开始就能同时兼顾教学和学术研究的新教师更可能在职业发展上取得成功。

其次,完成一个学术著作要经历几个阶段,包括挖掘材料或在实验室埋头苦干,做文献综述,记笔记,写大纲,打草稿和修改。你会发现,这样的阶段性工作使得学术写作与创造性写作一样适合用小段的时间逐次完成。星期二吃完午饭后,你就有15分钟的空余时间,也许时间是少了点,只够你读一篇将来可能用得着的文章,或者把可以引用到你书中某个章节的句子在电脑上记下来,保存为一个新的文档。即使你仍坚持认为写学术著作的初稿需要有大块的时间,打算等假期的时候再动笔,你还是可以利用一周中的零散时间,尽量为最后的写作多做些准备。每一个高校的新教师都会被逼得笔耕不辍——课程论文、专题论文、为改善工作和任期前景而写的书或文章。如果你也是他们中的一员,不妨试试帕日尼详细阐述的这种做研究和写东西的方法(博伊斯和默里又为这种方法提供了更多的研究支持),你会受益良多。在教学生涯的第一个学期,尽量把期望放得低一些,在以后的时间里慢慢升高,直到你在教学和研究两者间找到正确的平衡点。

公共服务:着眼于你的义务

与其他的事情相比,公共服务更加取决于个人的情况(终身教师、教学助理和研究生的情况各不相同),但是,每个人都要履行某些服务义务,还可能因为参加了一些活动而得到好处。公共服务这项要求总是出乎新教师的意料,而且这些工作常莫名其妙地占用一大堆时间,容易引起新教师的不满和抵触。在写教职考核第一年的纪事录时,我回顾了一下,拿出那年的日程表翻了翻,想要计算第一学期的时候在会议和讲座上耗费的时间有多少。结果,我发现自己大大小小总共参加了二十多个活动(这些活动不是必须参加,就是强烈鼓励参加),活动持续时间短则一个小时,长则半天。这还没算上做其他相关事情的时间,比如为会议做准备,跟进会议上分配的任务,又或者处理其他诸如写推荐信、接受学生有关课程选择的咨询等事务。一般来讲,正接受终身教职考核的教师比研究生或教学助理要履行更多的服务义务,而且服务表现还可能与教职考核挂钩。尤其是在某些大学,在进行教职考核时对教师学术成果的要求并不是很高,但是特别看重公共服务这一块的表现。对于研究生和教学助理来说,公共服务大多出于自愿,但是有时候新教师看似是自愿参加,实则是授命于系主任或资深教师。

这一节的建议适用于所有的新教师,无论你现在是什么职位。如果研究生想去某些学校谋教职,那么参加公共服务的经历可以给你增添成功的砝码。如果你要申请去一所常春藤盟学任教,那么协助组织过一次研究生会议的经历也许并不会为你的申请起到什么作用,但是如果你申请的是一个社区学院或小型的文学院,那么有没有这个经历就大不一样了,因为这些学校在招新教师的时候十分看重教学和公共服务方面的经历。招聘人员会关心应聘者除了听课和泡图书馆之外,对所在的学院或大学是否有自己的想法并很感兴趣。而对大多数教学助理来讲,最大的问题就是他们总感觉自己不像全职教师那样受到欢迎。主动参加一两个服务活动,非常有助于他们融入系里,或者认识其他教师,继而打破很多教学助理即使在自己的系里也常遭遇到的孤立感。

无论你是哪一类的新教师,我建议你在教书的第一年用一个很简单的策略:找准一个服务机会,让它变成你的专利——把你的名字贴上去,好好地去做,然后用它来婉拒其他的服务要求。这样的机会可以是加入某个委员会,承担起成员应尽的职责,也可以是为一个学生刊物或活动当顾问(比如学术报告会),甚至可以另起炉灶,在你新入职的时候提议一个全新的活动或想法。要是你在研究生院里留意观察一段时间,就会慢慢了解课堂之外可以举行哪些学术活动或项目。想一想你的学校还没有举行过哪些活动或节目,挑一个向你的系主任或院长建议。这样一来,就不用担心还有其他的工作找上门,苦恼不知该如何拒绝了,并且你还可以借此活动来建立人际关系网,稳固自己在学校中的位置。特别是研究生或教学助理,如果你能提议和发展新的活动、想法或系列节目,甚至只是在一个常务委员会或项目里帮一下手,就能在学校站住脚,全职教师通常也会对你的工作感激涕零。

如果你刚刚开始终身教职的考核,那么即使你已经提出了一个新的想法,也很可能无法推掉为某些委员会服务的工作。大学里的不同层级,从系级到院级,都会组织各种委员会,多得足够让每一个教师都能定期地掺和进去。你得稍微打听一下,弄明白一些问题的细节,比如不同的委员会要求多久聚一次,它们各自的工作内容是什么,对服务时间又有什么要求。资历较高的教师通常已经参加过好几个委员会,如果你能结识他们中值得信任的一个,那么他会帮你对不同委员会的工作作出实际的评价。一番侦查之后,你就可以答应下来,加入一个任务不那么烦琐的委员会。如果你成了某个委员会的成员,同时又为系里或学校组织新的活动,你就可以利用这两件事情来恳求免除其他的服务要求了。如果一个新教师已身负两项明确的服务工作,并且彬彬有礼地请求是否可以暂时不揽下其他服务任务时,没有哪个有经验的且神志清醒的教师会对他横加指责。在这种事情上要讲究策略,如果有新的任务要你去做,那么你可以解释自己已经承担了一些事务,这件事是否可以让你明年再帮手(在第一年和第二年的中间,你又得多锻炼脱身的技巧)。

在学术政治中生存

最后,在第一年的时候,你还需要磨练自己的生存技能,即弄清楚如何成功地处理与系主任（也可能是院长）、同事之间的关系，怎么通过教学评估，以及如何面对其他各种各样棘手的局面和难以应付的人物。在做这些事情的时候，不会有任何正式或非正式的东西可以让你得知自己目前的形势如何。虽然第一年的时候我也很讨厌所谓的新教师支持组或理疗组，但是回想起来，这样的组织也不是那么糟糕。从事学术工作的我们，除了开会和上课，通常是孤军奋战，就算在课堂上也可能感到寂寞无比。所以如果有一个机会，能让你把自己的经历与他人的经历作比较，或者提供信息帮助你挺过第一年的种种心理挑战，那么千万别错过了。

我不是一个治疗专家，通常不会向人建议放慢速度、进行呼吸练习之类的事情。这里我只谈两点建议：

首先，第一个学期的时候，将精力集中在收集信息上面。克里斯托弗·卢卡斯和约翰·默里合写了一本很实用的书《新教师指南》（*New Faculty: A Practical Guide for Academic Beginners*），其中指出在教学第一年，尤其是在终身教职考核的第一年需要弄明白的四个问题：

（1）在正式的组织架构之外，院系及学校里真正的权利和威信掌控在哪些人手上？谁是权利经纪人，他们如何影响决策的制定？

（2）你的新同事对你有什么样的期待？有哪些正式或潜在的规则你需要遵守？

（3）有哪些学术政策和程序被认为是最重要或者最权威的？

（4）在教学、学术和公共服务方面，你所在的直接学术单位最看重的是什么？

这些都是比较敏感的问题，如果你能找到答案，那么就可以准备得更加充分，对德高望重的人鞠躬敬礼，而对其他人则可以结交为友或置之不理。要找到这些问题的答案，第一年就必须低下头，闭上嘴巴。参加会议时，只管竖起耳朵听讲，接收信息，不到万不得已的时候不要提问。不要在争论中选择站在任何一边。如果有人向你抱怨或说另外一个人的坏话、试图把你拉进他的阵营，你只管洗耳恭听，表示同情，除此之外，不要做其他任何事情。每件事情都有不同的侧面，在第一年的时候，不要仅看到事情的一个方面就深信不疑。尽量听得多一点，至少等到在系里工作了两年或三年之后再决定谁是值得信赖的，而谁是不能信赖的。笑对每个人，稍做攀谈，但不要对任何有关院系或人事的实质性问题发表意见。不管问题是什么，你都是"还在考虑之中"。

其次，与其他的新教师形成社交圈，即使只是每周一次约一个同事在咖啡馆互倒苦水、惺惺相惜也行。如果你正接受终身教职的考核，那么很可能跟同一批进来的其他新教师一起参加岗前培训。这是一个极好的机会，你可以把自己介绍给其他的新教师，为将来友好的邮件往来或结伴吃午餐打下基础。研究生们通常会共用一个办公室，还可能一起去听课，这些都是现成的彼此相熟的机会。研究助理在会面这一点上通常是最困难的。不过也没关系，在一个学术部门里最能制造社交机会的两样东西就是复印机和咖啡壶，所以试着去爱上咖啡吧，或者也可以养成给所有朋友寄连环信的习惯，这样就有很多借口在复印机旁边逗留了。有些院系和学校会设置一个辅助小组或网络来解决这些问题，提供社交的机会。如果是这样，那么就使用这样的网络去认识别人吧。

在这样的聚会上，不管你见的是别的研究生或是一个新接受教职考核的老师，不管你们喝的是咖啡还是红酒，你们之间的谈话都会沿袭一个历史悠久的传统，这个传统从一开始就支撑着老师们的灵魂：抱怨自己的学生。对话开始后的半个小时几乎都是发牢骚，之后，谈话内容才会变成最近在课堂上用了什么花样，哪些是奏效的，哪些是徒劳的，下一步又想尝试什么策略，为什么说它能（或者不能）起到作用，等等。我发现，跟一个同事就上课的事情谈论15分钟，比起一个小时死盯着电脑屏幕，更能提高备课的效率。所以，找机会与那些跟你坐同一条船的人聊聊吧，跟他们说说你初为人师的一些经历，把时间花在这上面最后你总会得到回报。你还会发现每个人听到的有关同事和院系情况的版本都略有不同，听取不同的版本并加以比较，比起自己一个人摸索拼凑更能让你对所处的工作环境形成一个完整的印象。

我知道也许对这一部分的观点你是持反对意见的，因为你可能并不是一个热衷社交的人，不擅长与人打交道。与其硬着头皮跟陌生人攀谈，还不如研究你的小白鼠们或者静静地坐下来品读诗歌。对此，我可以很坦白地讲，我完全同意你的看法。但是在大部分的学术环境中，一个人的职业评价都取决于他的同事，比如学院会举行内部投票，决定你是否能得到终身教职，所以你必须学会社交，至少得扮成一个正常的、友好的人，热情地与可能决定你生活的人交往，包括新同事以及学校内外的资深教师。不要再抱怨了，贴上一张笑脸，去复印机那闲聊一会吧。

参考书目

Boice, Robert. *Advice for New Faculty Members*：*Nihil Nimus*. Boston：Allyn and Bacon, 2000.

正如本章中提到的，我非常喜欢 Boice 的观点。在研究中，他对新教师进行长时间的跟踪采访，用大量的调查工作来支持自己的观点。但是，这本书在内容上略显累赘。其中第一章和第二章阐明了本书的基本观点,而在余下的章节中,作者谈论的是如何把这些观点运用到学术生活的各个方面。所以,你可以读一读前两章,剩下的就在实际教学中自己去体验吧。

Lang, James. *Life on the Tenure Track: Lessons from the First Year*. Baltimore: Johns Hopkins University Press, 2004.

本章提出的建议,很多都是我从自己在教职考核第一年的经历中体会到的。这本书按时间顺序记叙了我的这些经历。

Lucas, Christopher J., and John Murry. *New Faculty: A Practical Guide for Academic Beginners*. New York: Palgrave Macmillan, 2002.

大体上讲,这本指南给新教师提供的建议都很合理。

Murray, John P. "New Faculty's Perceptions of the Academic Work Life." Annual Meeting of the Association for the Study of Higher Education, Sacramento, Calif., November 16, 2000. *ERIC*. EBSCO. Assumption College Library, Worcester, Mass. December 14, 2006.

默里曾对新教师和他们在教职考核中的经历做了研究,这篇文章报告了研究结果。

Parini, Jay. "The Considerable Satisfaction of Two Pages a Day." *The Chronicle of Higher Education*, 51. 31 (April 8, 2005): B5.

帕日尼在《教学的艺术》(*The Art of Teaching*)一书中也提到过自己对"一天两页"策略的想法。

第十一周
重新激活课堂

一个学期进入到最后的三分之一时间时,你已经要走下斜坡了,这实在是一个振奋人心的消息。也许现在你正开始设想这个学期应该怎样收尾,怎么安排剩下的五个星期,以完成这个学期定下的所有目标。也许你们就要召开有关寒假的行政会议,你正在忙着做各种计划,想着要在假期里睡长长的午觉,随心所欲地看书(这两个活动我都强烈建议),这些想法都很好。

但是,有一点例外,就是在每个学期的这个时候,我们大都开始感觉上课就是在教室里走走过场,每天都在秀着同一套老掉牙的教学技巧。而我们的学生们呢?期末临近,五门课最后都有一次期末作业或是考试,他们有点茫然不知所措,在课堂上显得无精打采,筋疲力尽。上课开始没多久之后,他们的目光就开始变得呆滞无神。一到学期的这个时候,我总感觉每次宣布上课流程,学生们就用一种冷酷的、怀疑的眼神看着我,好像心里正在嘀咕:"老兄,你的招数都用完了吗?"而我只能无奈地说:"是的,我已经江郎才尽了。"

如果一直按照这本书的建议在做,那么一个学期中学生们已领教了你不同的教学手段——讲座、讨论、小组互动,也许你还用上了在学期开始之前就想出来的有趣的课堂教学模式,并试验了好几次。但是,到了学期的这个时候,你已经展示完了你能想到的十八般武艺,又没有那么多精力可以一边履行好其他义务,一边还能花上大量时间构思绝妙的、富有启迪性的教学策略。坦白点讲,你甚至不能确信到现在为止所做的一切是否有效。达菲和琼斯把这个时期叫作"低潮期",并这样描述它:"当学期初高涨的热情渐渐消退,课堂里就隐约浮现出一种不满的情绪。教师们开始怀疑自己教学的有效性,而学生们感觉迷茫不知所措,质疑课程的实际应用价值。"(p.36)每个人都会经历学期中这个沉闷的时期,与教师的闲聊也像学生们在课堂上的反应一样无精打采,毫无趣味,聊的话题也主要是对学生、教学量、系主任或是生活各个方面的不满。

我不知道是否可以避免学期中出现的这些低潮期。一门大学课程就像一次马拉松比赛，每个马拉松运动员都会在比赛中出现疲惫期。但是对于低潮期的到来，我们可以提前做好心理上和教学上的准备。本章将重点谈谈后一种准备。心理上来讲，唯一的准备就是认识到这个时期必定会到来，也终究会结束，它的出现是一种正常现象。当期末逼近时，你会发现自己的能量开始恢复了，就像学生们在临近下课时因兴奋而注意力得到恢复一样。不要因为这一段低潮期的出现而怀疑自己从事的这份职业，或者怀疑你所做的事情的效果。如果你确实产生了这样的想法，那么尽量抑制它们，告诉自己等学期结束可以缓口气的时候再去理会这些想法，而到了那个时候它们可能早就消散了。

教学上，摆脱低潮期的最好方法就是在课堂上尝试新的东西。试试完全不同的方法，或是做一些你不确定会有效果的事情，但必须是出乎学生意料的，使他们能从一个全新的角度思考和看待这门课程及其内容。新的尝试不一定要有一大堆的提前计划，它可能只需占用一堂或两堂课的时间，不需要重新规划整个课程结构。每个学期我都会进行两三次我喜欢的新尝试，对此学生们的反应总是颇为热烈，因此每每在课堂上引入这些活动时我都非常兴奋。但是我会尽量地把它们拖到学期的后半段时间，因为我知道这个时候我需要它们来重新振作日渐萎靡的课堂气氛。

当然，要构想出试验性的教学方法，说起来容易，做起来就难了。因为低潮期的一个重要特点就是你已心力交瘁，不愿意再开展什么创造性思维。所以，在开学之前以及整个学期过程中，你都要同时站在教师和学习者的角度去了解情况，保持新鲜感，为这些试验性教学方法的实施做好准备工作。因此，我把这一章分成了两个部分：第一个部分是五种尝试，介绍了简单的试验性教学方法，大多数科目的教师在这个时期都可以试试；第二个部分描述了一些活动，它们可以帮助你在讲台上精神抖擞，观清形势，时刻准备着在最需要的时候实施新的教学策略。

不过看完下面描述的几种教学策略后，你可能会觉得它们不像期望的那么严肃，也没有紧扣教学内容。这也许是事实。但是我们之前已经达成共识，虽然课堂讨论和小组活动有时并不像讲课那样可以让学生学到很多新知识，但是至少可以给学生提供一个宝贵的机会，让他们去思考、写作以及表达他们对于所学内容的看法。同样，虽然这些新的尝试不像一般的教学方式那样给学生讲授课程内容，培养他们的思考能力，但是在重新激发学生的兴趣、吸引他们的注意力方面发挥着不可估量的作用，可以让学生在学期剩下的时间里把注意力放在你要教给他们的知识或要帮助他们养成的思考能力上来。上一两节这样的试验课，鼓舞起学生的士气之后，紧接着再上三四节传统课程，低潮期采取这样的做法比连续上六节机械倦怠、收效甚微的课效果要好得多。

五种尝试

制作海报

首先要说的是我为期中出现的低潮期准备的试验：我让学生们以小组为单位在纸板上剖析一篇文章或是阐释一个观点。这个策略具体如何操作还得看我教的是什么课。如果是文学课，我通常会在学习一篇小说时用上这个方法，最好是一部篇幅较长、复杂且需要深入阐明的小说。我会让学生把小说的主要情节直观地表达出来。如果小说的情节不需要如此细致解析的话，也可以让他们用曲线图、清单或图表等形式来比较和对比小说中的主人公。我还会让学生找出小说或诗歌中的意象和意象系统，解释它们之间存在何种联系，或者用同样的方式来处理文学体裁中的主要主题和次要主题之间的关系。学生们这些年做过的所有海报我都保留了下来，他们尝试了许多不同的视觉表现方式，让人惊叹。很多人在他们海报上加了额外的创意，用图表、卡通画或是描绘场景和人物的草图来装饰版面。最重要的一点是，这些图画让我肯定了这个策略作为低潮期终结者的威力。学生们在完成我布置的任务时是颇为享受的。而且，在做海报的过程中他们也一直在思考。我在之后的论文作业中发现学生们在剖析小说时采用了非常新颖的视角，他们告诉我其中的灵感来自制作海报这个活动，这下我就更加对这个策略的效果深信不疑了。

要实施这个策略，唯一需要的准备就是上课之前跑一趟书店，为学生们买足够多的纸板和记号笔（我通常让学生三人或四人组成一个小组），或者你也可以问一下你们的系秘书，看系里的办公室能否提供这些东西。当然，还得想好让学生们在纸板上画些什么，事实上，在上面画任何东西都可以。这种教学策略不是说学生们非得画出什么东西来，而是让他们直观地展示各种事物之间的关系，比如人物、书籍、想法、地方、时间、论点、理论、问题、做作业或写论文的策略等等。就算只是在纸板的中间画一条线，将版面一分为二，列出对比的项目，这样也可以。制作海报可以强迫学生们以全新的目光来审视所学的材料，而且常常能为老师透露一些信息，这一点我已有感受。起初，因为这种活动对学生们来讲是陌生的，他们中的大部分人会觉得活动规则很让人费解。要解决这个问题，你可以想一两个组织海报的方式，然后在讲解规则的时候作为例子放在黑板上，这样做很有帮助。但是注意不要用这些例子限制了学生们的思维，也不要给他们太多帮助。起步的时候，他们通常比较慢，但是最后，当灯泡闪亮的那一刻,他们就会恍然大悟,然后全身心投入到这个任务中去。这时,课堂气氛又与学期中的其他时候一样高涨了。

我的正式教案中通常会在下课前预留一些时间让学生们展示他们的海报,并进行讲解,但几乎每一次我们都没有多余的时间来做这些事情。这曾经让我很困扰,但是现在我已经想通了,这个练习最重要的是过程,而不是结果。有时候我会让学生们一直做到上课结束,然后叫他们下节课的时候把海报拿回来,放在教室四周供每个人在课前观看几分钟。我越是这么做,就越是淡化了最后结果的重要性。制作海报的过程中,学生们获得了最强烈的启发和体会,如果再从观看别人的作品中,得到任何其他的东西,那么这算是很好的额外收获了。

实地考察

教年满十八周岁的学生,最大的好处就是,在组织实地考察时,不用扛着30袋午餐和盒装饮料,也不用从他们父母那里得到活动许可证。要把所有学生带出课堂,去一个与课程内容相关的地方,或参加相关的活动,通常需要两节课的时间———一节课用来做实地考察(或者为避免占用正常上课时间,可以在正常课时之外组织这样的活动),还有一节课则用作实地考察之后的讨论。虽然耗时,但是这样的活动通常是值得的,它们能让学生认识到在课堂上所学到的知识和思维方法是如何在课堂之外的世界里运作的。让学生们亲眼看见所学课程与外部世界的联系,必然能激发或重新燃起他们的学习兴趣。

当然,这种教学性质的实地考察通常不会只是去当地博物馆,除非你是教艺术或历史的老师,那么参观当地的艺术或历史博物馆,讨论诸如历史学会和博物馆如何帮助我们认识过去之类的问题,都是非常有用的。在计划这类活动的时候得有点创意,可以先思考你所教的学科理论和内容在现实生活中的哪些地方如何运行,然后从这里入手组织实地考察。政治学家可以带学生参加一次市议会;西班牙语老师可以带学生游览当地的西班牙文化遗产中心;化学老师可以带学生参观当地的化工厂。也许得在社区里待上一两年,你才能发现有哪些地方可以去,也才有机会组织这样的活动。因此,在头两个学期要把眼睛睁大些,或多开口问问同事们。当然,实地考察并不一定要走出校园。我们学院的一个环境生物学家就曾带着学生们去校园里树木繁茂的地方考察;在教非小说类创造性写作这门课的时候,我也曾带着我的学生们去审视和描写校园里的各个角落和场所;神学家大可以组织学生去参观校园内的小教堂或宗教中心;而如果是土木工程师,则可以带领学生步行在校园里,专门观察校园里车道和人行道的布局。另外,你会发现你们学院一般的活动日程里塞满了各种讲座、阅读、表演和展览，设法把其中的一个活动融入你的课程计划中，然后围绕它安排上课内容。

在组织方面，对学生在校外的交通必须做到十二分的谨慎。也许学校可以借汽车给你们活动，但是根据我的经验，更安全简便的方式是让学生们自行安排交通，我也会鼓励他们尽量拼车。当然，活动之前，还需要咨询你们的系主任或校园律师（每个学院或大学都会有一个内部法律顾问），确认是否需要让学生在校外活动许可表上签名。你一定会发现总有一两个学生无法参加你在正常课时之外安排的任何活动。如果是这样，那么尽量给他们另外一种选择，可以让他们自己去参观一个地方，或者参加一个类似的讲座或活动，这样就能保证班级里每个学生都走出课堂，看到本学科在现实生活中应用的情形。

笔头接龙

第三个策略是笔头接龙，这是2006年秋季《美国高等教育纪事》的一个读者在邮件中跟我提到的，那一年的十月份专栏我就写了有关的文章。这个策略也切合本章的主题，有助于在期中的低潮期彻底改变课堂气氛。如果讨论课上，学生们的声音逐渐疲乏，或者一两个学生主导了整个讨论，而其他学生则袖手旁观，悠然自得，那么这个策略就可以在此时激发出更多的想法和声音。"笔头接龙"是由20世纪80年代的两个写作老师拉斯·亨特（Russ Hunt）和吉姆·鲁瑟（Jim Reither）发明的。在下面列出的参考书目中提到亨特的网站，你可以在这个网站上找到有关这个策略的所有信息。当然，跟任何流行的教学方法一样，在笔头接龙这个名字下面已有很多不同的变式，老师们在这个策略里加入了自己的个性和特色，从而变成了他们自己的东西。

那个读者名叫丹·克利里（Dan Cleary），他在罗雷恩县社区学院教英语。他向我建议的那个版本是这样操作的。上课一开始，丹就让学生们用五分钟的时间写下他们对于当天的讨论问题或主题的想法。这样的写作常被写作老师称为"自由写作"，也就是说学生想到哪写到哪，不会有任何人来评价或纠正他们写的东西。自由写作的功能就是激发想法和观点，因此对任何讨论来说都是一个非常好的起点。当学生们完成了五分钟的自由写作之后，他们就把自己的笔记本传给其他学生。每个人在看完别人传过来的笔记之后，再用五分钟的时间在这本笔记本上回应前一个同学的想法。这个过程可以循环几次，一直持续20或25分钟，学生们已经彼此之间展开了较长的对话，所有对话都记录在纸上。这个时候，他们已经做好了大声说出自己想法的准备。

丹指出，这个策略可以"鼓励每个学生，甚至那些羞怯腼腆的学生，参与到课堂'讨论'中来"。再者,写作的过程也有助于激发口头讨论:"做完这样的练习之后,在我的课堂上从来没有出现过讨论进行不下去的情况。"丹这样跟我说,"事实上,在看或听别人念写在笔记本上的话时,学生们常常捧腹大笑,或逗弄玩笑,或嗤之以鼻,或拍案叫绝。这能激发他们的兴趣,吸引他们的注意力。"这个策略让我最喜欢的地方就是每个人都参与到了练习之中,即使这种参与只是在纸上写。但是,只要让比较害羞的那部分学生照读笔记本上的某句话,别人写的句子也可以,就能保证每个学生都参加口头讨论。这个方法不管大班小班都适用。至于练习之后怎么操作要看班级的大小,但是自由写作和交换笔记本的方式是在任何课堂上都可以用到的。

模拟法庭

课堂跟现实生活中一样,人们总会对名人接受审判感兴趣。举行模拟法庭的活动是我读过也试验过的第四个策略。不管教什么课,只要通过创造性的思考,这个策略都可以应用到教学中去。比如,我会在课上让阿尔贝·加缪(Albert Camus)的小说《陌生人》(*The Stranger*)的主人公接受审判,简单地把学生们分入原告席和被告席,而我则扮演法官的角色。学生们是这个案子中的律师,一边是要推翻对主人公的指控而另一边则要求定罪。如果一部小说中,有一个人物牵涉法律纠纷,那么学习这部小说的时候就非常适合运用模拟法庭这个策略。最常见的是在历史课上让学生们审判有名的历史人物。西北大学的历史教授爱德华·缪尔(Edward Muir)曾在本科生课堂上用过这个策略,我最先就是从他那里听说有这种做法的。

审判有名的历史人物不需要太多计划,只需想出指控他们的罪名,并决定学生们要在课堂上扮演的角色。在我组织的那次审判上,我没有给被告说话的机会。事实上,被告这个角色对老师来说是很容易扮演的,因为老师对材料非常熟悉,比其他任何人都更能对学生提出的问题对答如流。当然,审判一定需要原告、被告的辩护律师、法官以及陪审团。可以把学生分成几个小组,每个小组的学生共同扮演一个角色,也可以让一部分学生组成小组扮演某些角色,而让剩下的几个学生每人独自承担一个角色。模拟法庭这个策略需要学生在课后准备和思考,整个活动可能需花费两到三节课的时间。如果你自己扮演了被告的角色,让两个小组的学生分别做起诉人和辩护人,剩下的学生则组成一个陪审团,这样一来,因为扮演的角色不同,学生们就得在不同的时间参与不同的活动。起诉人和辩护人需要提前一两节课准备法庭上的辩词,而陪审团则需要一节课就定罪进行辩论。可以根据班级的大小用不同的方式来组织审判。还可以布置一个书面作业，让学生们写出他们的裁决结果，如果判定被告有罪，那么再提供一个合适的量刑。

要尝试这种策略，不一定非得在历史和文学的课堂上。哲学家当中就有很多可以拿来审判或再审的人物，苏格拉底是最显而易见的例子，如果用汉纳·阿伦特（Hannah Arendt）的眼光来审判艾希曼（Eichmann）也会是一个很有意思的尝试。对学科中任何一个具有深远影响的思想家或人物进行审判，可以帮助学生理解学科是如何随着时间推移而演化的，举证和探究的标准又是如何变化的。神学家可以用各种罪名来指控上帝，经济学家可以审判卡尔·马克思（Karl Marx），心理学家则可以审判西格蒙德·弗洛伊德（Sigmund Freud），诸如此类，不一而足。审判对象不仅仅局限于单独的个人，还可以把你所在的领域中具有争议性的、引起业内人士在学术杂志上激烈辩论的一个理论或观点拿来审判，但这个理论或观点应该是学生可以理解和接受的。不管是上面的哪种情况，模拟法庭的活动都可以让学生更深刻地体会到在辩论中做到有据可依，提出并回答一个好问题，或懂得如何在双方都看似有理的情况下作出抉择的重要性。总的来说，模拟法庭可以促使学生从一个新的视角看待人物和问题，还能让每个人都以某种方式参与到课堂学习中来。

案例研究

对那些在商学院、法学院或其他一小部分特定领域中工作的同行们来讲，这个策略似乎并不新鲜了，但是它总能成功击溃沉闷的低潮期。案例研究是给学生提供一个真实生活中的问题情境，可以是发生了的，也可以是还没有发生的，让他们去了解问题，探索问题，并提出解决方法。理想的情况是，学生能够运用在课程中学到的知识和思维技巧来解决问题或对案例提出建议。哈佛商学院从20世纪早期就开始运用案例研究这个教学方法，并因此而声名大噪。他们用这个方法，最初仅仅是因为当时没有商业课程的教材，所以老师们就将真实的商业情境写下来供学生们学习。现在，除了很多其他的商业项目或课程依赖案例教学外，法律和教育等学科也经常使用这种方法。进行案例教学，最简单的做法就是写下一个情景（通常不要多于两页纸），在上课前发给学生们，然后引导他们展开讨论，或者让学生分成几个小组，以组为单位讨论案例情境并提出建议。（参考书目中所列的材料就如何写案例以及组织讨论提供了足够的建议和信息。）

跟模拟法庭一样，虽然案例研究特别适合且流行于某一个学科领域，但这并不表示它不能用于其他的学科教学。达菲和琼斯就举了一连串绝妙的例子来证明案例研究在其他学科中也可以得到很好的运用：

> 如果一门西班牙语课深陷在低潮期的泥淖中，可以讲一个这样的案例：一个笨手笨脚的旅客在马德里遭遇到陌生的习俗，又想在一个旅馆里安顿下来，这个案例自然能突出学习这个国家的风俗以及语言的重要性。如果一堂微积分课上，所有学生都在为一个曲面积分搔头抓耳，可以创设情景，假设一个具有代表性的学生也在尝试解决类似的问题，这样能使全班学生都掌握正确的解题方法。如果是一节伦理课，那么描述对求救声的三种不同反应，可以激发出关于责任的激烈讨论。（p. 191）

我非常喜欢让学生们自己就所学内容设计一个教案，这样就可以让他们从教师的角度去思考如何创造性地把同样的知识教给高中生或小学生。第一个学期，你一定会发现教学让你从一个全新的视角更深刻地认识和看待你所教的学科。所以学生在这样的案例研究中，通过扮演教师的角色，也分享到了你的一些感受和体验。你也可以借此坦诚地跟学生讨论低潮期的问题，并向他们征集意见，如何才能把下一堂课拉出低潮期，也顺便把你自己从里面拉出来。

三条策略

重返学生角色

在刚开始教书的头两个学期，新教师一般没有时间做这件事情，但是一旦挨过了第一年，你就可以考虑修一门课程。要想得到教学上的新见解，最好的办法就是重新回到学生的位置，用一个更内行更有见识的眼光审视教师是如何上课的。我第一次见别人用这个策略还是在教学优化中心的时候，那时肯·贝恩跟我一起在中心做事，其间他就与他研究论文中提到的一个优秀教师结伴报了一门表演课。我还记得在临近课程结束的那段时间，他经常在办公室周边准备这门课要做的最后演讲——田纳西·威廉（Tennessee Williams）在某个剧本中的一段独白。达菲和琼斯在写书的准备阶段也经常互相听课，书中不少的宝贵见解就是他们从互相听课的经历中获得的（pp. 124 – 140）。

在大学教书的前六年，我修过潜水课、钢琴课，还在当地的博物馆学绘画。这三门课让我对教学有了新的认识，并意识到教学策略或教学习惯的重要性，这个重要性一直都被我忽略了。比如，潜水课让我更深刻地体会到，想要培养学生的某些技能，就得在上课时尽可能花时间让他们去训练那些技能，而不是整堂课都只是在灌输信息，这一点是极为重要的。潜水教练在课堂上教我们怎样清理潜水面罩，他这样做是有意义的，但是当我沉入水底，需要自己来清理面罩的时候，我发现这件事情比我预期的要复杂得多，我意识到需要更多的建议。从那以后，我就会在写作课上安排大量时间让学生在我的指引下进行随堂写作，而不再像以前那样只是跟他们讲授如何写作的技巧，然后打发他们回家自己完成写作任务。

找一件你一直想要学习或想做的事情，最好是一个与你所教的科目完全不同的领域，然后在你开始教书后的第一个或第二个暑假修一门相关的课程。上课时，仔细观察老师怎样安排课程教学，注意哪些教学策略有效而哪些没有效。这个经历不仅让我学到了具体的教学策略，而且还打开了我的思路，让我懂得如何把优秀的教学理念从一门学科转化到另一门学科上。比如，绘画课上用到的一个有趣的教学策略，如何把它改头换面，移用到当代英国小说的课堂上。这个策略激活了我在教学上的创造力，我用过的任何策略都不曾有这样的效果。

与时俱进

要做的事情很多，但是你只能完成其中的一小部分；在学术领域中，不断有新的研究成果，你得去看但又永远赶不上研究出新的速度。你已经有太多的东西要去读，所以，如果要求你了解教育理论方面的最新研究，似乎有些过分了。但是要想知道教育界或你所在领域的教学方面的新思想和新趋势，并不需要花费很多的时间和精力。首先，让我们尝试三个简单的方法。

（1）几乎每门学科都会有专门的杂志或杂志的一个版面集中探讨该门学科的教学问题，有些学科甚至拥有几本这样的杂志。你可能熟悉自己领域中的主要杂志，已经知道有哪些杂志讨论本学科的教学知识。如果没有的话，那么问问你的同行，或者找到你们学校图书馆负责这一领域书籍的管理员（在很多图书馆里，所有学科按相关性划分成几个区域，由具体管理员维护各个不同区域的书籍），问他是否知道你所在领域的这类杂志名字。之后，你可以自己订阅，或者让图书馆订购，然后趁每个暑期补补杂志上的知识。这些学科杂志通常会刊登很多讨论实用课堂策略的文章，你可以从中得到很多创新的、实验性的教学方法。

（2）如果只是想大概了解教育领域关注的话题以及这些话题与你作为新教师所面临的教学任务和挑战之间的联系，你可以浏览《美国高等教育纪事》上的职业版块（也可以免费在线阅读，网址是 http：//chronicle.com/jobs），你会发现一些专栏作家在上面对学术生活的方方面面都有发表评论，同样地，你还可以看到来自学术界各个领域的学者轮流以随笔的形式表达各自的想法。另一个在线资源"明日教授名录"（Tomorrow's Professor Listserv）对研究生和新教师特别有用，在上面每周都会登三篇从讨论教学和学术生活的新出版物或研究中摘取的文章。浏览网页（网址是 http：//sll.stanford.edu/projects/tomprof/new-tomprof/index.shtml），你就可以看到所有之前放上去的文章，有兴趣的话还可以在上面订阅。

（3）每年读一本关于教学的书。是的，你没看错，就是每年一本。去沙滩的时候记得带上它，一边沐浴温暖的阳光，倾听海浪的声音，一边遥想有关课堂的种种设想。在最后一个章节，我列出了五本个人最喜欢的讨论教学和学术生活的书，所以五年之内你的任务已经很明确了。到2013年的时候，我想你大概可以自己找这样的书了。赶快行动吧！

做一个包打听

看看你的同事们在课堂上做什么。整个职业生涯中，要想得到好的教学新思路，你的同事们是其中一个绝佳的资源。我就有一个同事，她对教学的想法我一直都很认同，而且她经常会在课堂上将自己的想法付诸实践。每当我对一个教学方法感到困惑的时候，我就会走去她的办公室，用15分钟跟她讨论我可以在课堂上做些什么，这样做往往比两个小时死盯着电脑屏幕，绞尽脑汁思考新点子要有效得多。几乎在所有院系的走廊上，在复印机和咖啡机旁，都会有人在闲聊教学上的事情，所以并不需要你精心策划这样的对话。尽可能融入这些闲谈中，大方地与同事们分享你正在做什么，并且对别人在做的事情表示出你的兴趣。

你也可以用几个不同的办法把"打听"这件事情做得正式一点。首先，很多大学都会有自己的教学优化中心，或者教学/学习中心，或其他名字差不多的机构。这些中心具有很多功能，但大部分都会组织教学讨论会，或者安排面向教师的讲座或研讨会。即使在我们学校，虽然没有这样的中心，我和我的几个同事们都会开展一年两次的教学讨论会，有兴趣者都可以参加。我们就是选择一个话题，然后大家一起讨论。即使讨论的话题或主讲人对目前的你来说不会有直接帮助，但也尽可能去试试。我个人参加这些活动的体会是，跟同事们坐在一起聊聊教学，哪怕只是在研讨会的提问环节或是开场讨论的短短时间内交流意见，都会带给我很多的启迪和收获。

其次，找一个跟你一样的新教师或是在你们系任教不久的教师，看是否可以跟他们互相听课。跟同事们聊怎样上课当然是非常棒的，但是没有什么比得上坐在其他教师的课堂上，观察他们如何开展课堂教学更直接的了，尤其是如果当天他们要试验某个有趣的教学方法，并邀请你去听课的话。当然，反过来也一样，如果有人坐在你的课堂里，看了你的新尝试之后给你反馈，那么你就会受益良多，要是你和那个观察者之间可以将自己的体会坦诚相告，效果就更好了。我在上面提到的那个我经常跟她讨论教学的同事，在她接受教职考核的前几年就常常用这个策略，她会去听我或系里其他教师的课，同时也邀请我们去听她的课。在这个过程中，我跟她一样学到了很多东西，真希望自己在头两年任教的时候也是这么做的。听其他学科教师的课同样有启发性，所以找合作伙伴时不要局限在自己的院系里。在整个学校范围内寻找跟你志同道合、关心教学、希望把课上好的人吧，向他建议互听对方的一两节课。不管怎样，你都会从这个过程中得到一些新的想法。

不论是在一个学期的教学过程中，还是随着教龄的不断增长，要保持新鲜感是很难的，但是保持新鲜感又是非常重要的。

我有个朋友，他的嗓音很棒，我曾经几次听他翻唱别人的歌曲。但是我第一次听他唱自己创作的、他自己非常喜欢的一首歌时，我被震撼了——我感觉到了他声音中的力量，这是我之前从没有过的感受。他非常钟爱那首歌，从他的表演中就可以看出来。我被深深地打动了。

对教学来讲也是同样的道理。要想糊弄出一个教案是容易的，要想学生从你机械的念稿讲课中学到很多东西也是有可能的。但是课堂真正的生命力和能量只有当你对自己所做的事情充满激情的时候才会爆发，而你是否有激情，学生们一清二楚。你的激情会提升学生们的能量水平，而学生们若是热情高涨，你又会更受鼓舞——这样的课，哪怕三十年之后，学生也会记得，也正是这样的上课体验会让你每年都乐意继续回到课堂上来。

参考书目

Barnes, Louis B., et al., eds. *Teaching and the Case Method: Text, Cases, and Methods.* Cambridge, Mass.: Harvard Business School Press, 1994.

本书以不同科目的教学为例，十分精彩地介绍了"案例研究"这个教学方法。

Duffy, Donna Killian, and Janet Wright Jones. "The Interim Weeks: Beating the Doldrums." In *Teaching Within the Rhythms of the Semester*, 159–198. San Francisco: Jossey-Bass, 1995.

书中的这部分节选探讨了期中几周的教学工作，以及如何在这段时间内保持学习的积极性和持续性。

Hunt, Russ. "What is Inkshedding?" http://www.stthomasu.ca/~hunt/dialogic/whatshed.htm, January 24, 2007.

在这篇文章中，Hunt 概述了这个教学策略，并清楚地解释了该策略的起源以及在课堂上的应用。

Lang, James. "Becoming a Learner Again." *The Chronicle of Higher Education*, 51.33 (April 22, 2005): C1.

——"Shaking Things Up." *The Chronicle of Higher Education*, 53.9 (November 11, 2006): C2.

我在《美国高等教育纪事》上发表的这两篇文章探讨了本章中提到的几个教学策略。

第十二周
常见问题

问题1：吉姆，你把一切都说得这么简单。如果按照你说的去做，我就真的可以在第一学期的教学中表现完美么？

回答：不，这是不可能的。学生是人，而人会做出什么事情，书是永远不能预言的。所以，在这个章节，我安排了提问环节，探讨老师与学生相处的过程中最常遇到的问题，并对新教师可能面对的其他一些共同问题提出我的建议。

问题2：如果学生在课堂上随意说话，大声哄笑，不时站起来又坐下去，对这样一些不良行为，我应该怎么处理呢？

回答：罗伯特·博伊斯在他的书中写道："对新教师来说，没有比遇到不守规矩不听讲的学生更刺激更头疼的事情了，而且新教师常会被安排去教一门学生人数众多的入门性课程，如果是这样的话，情况就会更加糟糕了。"（p.81）他的话千真万确。同样麻烦的是，随着笔记本电脑和无线网络课堂的普及，学生们在课堂上做的事情不再是做笔记，而是上网淘鞋子了（见下面的问题）。

这里有两点需要指出。首先，学生的不良行为通常是由讲台上教师的表现所导致的。如果学生在教师讲课时交头接耳、翻读学生报、发电子邮件，或是跟朋友在网上聊天，那么这个教师的课也许是无聊透顶的。如果学生在课堂讨论中扯开话题，谈天说地，那么也许是老师的问题不够有趣。把课上出彩是对付博伊斯所说的"学生不文明行为"的最好方法。他在这方面的研究表明，新教师遇到学生无礼行为的概率要远远高于那些已经有多年教学经验的优秀教师（pp.81-98）。幸运的是，你正在向优秀教师的方向发展。按照这本书的指引去做，加上为第一学期所做的其他准备，可以帮助你更好地应对课堂上的不良行为。

然而，跟其他人一样，学生有时候就是又笨又没礼貌，所以即使教师在教学上尽了最大的努力也往往无法消除这样的行为。哪些学生在课堂上上网也许无法得知，但是哪些学生捣蛋又爱吵则是显而易见的。当这样的行为发生的时候，你可以当众批评他们的行为，或者你也可以私底下找他们谈话。我个人不喜欢采用对抗性的手段，加上几十年的教学经验和抚养孩子的经验，我相信后面那种办法对纠正不良行为的效果更好。如果你能确认是哪些学生在你的课堂上捣乱（不管你如何定义"捣乱"这种行为），你可以在课后留下他们，告诉他们你期望学生在课堂上如何表现，而他们的行为让你和其他学生都难以集中精力上课等。如果你觉得必须严肃地狠狠训他们一顿，也可以让他们去办公室找你，在那里讨论。我还用过第三个办法，就是在给他们的论文写最后评语时加上一个附注。在附注中，评论他们的行为并让他们改正或者来办公室找我。以我的教学经验来看，私底下批评他们的行为总是奏效的。如果你已经这样做了，但还是得不到预期的结果，那么可以向系主任汇报情况。严重扰乱课堂、屡教不改的行为应该告知资历比较老的同事或者学生管理处的工作人员（他们可以帮助管理这个学生），那么将来你就不会因此而在教学评估中受到牵连。

问题3：学生带着各种设备来上课，如笔记本电脑、手机、平板电脑，或者其他所有你能想到的，简直应有尽有。只要我走到他们中间去，就能看到一半的学生正在下载歌曲或是跟他们的朋友们网聊。还有一些学生的手机会突然在上课时铃声大作。针对这些情况，我又应该怎么做呢？

回答：这也许是将来我们要面对的最烦人的问题，所以最好现在就开始考虑如何应对。我认为班级的大小不同，对策也应该不一样。在人数较少的班级里，比如只有20～30个学生甚至更少，那么你需要在教室里多走动。如果是那样的小班级，你自然要采用互动型的教学方法，这让你有机会走到学生中去，在整个教室范围内走动，让学生们知道你随时可能站在他们后面，看得到他们在桌上或笔记本电脑上做什么。不要把自己孤立在教室前面；应该掌控教室里的整个空间，让每个学生都感受到你的存在。当然，不是说你必须不停地走动，只要学生们意识到你在变换位置，就足以让他们把注意力集中在你交给他们的任务上了。

如果在大教室或演讲厅上课，还是可以采用上面的一些做法，只是情况会更加棘手。你有两种选择：忍受科技产品造成的一定程度的干扰，或者干脆禁止学生使用扰乱课堂秩序的科技产品，但这两种都不是理想的选择。即使你选择第一种做法，也不代表什么都不用做。至少，在学期开始的时候你应该谈谈课堂上科技产品的不合理使用问题，甚至在教学大纲中包含一个使用科技产品的警告，比如迈克尔·布吉加（Michael Bugeja）在《美国高等教育纪事》中刊登的有关文章这样写道：

如果你的手机在上课时响了，那么你必须完成以下两个任务之一：①在下课之前独自唱完一首歌，歌曲自选；②下一节课主持为时10分钟的课堂讨论，讨论题目在本节下课前决定。（如果几个同学同时违反课堂纪律，可以选择二重唱）（pp. C1, C4）

在教学大纲里包含这样一个警告，不管幽默与否，都可以让你趁机在上课时跟学生们讨论科技产品的使用问题，并且帮助那些认真的（也可能是一无所知的）学生明白如何在课堂上表现得体。

但是，如果你是在一个可以无线上网的大教室里上课，面对着如海的笔记本电脑，确定大部分学生并没有把你的妙语连珠听进去，那么不要犹豫，果断禁止在课堂上使用笔记本电脑，可以彻底拒绝笔记本电脑入内，也可以是在某段上课时间内禁止使用。宪法没有赋予学生在课堂上使用笔记本电脑的权利，所以你完全可以禁止他们这么做（当然你可以声明会对身患残疾的学生给予特殊安排）。不必为此感到内疚；在过去几百年中，学生们都是用笔和纸做笔记的，不用笔记本电脑绝对累不坏他们。稍微宽松一点的做法是，在课堂上进行某些特定活动时，比如让学生跟你一起看你在课前为他们搜集到的网页或节目，或与他们一起设计程序、解决问题时，允许甚至鼓励使用笔记本电脑，之后让他们关掉电脑，因为剩下的15分钟要总结这节课的主要内容。

记住，控制权在你手上。布吉加曾写文章讨论过课堂上科技产品的不合理使用问题，结尾处他这样总结道，"虽然现在的课堂上有很多科技产品的干扰，班级规模变大，预算变小，越来越少的同事可以得到终身教职，但是老师还是一样要为激发学生的学习热情负责。为了尽到责任，我们也许只能选择禁止在课堂上使用科技产品。"（p. C4）

问题4：学生们不来上课，或者上课迟到。我是应该对这群成年人的行为睁只眼闭只眼，还是说我应该态度强硬一点，每节课开始前进行一个小测验呢？

回答：2007年春天，一个网站（Insidehighered.com）上曾登过一篇文章，揭露大学课堂上可怜的出勤率，这篇文章引发了如潮般的回应，更验证了这个问题的严重性。文章提供了以下一些有关出勤率和上课迟到的数据：

2005年，加利福尼亚大学洛杉矶分校的高等教育研究所曾对本科大一新生做过研究，结果发现虽然大部分的学生每周花在课堂上的时间为11个小时或更多，但是33%的学生承认他们曾经逃课，63%的学生承认他们"偶尔"或"经常"上课迟到。一个类似的研究表明上课迟到的学生比例从1966年的48%上升到了 2006 年的 61%，可以说，这证实了学生普遍对课堂的日渐漠视。

冒着啰唆的嫌疑，我要重申一遍，最重要的原则是确保你所创造的课堂体验，是学生们无法通过抄写别人的课堂笔记或是听你的上课录音就可以得到的。也就是说，学生应该在你的课堂上扮演一个角色。如果给他们这样的角色，可以是通过课堂讨论、小组活动、随堂写作、问题解决等之类的方式，那么你就可以理直气壮地说课堂的成功取决于每个学生的在场，进而要求全部学生都按时上课。如果你只是站在讲台上，一个人滔滔不绝地讲 50 分钟，那么我也要站在那些迟到甚至逃课的学生这边了——为什么他们要来上课呢？他们完全可以舒舒服服地待在宿舍里，从其他什么地方拿到跟你所讲内容一样的资料，而且还更有效率呢。

只要你讲的课值得一听，而且上课的成功依赖于学生的参与，那么就应该对那些迟到或缺席的学生施以惩罚。可以采取任何惩罚的方式，只要你觉得合适：上课之前关上教室的门，每节课开始的时候进行小测验，当迟到的学生走进来的时候斥责他们，在课程最后给分时给那些缺课超过 3 次的学生扣分等等。参考网站 Insidehighered.com 上面的文章，尤其是文章下面的评论，你会得到更多对付这个问题的办法。

问题 5：我连记自己孩子的名字都有困难，一个班级有二三十甚至 40 个学生，让我每年记住几个班级学生的名字，那简直就是天方夜谭嘛。为简单起见，我能不能用别的方式来叫他们，比如说"戴红色棒球帽的""抄别人作业的""剃板刷头的"？

回答：我倒是真的认识一个老师，他就是用这种方法叫学生的，而且非常成功。在学期开始的时候，他会想到某个学生外貌或者行为举止上的一个特点，然后根据这个特点给学生取绰号，之后在课堂上就用这个绰号来叫这个学生。他之所以能成功，是因为他为人古怪又很幽默，他没有用过任何攻击性的或让人难堪的绰号（如"秃头"之类的绰号）。但是，用这种方式称呼学生，出错的概率很大，所以我并不推荐大家使用。

玛丽·麦金（Mary MacKinney）是一个临床心理医生，专为学术人士提供职业咨询。她曾为在线学术新闻网站 Insidehighered.com 写过一篇文章，其中谈到了十几种记忆学生名字的方法。这些方法值得我们借鉴，可在网上免费阅览（见参考书目）。其中第十二个方法是我最喜欢也是最简单的。每次有学生在课上提问或发言，就问她叫什么名字。然后想办法在你回答问题时重复这个名字——"这里简提出了一个很重要的问题"——如果在接下来的时间里再次提及那个问题或者你自己的回答,那么就可以又与她的名字联系起来:"大家应该还记得上个星期简就问过这个问题。"重复这个名字的次数越多,就越容易记住。这个技巧还有额外的好处,那就是强调学生在课堂上发言的重要性,让他们看到自己的想法是如何融入课堂或讨论的架构中去的。如果一个班有 50 个学生或者更多,那么显然你不需要记住每个人的名字,但是也不能全然不记。尽自己的能力去记,同时不要为记不全所有名字而烦恼。

问题 6:有个学生对我暗送秋波,或是约我出去喝咖啡。我觉得他/她很有吸引力,我们年龄也差不了几岁。我们现在可以约会吗,还是要等到学期结束的时候?我居然被自己的学生吸引了,我是不是太可怕了?

回答:如果在你的整个教师生涯中,从来没有对一个学生产生过好感,那么你应该去确认一下自己是否已像布鲁斯·威利斯(Bruce Willis)在电影《第六感》中扮演的人物一样化为了一丝游魂。不必因为被一个异性学生吸引而产生罪恶感;我们是有性别的动物,学生们也是,他们年轻,喜欢穿暴露的衣服来吸引其他同学——有时候我们可能会错意,掉入了本不是为我们准备的情网。但有时候这些网确实是为我们而设的,如果是这种情况,那就更麻烦了。

虽然对学生有好感无须感到内疚,但必须遵守一个明确的原则:不能跟任何学生发生亲密关系,包括你所在学校的研究生。不单单是自己班上的学生,你们学校其他班的学生也不行。即使你教过的那个学生已毕业好几年了,你们都不应该有亲密行为。你可能会问,这样的关系不合伦理道德吗?我想是的,原因可以有很多,但是善解人意的朋友可能会不同意。事实上,我这里的建议不是基于伦理道德的考虑,而是从实际出发。我以前就说过:"作为研究生、教学助理或是接受教职考核的老师,你的地位都是很脆弱的。不要做任何可能断送职业前途的事情——不管是在离开教室多远的地方,跟学生发生亲密行为都会危及你的事业。"也许你会觉得跟一个快毕业的高年级学生发生亲密行为并没有什么不对,但是你的同事们不会这么看,而你的职业前途正是掌握在这些人的手中。你会发现师生之间一旦发生亲密关系,消息会如何一夜之间在校园里不胫而走。像这样的谣言有可能在你剩下的职业旅程中与你形影相随。因此,不要放任自己对学生的性冲动,把那些情感升华到健康的活动中去,比如给内战雕像上上色,或是学着吹吹竖笛。

问题 7:要教实验课或在线课程的话,有没有什么特别的教学窍门是我需要知道的呢?

回答:关于这些特殊情境的教学,我查到的资料也都是基于已经提及的有关教学的基本信息和观点。也就是说,虽然这些教学情境与大班讲座课或者讨论课不一样,因为你得管理好技术部分,但是基本的原则是一样的。也就是说,在组织这类课堂时,还是需要按照一般教学情境所遵循的同一套理论,包括有关学生学习、作业的设计和反馈等的理论。

从某种程度上说,这两种特殊的教学情境可以提供学生更多与教师一对一交流(虽然并不一定是面对面交流)的机会,所以比起其他的教学模式来讲更为有效。虽然与一般的教学模式相比,这两种教学模式对教师的技术要求确实是不一样了,但是你应该在学生时代就对这些技术非常熟悉,毕竟,没有哪个教实验课的老师在学生时代不曾在实验室里泡很久的。此外,你还需要发挥创造力,思考怎样把优秀教学的基本原则移植到这些情境中去。要想在技术课程的教学方面得到更具体的帮助,或是获取其他的资源,可以从参考书目所列的麦吉奇的书开始,先读读他书中有关这些教学情境的章节。若要分得更细一点,那么在线教学的教师可以参考科河(Ko)和罗森(Rossen)的书,而在实验室上课的科学家则可以参考瑞克·雷斯(Rick Reis)的书,他的书不仅探讨教学而且还谈及科学领域的新教师在学术职业中可能遇到的具体问题。

问题8:每次做演讲,我都会怯场,所以一想到上第一堂课,我就紧张得要命。我怕到时自己的手会发抖,我可能会晕倒,或者心脏炸开,又或者发生类似可怕的事情,学生们就会瞧不起我了。

回答:在我的第一本书出版后,我接受了一个早间新闻节目的采访,这是我第一次参加这样的采访,因此我也非常紧张。后来有个办法帮了我的大忙,在此我想推荐给每个人:在你上第一节课的前一晚看看喜剧片《天才也疯狂》(*What About Bob*)吧。在这个片子中,比尔·默里(Bill Murray)扮演的角色可以说被所有你能想到的任何恐惧吓得不知所措。看着他一步一步蹒跚而行,终于在影片最后走向自信时,你的自信也会奇迹般地回来。

但是,如果这个策略对你来讲还不够用,那么最佳选择就是第一节课开始时放慢速度,使自己刚出现在整班学生面前时可以不用说太多话,或者是早点到教室,只需先见到一部分学生。你可能在这节课之前的几个月时间内,就已经在脑海中想象那一张张陌生的脸庞坐在你面前的场景,而你开口讲第一句话时就标志着长长一学期的旅程开始了。一想到那个时刻,你就会心惊胆战。那么,就努力消除这个时刻吧。你可以早点到达教室,在教室里走动,把课程大纲发给学生,通过点名来问候学生,以此消除学生给你的陌生感。或者更简单一点,在开始上课时把学生信息表发下去,让每个学生填写。还可以在上课一开始的时候安排小组活动,比如迈克尔·根纳特就推荐这样的活动形式:让学生们分组阅读教学大纲，并对此发问。这个练习所占用的 10～15 分钟时间，或是学生们填信息表的时间，可以让你调整好状态，更自如地开始第一天的教学工作，大大减少你的焦虑情绪。

问题 9：你一直让我向系主任咨询这咨询那，但是我发现我们的系主任是一个疯子/专门找我的茬儿/没有能力/是一个潜在的连环杀手，这是我通过一个同事/所有同事/我自己业余的侦探工作（我小时候读《百科先生布朗》（*Encyclopedia Brown*）谜案系列时知道了一些侦探技巧，后来就记住了）了解到的。

回答：这个情境产生的可能原因或应对的策略完全是多种多样的，所以，如果按照我所说的任何建议去做，都可能让情况更加糟糕。你只需记住下面这些一般原则：

（1）即使根据自己的观察或是你同事们一致认为，这个系主任是有问题，你也要切记：你手上没有权利。除非这个系主任做了什么违法的事情，或者接近违法的事情（比如不恰当的性评论或轻度性骚扰），如果没有的话，你就无法停止这个系主任正在做的事情，而且你还必须跟他/她搞好关系，否则你所有的课都会被安排在早上八点，还要在一个没有窗户的地下室里上课。想要拿到终身教职恐怕也悬了。庆幸的是，系主任常常来得快走得也快（在我们系，每隔三年我们就会选举出新的系主任或由上一届系主任连任），所以耐心等待、默默忍受是最好的办法。如果想征求建议和意见，又不想去找系主任，那你可以请教一个值得信赖的曾经当过系主任的资深教师。要是你在走廊上显出一副满脸愁云、可怜兮兮的样子，前系主任也许就会同情你。杰伊·帕日尼在《教学的艺术》一书中提到，如果你能结交已经退休的教师，那么他们也会成为你非常好的导师——这些教师在学校待了很多年，见多识广，智慧通达，却又不会插手你的教职考核结果（pp. 96-104）。

（2）如果一个人抱怨另外一个人，包括一个教师抱怨系主任，你不能相信这个人所说的关于他或另外一个人的任何事情了。因为据你所知，这个抱怨者是一个精神失常的连环杀手，而系主任已经用她所认为的最好方式来对待这个人了。所以，如果有一个心怀不满的教师喜欢向你抱怨系主任或者其他什么人，那么你就要当心了。你可以微笑、点头，但是不要对任何事情发表任何意见，直到你明白事情的真相。任何强迫你听他抱怨其他教师或任何事情的人，你都要尽可能地躲开（在生活中也是一样的道理）。

（3）如果你感觉整个系好像都在针对你，没有人公平对待你，而之前你也曾遭遇过这样的情况……那么，既然没人开口，就让我诚实一点跟你坦白吧。

朋友，问题也许是在你自己身上，不如彻底反省一下自己的性格吧。

问题10：吉姆，最后还有什么建议给我呢？

回答：有，擦护手霜。没有什么东西能像粉笔那样把你的手变干了，尤其是在冬天的时候。在书桌里放一些护手霜，有空就擦一点。如果我能按自己的建议去做，我相信我们的系助理会很高兴，因为那样我就用不着老是借用她的护手霜了。

问题11：这十个问题真的囊括了我可能在课堂上遇到的所有问题吗？

回答：是的。好吧，不是。俗话说，与其授人以鱼，不如授人以渔。在《美国高等教育纪事》的在线论坛（网址是 http://chronicle.com/forums）上，你可以得到或提供任何关于教学问题的建议。这是一个非常好的平台。尤其要看看"课堂"（In the Classroom）那一块的帖子，当然在其他版块中也可以看到有关教学的建议和讨论。跟世界上任何地方一样，这个论坛上也会出现一些傻瓜类的人物，但是也有很多内涵深厚、风趣幽默的人们发帖征求或是分享建议。你可能在课堂内外遇到的任何头疼问题，都可以在这里找到一个相关的帖子，或者你也可以自己开帖发起讨论。

参考书目

Boice, Robert. *Advice for New Faculty Members: Nihil Nimus.* Boston: Allyn and Bacon, 2000.

特别要看看这本书的第八章"改善学生的不良行为"。Boice 在这章中谈到自己在这个问题上的研究成果，提供了关于预防和回应学生不良行为的建议。

Bugeja, Michael J. "Distractions in the Wireless Classroom." *The Chronicle of Higher Education*, 53.21（January 26, 2007）: C1. http://chronicle.com/jobs/news/2007/01/2007012601c/careers.html, January 29, 2007.

这是一篇很有意思的文章，探讨了在可以无线上网的教室里学生使用网络的问题，其中还提供了如何应对这个问题的一些建议。文章可在线阅览。

Ko, Susan, and Steve Rossen. *Teaching Online: A Practical Guide*, 2nd ed. Boston: Houghton Mifflin, 2003.

这是一本有关在线教学的综合指南。

McKeachie, Wilbert, and Marilla Svinicki. *McKeachie's Teaching Tips: Strategies, Research, and Theory for College and University Teachers*, 12th ed. Boston: Houghton Mifflin, 2006.

重点看以下两章："实验课教学：保证积极的学习体验"（pp. 266–277）以及"远程教学"（pp. 288–297）。

McKinney, Mary. "What's Your Name Again?" *Inside Higher Ed*, February 13, 2006. http://www.insidehighered.com/workplace/2006/02/13/mckinney, January 3, 2007.

在麦金尼的文章下面，读者们就记住学生名字的重要性进行了有趣的讨论，还提出了其他记忆的方法。

Parini, Jay. *The Art of Teaching*. New York: Oxford University Press, 2005.

在这本书中，帕日尼非常明智地指出，我们应该尊敬已退休教师。

Powers, Elia. "The Elephant Not in the Room." *Insidehighered.com*, May 1, 2007. http://www.insidehighered.com/news/2007/05/01/absent.

这篇文章谈论了学生逃课和迟到的问题，激发了读者一连串的争论和建议。

Reis, Richard. *Tomorrow's Professor: Preparing for Careers in Science and Engineering*. New York: Wiley-IEEE Press, 1997.

这本准备指南针对的是科学领域的新教师。在之后的几年中赖斯又继续在《高等教育纪事》上开设专栏讨论这个话题，之后才创建了今天的专栏"明日教授名录"（Tomorrow's Professor Listserv）。

第十三周
教学评估

265 秋季学期的第13周是整个学年最好的一周：感恩节假期周。大多数学院和大学都会在这周的周二或周三下午停止上课，让每个人在学期末的最后冲刺前得到片刻的休息。但是你要做好准备，学生们可能会让这个休息变得没那么简单。他们会逃掉这周的最后一节课或是干脆哀求你这周的课都别上了。你不能迁就这些学生，当然，有时候我也会给那周来听课的学生一些奖励，比如提前下课或者给他们布置轻松的写作练习。虽然我不建议在感恩节放假前那个周三下午4点的课上安排一个大考试，我也同样不建议取消这节课或者满足学生想要延长假期的愿望。如果学校安排这天有课，那么你就应该上课。

但是，无论如何，这一周都会是短暂的，这就给你时间去展望学期末那可怕而神秘的一刻，形势逆转、轮到学生们对你评头论足的那个时刻：一年两次的教学评估。

教学评估表

266 让时间倒回去一点。在你教书的第一学期，最让人抓狂和焦虑的是，你不会得到有关自己教学工作的任何正式或非正式的反馈。系主任也许会找你谈话，聊聊之前她在你课堂上所见到的情况，建议怎样改进，但是这就是全部了（如果她的确找你谈话的话）。当然，要是学生们走进教室，也不关耳机，在接下去的整整50分钟时间里，恶狠狠地盯着你看，那么说明事情也许不如预期的那么好。但是像这样能明显看出学生满意与否的举动是不常有的。通常的情况是，你每天都看见学生们一如既往地认真听讲，但你却在心里嘀咕他们到底有没有学到什么东西，若有，是不是应该归功于你的教学工作。在其他行业，新雇员会收到一个定期的个人工作表现评估，帮助他们尽快走上正轨；但学术界则更喜欢让新教师在尽可能长的时间里自己摸着石头过河——那些能摸到对岸的人就是做教师的料了。

这听来似乎让人悲哀、惹人讨厌，但这个做法（基本上）是合理的。所以，除非你自己寻求额外的反馈（下面会谈到这点），否则第一学期你能得到的第一份关于教学的真实广泛的反馈，就会是学生在最后一两节课上填写的教学评估表。这些表格大多由两部分组成：第一部分是可用数字进行回答的问题（比如，学生用数字1～5表示程度，来评价你作为教师在各个方面的能力）；第二部分则是让学生写下评论的开放性问题（比如，"你会把这门课推荐给其他同学吗？"）。一般来讲，之后你收到的报告上包含第一部分的原始数据以及学生们对第二部分问题的回答汇总。所有这些信息都是匿名的——你不会知道是哪个学生写了什么评语或给了哪个数字，这是为了避免老师为报复给予负面评价的学生而改动他们的课程成绩（或者避免将来他们再选修你的课时会影响你对他们的看法）。当你拿到这些信息的时候，也许这个学期已经结束了——有时，要一直等到第二个学期开始后的几周或几个月后你才能得到上个学期的教学反馈，这取决于你们学校在处理教学评估表时的效率。现在，很多学校已经开始网上评教，这显然精简了工作量，但是也只有等到提交完学生的期末成绩后才能看到反馈的结果。

教学评估表已存在几十年了——根据詹姆斯·库利克（James Kulik）的研究，教学评估表由华盛顿大学在80多年前最先使用——如今在美国的学院和大学已非常普遍。它们之所以变得如此重要，一部分是因为近些年不断要求学院和大学将他们的评估工作档案化——"评估"是一个学术术语，指评定学生在学校学到什么、学了多少的过程。评估的压力主要来自于认证机构——可以证明一个学院或大学有资格颁发学位的地方机构。这就是不管你多想快点赚钱，都不能在房子外面挂一个"张三/李四进修学院"的小招牌，然后开始招生和颁发学位的原因。可能每周你都会收到几封来自某些函授院校的邮件，这些学校的学位没有经过认证机构的认证，也即没有资格印发正规的学位证书。也许现在你还不需要知道这么多，但有必要记住评估、认证这类的词，如果你在系里的会议上听到这些词，尤其是在教职考核期间，赶紧找个借口开溜吧。虽然这些程序都非常重要、值得肯定，但通常会给老师带来更多的工作，而这是你在第一学期最需要躲开的事情。

我们抓紧时间来谈谈更实际的问题吧，这一章有两个目的：消除有关教学评估表及其作用的误解；鼓励老师更频繁地从学生那里寻求反馈，而不是空等到课程结束的时候。

对教学评估的误解

首先要消除误解。在高等教育中,没有什么比教学评估表更能滋生讹言谎语,更容易以偏概全,更能引起愤怒和指责的了。种种强烈的情绪皆源于一个事实,那就是大多数学校会用这些表格作为评估教师教学工作的重要内容,也就是说,如果学生们对一个教师的教学嗤之以鼻,那么就会影响到教师的职业前途。教师们往往担心在评估中被自己的学生贬低,当不幸真的降临自己身上时,他们便会怒火中烧,这就导致教师对教学评估抱有同仇敌忾的情绪,批评声一片。其中最强烈的观点包括:

(1)学生没有资格评价他们的老师。毕竟,除了老师教给他们的知识之外,他们对有机化学了解多少呢?他们又怎能判断老师教得好与不好呢?

(2)得到学生高评价的老师通常华而不实,只会表演,或是爱讲笑话,又或者有个性但不一定有内涵。学生根本无法辨别什么是优秀的教学抑或是单纯的娱乐。

(3)如果老师给学生布置的作业少,改卷又很松,学生就会给他高分;而如果老师布置的作业多,打分又公正,学生就会在评估中报复这个老师。

(4)教学是一门艺术,无法用数字来衡量。评价一个老师不能像评价销售员那样,只看利润率。

(5)只有等到毕业之后、步入职场之时,学生才会意识到某个老师所教知识的重要性以及这个老师的聪明才智。也只有到那个时候,他们才会认识到那些得高分的老师对他们的迁就和纵容是多么愚蠢。

因为教学评估激起了种种情绪,引发了诸多误解,并且在教师的聘任、升职和终身教职考核中扮演着重要的角色,所以关于教学评估的研究成果如今已汗牛充栋——在写这本书的时候有关研究结果的书籍和杂志加起来已经超过2000份。这些围绕教学评估的误解一部分源于教师们的厌恶情绪以及对自己教学工作的担忧,也有一部分是因为某些研究中出现的反常结果恰好支持了那些误解。但是,你应该记住一点:有研究将教学评估与其他检验教学效能的手段相比较,包括学生在本课程内和外部考试时的表现评价、对学生的采访、校友调查以及受过训练的课堂观察员的观察等,大部分研究结果都表明,设计合理的评估表可以可靠地反映学生的学习情况和教学的效能。我只能很坦白地说:根据我的经验,那些对教学评估的有效性抨击最强烈,又抓住反常的研究结果来支持自己诸多不满的教师，通常也值学生们给他的那点分数。

我想快速地消除上述5种误解，然后讨论更实际的问题，那就是教师如何利用评估表来改进自己的教学工作，怎样在学期的前面阶段做其他评估并用这部分额外的资源来帮助自己提高教学质量。首先，要消解这些常见的误解，我要借用由高等教育研究者执笔的三份教学评估研究报告中的主要观点，这些研究员均有优秀的研究记录，值得信赖。这三份研究报告是：①肯·贝恩写的白皮书，探讨教学评估在促进教学方面的功能；②威廉·卡欣（William Cashin）对有关教学评估的实证研究的调查（贝恩和卡欣的文章可以在线阅读，见参考书目）；③以及詹姆斯·库利克对实证研究中得到的主要结论的回顾。

具体观点如下：

（1）关于学生没有能力评判什么是优秀的教学。这种误解基于常识，有一定道理，那就是学生们还没有资格对不同教学方法的效能作出成熟的判断，这是千真万确的。但是，一份设计有效的问卷不应该要求他们作出如此成熟的判断（详见贝恩关于如何有效设计评估表的解释）。相反，评估表应该问学生在该门课上学到了什么，教师的哪些做法帮助了他们的学习，而哪些做法没有起到作用，或者本应该能促进他们学习的事情教师却没有去做。如果把学生的考试成绩与评估表进行对比，我们会惊讶地发现学生可以很准确地判断自己在课上学到了多少东西。库利克简明扼要地说："学生通常会把高分给那些让他们学得最多的教师，而把低分给那些让他们学得最少的教师。"（p.12）

（2）关于个性与内涵。这种误解起因于一个非常有名、被广泛报道的研究：研究者让一个演员来假扮教授福克斯博士给学生上课，这节课极富娱乐性但不知所云，结果学生们却给了他很高的分数。这个研究被广泛地报道，因为研究结果正中了很多教师的下怀，证实了教学评估不过是弄虚作假。有关的很多评论则指出这个研究中存在严重的方法论问题。更重要的是，这个实验中的教学评估表上，没有一个问题让学生回答是否在福克斯博士的课堂上学到了任何实质性的东西。如果没有问到重要问题，那么学生的回答自然也不会告诉我们相关信息——在这个研究中，调查人员连最重要的问题都没有问。再重申一遍，不管一个教师采用何种教学风格，只要是设计合理的教学评估表，都可以检测出他/她是否帮助促进了学生的学习。

（3）关于好说话的教师就能得到高分。要消除这种误解简直轻而易举。威廉·卡欣研究过可能影响学生对课程和教师评价的种种因素，从教师的性别、年龄、教学热情到学生对课程作业量的看法。卡欣指出，在课程作业量与学生给教师的分数之间确实存在相关性，但是这种相关性却是与误解认为的背道而驰。也就是说，根据卡欣的解释："对于难度较高、需要努力学习的课程，学生给的评价反而更高。"(p.7) 这种相关性很微弱，不能说明根本问题，但已足够证明误解的无根据性。同样，学生对课程成绩的期望值和对本课程的教学评估之间也存在微弱的相关性：如果学生觉得自己该门课会得到好成绩，那么在教学评估中他们给这门课的评价也就越高。这样看来，"好说话的教师得高分"这种误解似乎又变成真理了。但是这种相关性太微弱了（在0.10～0.30之间），不能作为有力的研究证据。而且，卡欣指出，如果教师教得好，让学生学到很多东西，那么学生们就会期待在这门课中得到好成绩，也就会对这门课给予较高的评价。所以，即使上面提到相关性更大一些，也不一定能够证明学生评价高是因为教师给分宽松，也可能是因为学生确实学到了东西，从而能在考试中取得好成绩。

（4）关于教学是一门艺术。这句话也有三分道理，因为不同的教学风格和策略都可以达到同样的目的，而选择和应用这些方法的过程则展示了教师的艺术天赋，就像一个雕刻家选择用几种不同的材料来实现某个艺术构想一样。但是，学生对教学的评估应该首要集中在教师如何帮助学生学习这一点上，本书引用的所有研究都明确地告诉我们，这一点是可以衡量的——比如，在上课第一天给学生进行摸底考试，最后一天再进行一次测验，这样就可以测量出他们在这两个时间点之间的学习效果。一份设计合理的评估表有助于了解教师在促进学生学习方面做了什么，又有哪些其他因素在发挥作用。不幸的是，并不是所有的评估表都是这样合理的。比如，在我工作过的一个学校，那里的评估表会问学生这门课的教师是否按时上下课。我可以理解管理者为什么会问这个问题，但是对我来讲，这个问题并没有告诉我有关教学效果或者学生学习情况的任何信息。考虑到这些表格会被用来评价教师的教学表现，你不能因为某些问题没有提供对改善教学有用的信息，你就轻视它，忽略它。当然，在回顾问卷结果并利用它们改进教学时，你就只需要集中在那些与教学相关的问题上面了。

（5）关于只有在回首往事时，学生才会看到我的优秀。这纯粹是无稽之谈。库利克提到过这样一个研究，三年中共有1400名学生对所学的一门课程进行评估，在课程结束后的第四年由同一批学生再次填写评估表，研究者将这两组不同时间写下的对同一门课程的评估结果进行对比。结果显示，两组评估结果之间的相关性非常之高（达到了0.83），这就表明即使几年过后，也很少有学生会改变他们对课程的看法。另外也有研究者对比了校友和在校生对同一批教师的教学评估结果，研究发现"在校生评价高的教师正是校友怀念的教师，而在校生评价低的教师也是校友们印象不好的教师"(p.14)。换句话说，如果学生们现在讨厌一个教师，那么二十年后他们还是会讨厌这个教师。

无论如何，教学评估表并不能完美地衡量出学生的学习情况或者教师的教学质量。它们只是提供了一个角度。学生们显然没有能力去评价一个教师在教学中的某些方面，比如他对学科内容的掌握情况。但是如果评估表提问到位，那么就可以给我们提供有意义、有价值的信息。所以，不要相信你已听到的或将会听到的任何讹言，以致错误地无视教学评估，把它看成是一次人气的较量或是毫无意义的举措。

那么，在实践层面上，怎样做既可以保证你在教学评估中得到高分，又可以让你利用评估结果来改进教学呢？

提高教学评估成绩

下面我要介绍有助于提高第一学期教学评估得分的三个步骤，这三个步骤都需要一些额外的时间和精力，但是这些付出都将是值得的。

了解评估表中的评估项目

首先，在学期开始的时候，问系主任要一份评估表的复印件。如果提前知道评估表在教学方面会涉及哪些问题，你就可以在教学过程中有意识地一步步去处理这些问题。虽然评估表不应该支持任何一种教学策略，也就是说，评估表不能误导学生认为某一种教学策略是最好的，然而，很不幸的是，很多评估表都会犯这个错误。比如，如果一个评估表问学生，他们的老师是否在课堂上安排了小组互动，那么这份评估表就暗示了小组互动是好方法。但是，这种教学方法并不适合所有的教师和所有的教室条件，所以这个问题实在不应该出现在一份有效的评估表上。但如果确实出现了，那么就告诉你两个信息：首先，你们系或学校希望教师在课堂上安排小组互动；其次，这个学期你最好用到这个教学方法。提前看一下评估表能帮助你了解要采用或避免何种教学策略，从而在评估中得到高分。

及早获得反馈

不要一直等到学期结束才从学生那里得到教学的反馈。很多教师在期中或者学期的不同时间点就开始收集学生的反馈，这样既可以了解学生掌握知识以及发展所需技能的情况，还可以决定今后要采取哪些不同的教学方法，以促进学生对本门课程的学习。当然，作业和考试也可以让你知道学生的学习情况，但是如果在学生们上交需要批改的作业之前你就已经发现了问题，并帮助他们在作业中表现得更好,这对学生来说,要有益得多。如果一直等到批改期末试卷的时候,从一连串的错误答案中,你才意识到学生们可能没有掌握好一个重要的知识点,那么为时已晚,你已经爱莫能助了。

这里我要告诉大家三种在学期中收集学生反馈的简单方法。前两种取自托马斯·安杰洛和K.帕特丽夏·克洛斯合著的图书《课堂评估技巧》(*Classroom Assessment Techniques*),这本书简要介绍了大量进行课堂评价以及从学生那里收集教学和学习反馈的方法。效果较好且广为人知的是其中最简单的两种方法:"一分钟小纸条"和"最糊涂的知识点"。

第一是"使用'一分钟小纸条'的办法",两位作者解释道:"就是说老师提前两三分钟结束讲课,然后让学生简单地回答下面两个问题(问题可以稍加变动):'这节课你学到的最重要的知识是什么?'以及'还有什么重要的问题没有解决?'学生们把答案写在索引卡或是半张废纸上,然后交给老师。"安杰洛和克洛斯指出,这个策略"用最少的时间和精力投入就能产出易处理的及时而有效的反馈信息"(p.148)。在讲座课或讨论课结束的时候,这两个问题都能够给教师提供有用的信息。如果所有学生都认为最重要的内容是你在课上讲到的一个饶有趣味但无关紧要的知识点,那么你就知道自己需要重申本节课的主要内容;如果很大一部分学生觉得没有解决的问题其实是已在课上讲解过的内容,那么你就知道自己需要再次回顾这个问题。你还可以从学生们提到的尚未解决的问题入手,计划如何开始或组织下一节课。不管怎样,你只需花几分钟的时间就可以看完学生们的全部回答,这个过程能帮助你了解所教的内容、概念以及技能是不是与学生学到的东西相一致。

第二是"最糊涂的知识点",这个策略是"一分钟小纸条"的缩减版:同样是在下课前一两分钟的时间内,让学生回答"在今天的_____上,你最糊涂的知识点是什么?"可以在空白处填上"讲座课""讨论课""阅读课",或者你所教的其他课程类型。与前一个方法一样,你可以很快读完学生们的回答,这些回答可以引导你下节课的教学工作。这个方法让我最喜欢的一点是,在回答的过程中包含了一个自我学习的环节。安杰洛和克洛斯指出:"学生必须很快找出他们还不理解的知识点,然后把这些糊涂的知识点描述出来……虽然这个策略对提问者来说非常简单,但是要回答这个问题则需要高层次的思考。"(p.154)

第三个收集学生反馈的方法,能让学生更具体地对教学进行反馈,从而达到改进教学的目的。方法就是在学期中某节课结束前10~15分钟,就下面两个问题(或稍加改变)做一个调查:"这个学期中,哪些课堂活动或作业对你的学习帮助最大?为什么?"以及"这个学期中,哪些课堂活动或作业对你的学习最没有帮助？为什么？"每个问题，学生要写一段话进行回答，回答时间最长为15分钟。他们可以不在答题纸上写自己的名字，但其实也没必要担心，因为这个练习并不是让他们对这个教师或课程进行评价，而只是让他们评价自己的学习情况。如果有很多学生对某些教学方法或作业抱积极或消极的态度，你就要尤其注意。如果只有一小部分学生抱怨小组互动，那么不要因此就在以后的课堂中放弃这种教学方法。毕竟，要取悦所有人是不可能的。但是如果大多数学生都认为小组互动在课堂上最没有效果，那么你就要考虑跟学生们聊一聊，看如何调整这个方法以适应他们的学习要求，或者干脆这个学期就不安排小组互动，再想想换用什么教学方法吧。

要想从这样的调查中得到有用、诚实的回答，就得在提问的时候十分仔细小心，不要要求学生对你或课程做出评价。在设计问题的时候要组织好语句，让学生清楚自己要回答的是什么方法能帮助他们，那么在回答时他们就会描述自己的学习体验——在学生作答前，你还要重申调查的目的是了解他们的学习情况。如果问题的措辞暗示学生要对你进行评价，比如，"这学期所用的哪个教学方法最有效？"你就会得到一堆这样的答案："所有的方法都很棒！这门课上得很好！老师，你是最棒的！"学生们常会抓住现成的机会巴结老师，尤其当你对他们的分数还有决定权的时候。所以，无论是在问卷纸上，还是在课堂上，你都应该严肃地告诉他们，你是想通过问卷了解怎样在剩下的课里最大可能地帮助每个人的学习，而只有他们如实地回答自己的课堂体验，老师才能帮到他们。这样解释一番之后得到的反馈就可以帮助你调整教学，最终改善学生对你的期末评估，更不用说促进课程的学习了。

如果稍微耍点心机的话，那么你可以借这个调查的机会在学生面前做一次小演讲，向他们表达你是多么在意他们的学习，多么希望可以让这门课成为他们可能有过的最好体验，多么重视他们在课程中的贡献以及对上课情况的反馈，等等。这番感人至深的演讲，加上征求他们意见的举动，即使你最后没有在教学上做任何改变，也会使学生们在这个学期剩下的时间里对你产生更好的印象，同时在教学评估表上给你一个更好的成绩。但是，我还是强烈建议你在接下来的那节课上和学生讨论调查结果，至少对课程进行一两处细微的调整，以此告诉学生，你不仅希望得到他们的反馈，而且还采纳了他们的建议。也许你还会发现学生对某些作业或活动的目的不是很清楚，那么就可以利用讨论调查结果的机会来帮助他们明白课堂上的每个部分是如何相互联系，相辅相成的。用真诚的态度去做调查，赢得人心会是额外的赏赐——每次做这样的调查，我都能得到有用的信息，帮助我提高课程的教学质量。

很多新教师会在校园里发现能帮助他们从学生那里得到早期教学反馈的额

外资源：教学中心，教学与学习中心，教学、学习和技术中心，教学优化中心，或是类似的机构。这些中心与研究生或教师们一起发起和支持校园内有关教学的对话，资助有关教学的研究，帮助教师个体完善教学工作。他们非常乐意与新教师合作，总是提供各种服务，协助新教师从学生或中心里受过训练的专家那儿得到教学反馈。他们可以为你提供录像服务，或者派观察员去听课，然后为你反馈信息，又或者能想办法为你收集到更多学生的反馈信息，这些反馈信息数量比起你自己单独行动所能得到的反馈要多得多。所以，可以考虑联系你们学校的这类中心——不是所有的学校都有这样的机构——然后让他们帮助你在学期结束之前就能得到有关教学工作的反馈。

课堂透明度

在教学中要注意保持透明。花时间告诉学生为什么你要这样上课，包括某个具体的课堂活动、作业或考试背后的原因。确保他们明白这些主要活动或作业如何跟课程的学习目标相联系，并最终会帮助他们变得更聪明，更有技能，又或者成为更好的人。除非学生们明白了这一点，否则他们也许会抱怨某些活动或作业毫无意义。不要给他们理由去发这样的牢骚。

让我们回到评估表本身。在学期最后一两周，你就该给学生们发评估表了。很重要的是要记住一点：你会从学生那得到教学反馈信息，这些信息都应该得到认真对待。不仅学校会收集学生们对你这门课的印象，你自己也要主动收集，并利用得到的信息让自己成为一个更好的教师，不管是在当下的学期还是下一个学期。你可能会听到同事对教学评估的抱怨和不满，不要去理会——如果你不相信我，那么尽可以读一读下面列出来的有关文章，自己看看这些文章是怎么谈论教学评估的。

这章最后，我还想简单聊一聊教师应如何看待课程结束时拿到的教学评估表。在每一批评估表中，总会有一个学生批评你是史上最差的老师，也会有一个学生称赞你是世界上最好的老师；会有几个人抱怨你布置的作业太多；还会出现一些相互矛盾的评论。比如，两个人说课堂讨论改变了他们的生活，而另外三个则说讨论无聊透顶。这都是很正常的现象，不需要为一份评估表上的批评或评语感到不安，尤其是那些言辞刻薄的评价。要做到这一点也许很难——我们都倾向于关注负面的评论，不管有多少正面评论可以将它们抵消。但是如果有几个甚至更多的学生给出类似的评论，或者有些评论道出了你自己也曾对课程教学产生过的怀疑，那么，对这样的评论就要加以重视。打个比方，如果你觉得有必要更有效地组织课堂，而两个学生在评估表中也提到了这一点，那么你就应该把改进课堂组织作为下学期的首要任务。如果为数不少的学生对某件事情表达了同样的不满,那么下学期你就得在这个问题上花点功夫,或重新加以考虑。

为帮助你有效应对评估表,我强烈建议你走这最后一步——邀请系主任跟你一起分析评估结果,讨论你该如何改进。不要觉得应该把写有差评的评估表偷偷藏起来,不让系主任看到——不管怎样,她都会拿到评估表的复印件,院长也一样会从学校某个部门拿到这些表。跟系主任聊聊学生对你的评价,可以一石三鸟。首先,她会帮你指出你们学校的学生经常会用到的典型评论,比如,要是所有老师都被抱怨布置的作业太多,那么系主任肯定会知道这个情况,她就可以明确地告诉你不用理会埋怨作业多的评论。其次,如果你在改进教学方面需要什么帮助的话,系主任也许可以给你提供这样的帮助和建议。我说的是"也许",因为遗憾的是,能当上系主任的人不一定就是有经验的教师——所以你也许可以得到不错的建议,也许不能。

但是不管怎样,为了第三个原因,也是最重要的原因,你都应该尽量跟系主任进行讨论。说起这个原因,我们又要暂时回到耍心机这一说了。没有人会期待,你在第一学期开始教学的时候就是一名出色的教师,得到一致好评。众所周知,要想教得好,需要时间的积累。所以,在你教学的头几年,系主任、院长或评估委员会希望在你身上看到的是——如果你还想继续在这个学校教课的话——你正在努力改进。正如罗伯特·博伊斯所说:"根据我的经验,评估委员会的成员们绝不会期待一个新教师在教学上一鸣惊人;相反,他们会去调查这个教师是否为改进教学做了系统性的努力以及在学生中是否有一定的认可度。"(p.59)所以,在为升职或终身教职申请写自我评估的时候,你也许就要回答这个问题:从你被聘用或是从你上一次申请升职之后,你的教学工作得到了怎样的改进和发展?跟你的系主任聊一聊——或者如果你们学校有教学中心的话跟你们学校教学中心的协调员或负责人谈谈,就会让你在赢得人心上找对方向,向他们表明你是多么迫切地想要改进你的教学工作,并且随时准备从失误中吸取经验教训(哪怕你只是装装样子)。

参考书目

Angelo, Thomas A., and K. Patricia Cross. *Classroom Assessment Techniques: A Handbook for College Teachers*, 2nd ed. San Francisco: Jossey-Bass, 1993.

这本书内容很多,介绍了大量从学生那里收集教学反馈以及在学期中任何时间点评估学生学习情况的方法。

Bain, Ken. "Evaluation of Teaching Using Student Ratings." 1996. http://www.montclair.edu/center/white.html, January 29, 2007.

这篇文章中的某些内容在贝恩的书中也有提及,但据我所知,本文已完整地展示了贝恩在教学评估方面的研究成果。除了讨论有关教学评估的常见谬论和事实真相外,本文还指出了评估表上的哪些问题可以产生有意义的调查结果。

Boice, Robert. *Advice for New Faculty Members*: *Nihil Nimus.* Boston: Allyn and Bacon, 2000.

参见第十章中我对博伊斯的评论。

Cashin, William E. "Student Ratings of Teaching: A Summary of the Research." *IDEA Paper* 20 (September 1998): 1–6. http://www.idea.ksu.edu/resources/index.html, January 29, 2007.

上面给出的网站链接会带你到索引页,点击期号20,你就可以看到卡欣所写的简明扼要的综述。

Kulik, James. "Student Ratings: Validity, Utility, and Controversy." *New Directions for Institutional Research*, 27.5 (Spring 2001): 9–25.

本文很好地总结了我们可以从研究中得到的结论。

第十四周
最后几堂课

当每个期末临近的时候，我总是满怀幻想：最后一节课上，我和我的学生们回顾这学期我们所上的精彩课程，分享战争故事。我们一边喝着拿铁，一边说起我被投影线绊倒的糗事，然后忍不住笑出声来。最后在走出教室之前，学生们给我一个拥抱或者拍拍我的背，说以后会上网跟我聊天或是加我为MySpace的好友。

最常见的情况则是：学生们填完教学评估表之后，我指导他们如何进行期末考试复习或者回答他们有关期末论文的问题，然后在他们走进教室20分钟之后，我就站在讲台上看着他们又陆续离开。有些学生会向我挥手告别或者致谢，但那个时候，我通常都太累了，除了庆幸这一切快要结束之外，其他的什么都做不了。

虽然接下来我还要给你一些意见，你也可能提前计划了本学期的最后一节课，但是等到最后这一天真正到来的时候，你还是会像我一样（也许更甚过我）迫不及待地去做同样的事情——处理完教学评估这些行政事务，然后尽快逃离教室。那时候，你会感到精疲力尽，还有成堆的工作等着你去做，你只想回到办公室坐下来，在接下来的一小段时间里把脑袋完全放空。

但是我还是必须告诉你，尽管我也没有一直按照自己所说的去做——要有效利用最后几节课，帮助学生整理所学的知识，强化他们在跟你相处的时间里所学到的（或是你希望他们学到的）最重要的知识和技能。并且，因为课程结束当天你将会发课程评估表给学生，如果在执行这项行政任务之前，你可以穿插一个启迪心智的教学环节，那么就会让学生们在填写评估表时对你的课程持肯定的态度。

最后一天的启发性教学会与行政任务争夺课堂时间，而后者也确实需要认真对待。既然本章节关注的是期末的最后几节课，那么就必然要谈到在最后阶段需要完成的主要任务。此外，我还会告诉你两个简单的教学环节，可以让你在最后一节课仍将重心放到学生的学习上。

教学评估

记得我在第一个学期的时候,我一直等到最后一节课结束前的15分钟才把教学评估表发给学生,然后我就跟他们道别,离开了教室,心想这样做可以让学生认真地评估我的教学工作。当我走出教学楼,正要在通往办公室的路口转弯时,我忍不住最后回头望了一眼——结果却让我目瞪口呆,怒不可遏,在我离开仅仅30秒之后,一个学生就大摇大摆地走出了教学楼。虽然他还只是大一新生,但是他很聪明,知道教学评估是匿名进行的,也就是说,对他来讲,填还是不填,他可以自己决定。

自那以后,我再也没有犯过同样的错误,你也不应该重蹈我的覆辙。虽然发评估表看似小事一桩,但还是应该遵守以下三条指导原则:

(1) 在最后一堂课开始或者中间的时候发放评估表。大多数学校会让教师在学生填表的时候离开教室,如果是这样,你可以指定一个学生,让他在收完填好的表格之后通知你回来。如果你是在快下课时才发评估表,那么让学生们在填好表格后完成最后一件事情——比如把表交还给你。

(2) 在评估表填完收齐之前不要发放任何你批改过的作业。如果那天要把作业发回给学生,那么把这一步留到最后。因为如果你把评好分数的论文发给学生,而有的学生得到很低的分数,那么这个分数就会影响到他之后在教学评估表中对你的评价。

(3) 很多学生并不知道教学评估表的用处或是这些表格有什么意义。因此,在发评估表之前,你要花一两分钟的时间向学生们解释一下,告诉他们你非常珍惜他们对你教学工作的帮助,并且会根据他们的建议来调整将来的课程。跟期中的评估一样,这样一个简单的演讲可以让学生在填表时提出有建设性的意见,而不是纯粹地发牢骚。要让他们觉得他们有能力帮助你,而且你也真的需要他们的反馈。

指导期末复习

如果学生们要完成期末论文或是大作业,那么之前就应该把这些任务布置下去。如果安排的是期末考试,那么最后一节课的时候,你可以指导学生如何进行期末考试的复习——要是班级学生人数众多，你可以把复习的指导工作交给教学助理去做，或者像我的很多同事一样，利用课外的时间来上复习课。在正常课时之外安排的复习课通常是选择性的，主要目的是答疑和解决学生们关心的问题。比如，你可以简单介绍期末考试的形式，然后提醒学生们课程的主要知识点和重点单元，但是一定要留时间让学生提问或理清他们还不明白的问题。纸质版的讲义或学习指引也能帮到学生；在教写作和创造性写作这门课的时候，最后一节课我会发一份两页的讲义，罗列出这个学期在课堂上讨论过的所有写作技巧。我会让他们回顾讲义上的清单，然后对照讲义检查自己的论文。你也可以告诉学生一些窍门，比如，重读课文、复习笔记、记知识点、做练习题或是别的什么事情，以帮助他们最有效地开展复习。

有些教师会采用智力竞赛或者游戏的形式指导学生的期末复习，这当然是可以的，虽然我自己从来没有试过。想要通过具体的例子来了解这种复习形式的话，你可以看参考书目中布莱恩·吉普森（Bryan Gibson）的文章。归根结底，复习课会有各种不同的形式，如何复习取决于你所教课程的性质。但是，我可以给你一条普遍适用的原则：把期末考当作学生们向你展示他们能力的一个机会——他们会综合所学的知识，经过大脑的过滤和处理，然后把知识以全新的面貌展现在你面前。期末考还是让学生强化所学知识的一个机会。它不是，也不应该成为学生们必须纵身跳过的跨栏，或者必须克服的障碍。也就是说，不要在设计期末考或上复习课的时候，让学生觉得你好像是在守护着一个机密，而他们的工作就是破译密码。不要想办法难倒他们，不要去证明他们所知甚少，不要压低他们的分数，或者化身为《巨蟒与圣杯》（*Monty Python and the Holy Grail*）中的守桥人，要求人们回答三个问题之后才能过桥，否则就得跌入峡谷。期末考应是学生在本门课程中最后的学习体验，你所上的任何复习课都应该帮助他们在考试中取得成功。

再探讨一下关于期末作业或考试的最后一个问题：期末论文或期末考试是不是应该涵盖整个学期学过的所有内容？如果你觉得你所教的东西不重要，只要能在学生脑海中停留几个星期或是一个月，在学生们余下的生命里尽可以忘记，那么你就不要考整个学期的内容。如果你觉得学生们在与你相处的三个月之后还应该记住你所教的东西，那么期末论文或期末考试的内容就应该包括这门课的所有内容。

换句话说，就考全部内容吧。

最后一天的教学

一直等到要去找资料补充这章的内容时,我才发现有关最后一节课的文献少得惊人。在这些文献当中,我最喜欢的是一个环境科学家写的随笔。他给400个学生上一门公共课,在最后一节课上,设计了一系列的仪式来表达各种情感,诸如认可、感恩、真诚和希望。下课前,教授对自己曾经教过的每一批学生表达了他的希望——比如,"祝愿他们在世界的舞台上收获精彩"——他大声念出每一届班级的名字,念一个就摇一下铃铛。接着在座的学生表达自己对世界的期望,教授最后摇动铃铛,意味着欢送这批学生走上社会。

我努力克制自己不去取笑这篇文章,因为我完全同意作者的主张:"在学期最后一节课上,制造氛围来唤醒内心情感……是非常重要的。毕竟,最后一节课标志着一段长途旅行的结束,这段旅行通常耗费了老师和学生双方的大量努力。"(Uhl, p. 165)此外,从作者的描述来判断,为最后一节课创想出来的这个招式在他的课堂上是成功的。

但是,让我也这么上最后一节课的话,估计会把我难倒——我是说,我连铃铛都没有——并且在上了仅仅15堂课之后就让学生站在400个同龄人面前表达他们对世界最殷切的期望,我想作为老师,这需要对自己的教学工作有更多的自信吧?所以,我建议在第一学期的时候,你还是把铃铛收起来,放到为下一个万圣节派对准备的小丑帽里面吧,等将来再用这一招。现在,我要推荐两个非常实用的做法,可以在这个学期的最后一节课上进行实践,它们都不需要提前计划,但都能帮助你把最后那节课的重心放在学生的学习上面。

首先,回想一下学期开始的第一节课,把学生们在那时候填写的信息表发回给他们。这个策略要奏效的前提是,学生们在第一天回答的不仅仅是他们的基本信息,还应该包括一两个有关他们对课程最初印象的实质性问题。如果他们确实在最开始什么都不知道的情况下,回答了一两个这样的问题,那么在重新看到自己当时写下的对课程的最初印象并与现在所学到的知识相比较时,他们就会觉得非常有趣,甚至感到不可思议。而且,他们很可能会在比较时发现,这个学期你的种种工作确实帮助他们学到了实质性的新知识。为加强学生们的这种感觉,可以让他们写一篇半页或一页的随堂小作文,谈一谈与第一天相比他们对课程的理解和看法发生了什么变化。如果时间允许的话,让一部分学生与大家分享他们写的东西,也可以把学生写的作文收集起来,作为一次测验的成绩,或者单纯用来启发自己。当学生们淹没在各种理论、定义、课文和新概念中时,让他们抽身出来,去发现自己在这门课上的收获是很难的一件事情。

但是在最后一节课上做这样的练习就可以帮助他们通过对比过去和现在,看到自己的进步。

如果第一节课的时候没有让学生填写信息表,或者你确实有这么做,只是在感恩节拜访亲戚时,把那些表格塞到飞机座位后面的袋子里(也许它们现在正跟我落在那的一堆测验试卷做伴呢),那么你可以稍微改变一下上面所说的练习。同样的,不管是作为测验成绩也好,或是作为自己的参考资料也好,你可以简单地让学生们写一段话描述这学期学到的最重要的知识。这个练习不会给学生带来什么压力,但要回答出来就必须经过一番思考,他们需要反思学过的所有知识,然后决定对自己来说哪个概念、技能或信息是最重要的。学生们写完之后,安排小组互动或课堂讨论,到现在为止,这些教学方法你应该已经驾轻就熟了。如果班里只有20个或者更少的学生,那么就让每个人轮流地简要地说出自己的回答。但是,不管一个班有多少学生,都可以把他们分成几个小组,讨论在课上学到的最重要的知识是什么,看他们能否在这一点上达成共识。

如果你教的课需要期末考试的话,那么可以在最后一节课上尝试第二种做法:让学生帮助你设计考试题目。我建议你在上这节课之前就设计好考试的形式(根据第六章提到的原则,以能够检验和强化课程的学习目标来决定考试的题型和内容),然后让学生帮你为其中一个题型出题。举例来说,如果试卷包括三个部分——单项选择、简答题、作文——那么可以让学生设计作文题目,然后从中选出一个放到试卷里。但要记住,在出题的时候,学生们不会像你那么有经验,所以要给他们提供帮助。如果你希望作文题既可以测试出学生表达重要概念的能力,也能检测他们能否比较和对比在课程不同单元中出现的概念,那么这一点你就必须跟他们解释清楚,甚至还要说清楚试卷的每个部分具体要测试什么技能和知识,这样他们出的试题就不会与试卷其他部分的题目重复了(无论如何,我觉得这都是一个很好的练习——但是应该尽可能让学生们清楚考试的形式和目的)。或者,如果简答题是让学生从本学期讲过的20个概念中选出10个,简要写出它们的定义,那么就可以让学生列出3个、5个或10个在他们看来最重要的概念,并让他们解释为什么这样选择。无论如何,你都应该把他们的劳动成果融入试题中,这样他们才不会觉得自己是白忙活一场;可以直接采用他们提议的某个题目或概念,也可以稍加变动结合到你出的试题里面。至于怎么进行练习,可以按照这个学期的老做法:每个学生自己单独写一两个问题,然后小组讨论推荐出一套问题,或者省去独立思考的部分,直接让学生进入小组讨论。通过让学生出题,老师可以了解学生们认为最重要的知识点是什么,他们的回答可能与老师的期望有出入,因此,这个练习之后一定要安排讨论。你可以利用这个在考试前讨论的机会肯定他们的看法,或者纠正他们的复习方向（如果需要的话）。

朋友们，到这一刻才算是结束了。有时候我还有精力向学生们做一个振奋人心的告别演说，激励他们多阅读，多磨炼他们新领悟的看待周围世界的眼光，但有的时候，我只是说声再见，感谢他们的配合，等期末考试或交期末论文的时候我们再会。不管是哪种情况，之后我都会慢悠悠地踱回办公室，整个人都解脱了似的，舒舒服服地在活动躺椅上坐下来，这躺椅还是在教职考核第一年的时候我从"救世军"那买来的，然后就开始思考为什么我在这个星球上待了足足37年，却还从未到过冰岛。

在《教师的职业》(The Vocation of a Teacher) 一书中，韦恩·布斯（Wayne Booth）曾问过一个问题，我想我们中的很多人都有过同样的疑惑："虽然我老说自己多么热爱教书这份工作，为什么当学期结束的时候，我会感觉如释重负呢？"

谢天谢地。

当学期结束的时候，你自然会欣喜若狂，不要因此而质疑你的职业。事实上，这个时候，不只是你，我们所有人都会欢呼雀跃。

参考书目

Booth, Wayne. *The Vocation of a Teacher: Rhetorical Occasions*, 1967–1988. Chicago: University of Chicago Press, 1991.

作为英文教授和文艺理论家，韦恩·布斯用哲学的眼光来审视教学和教育。

Gibson, Bryan. "Research Methods Jeopardy: A Tool for Involving Students and Organizing the Study Session." *Teaching of Psychology*, 18.3 (1991): 176–177.

这篇文章介绍了一种非常有趣的上复习课的方式。

Lang, James. "Finishing Strong." *The Chronicle of Higher Education*, 53.9 (December 1, 2006): C2.

回顾了有关上最后一节课的一些观点。

Uhl, Christopher. "The Last Class." *College Teaching*, 53.4 (2005): 165–166.

这就是那篇谈到用摇铃铛的方式来庆祝最后一堂课的文章。

第十五周
塑造教师形象

也许你已经聪明地注意到结尾的时候我有些偷工减料了,因为我让你们在第十四周结束的时候就跟学生说再见了,但是很可能第十五周的时候,即使不是整个星期有课,至少你也要上半周的课,我应该接着讨论第十五周的事情。只是,我想用最后一章来谈一个更哲学性的问题,这个问题虽然并不完全是实用的课堂建议,但是在你教书的头几个月始终会在你头脑中盘旋。

请大家跟我一起回顾一下我在大学里上的第一节课吧。那节课上,我穿着一件T恤衫和一条破烂的卡其布裤,在上午8点半的时候给7个睡眼惺忪的本科生上写作课。我曾在本书的前面章节中自嘲(理由充分)过自己的着装选择,但是我是故意选择那些衣服的。因为那时我想向学生们传达一个信息:我就是一个普普通通的人,跟他们一样,虽然我们之间被制度所迫存在不平等的权力关系,但是我也住在学校里(我的公寓很小,以至于做饭的时候我只能坐在床上,没有多余的空间),我也会像他们那样剪破自己的卡其布裤。

最后,我发现事实并不是我想象的那样。破烂的卡其布裤已经过时了,于是我开始在课堂上塑造一个更加权威的形象——让学生们知道,虽然我长着一张娃娃脸,但是上课时还是我说了算。接下来的几年中,甚至在我已进入终身教职考核的一两年,我仍在思考自己想在课堂内外塑造什么样的形象——评分或上课时,我应该多么严格?在校园里遇到学生时,要怎么跟他们打招呼?举实际例子解释抽象概念时,我可以向学生透露多少自己的个人生活?等等。所有这些细节方面,我都在努力塑造自己的教师形象——一个在跟学生们相处时我希望表现出的形象,一个与我作为父亲、丈夫或者朋友的身份相关但又不同的形象。

现在回想起来,我在这个问题上浪费了不少的时间和精力,作为过来人,我知道它也会耗费你的一些时间和精力,尤其是在教书的第一个学期。从T. S. 艾略特(T. S. Eliot)的《阿尔弗瑞德·普鲁弗洛克的情歌》(*The Love Song of*

J. Alfred Prufrock）中引用一句话：准备好一副面孔，去迎接每日你要遇见的其他面孔。而你为你的学生准备的面孔，应该不同于你在陪伴另一半或早上与至交好友喝咖啡时的面孔。这件事情没有好与不好。借用一句我实在无法忍受的流行语，事实就是如此。

杰伊·帕日尼的《教学的艺术》，是他对自己30年高校教书生涯的自传式思考。书中对教学艺术的讨论是我所见过的最有说服力的讨论。他把塑造教师形象比喻成寻找写作的声音：

老师，就像作家一样，也需要创造和培养自己的声音，一个让人感觉真实的声音，既为他们的个人需要服务，也为手上的教材服务。这个声音还应该考虑到对象学生的秉性，他们在本课程中的学习背景以及整个班级的气质，而这些信息都不容易得出。所以，无论是在教学还是写作中，要找到这个声音，都需要花费很多时间来进行大量的尝试。

帕日尼在书中描述了自己寻找这个真实声音的过程，仿佛也影射了我自己的经历，可能我们大多数人都已熟悉这个过程——先是想与学生们打成一片，到后来转而开始塑造一个更为权威的形象。

塑造什么样的教师形象，可能很大程度上取决于你做教师的初衷。如果你只是把上课看成能让你一边搞研究一边维持生计的权宜之计，那么你的形象很可能是冷漠的；如果你之所以站在讲台上是因为热衷于启发年轻人的思想，那么你形象也许是更温暖更开放的。当然，教师形象还跟一个人的整体性格有关——今天早上我在一个十字路口看见红灯时没有右转，后面那辆车的司机就不停地鸣喇叭，事实上路口的牌子清清楚楚地写着"红灯时勿右转"，如果那个司机就是你，那么你暴躁的性格最终会在课堂上暴露出来。

私底下，我最常思考也最想知道的是：究竟我应该让学生们看到多少真实的自己，或者多少我生活中的其他部分。比如，当我在分析一篇关于生育的诗歌时，我可不可以顺便提一下，我跟诗人有过同样的经历？要是我在《辛普森一家》（*The Simpsons*）中看到跟课程有关的东西，然后在讲课时告诉学生我是这部卡通剧的忠实观众，这会不会与我作为教师的权威形象相抵触呢？换句话说，我真实的个性和真实的生活，有多少可以融入我的教师形象中去？这个问题，将来你也一定会思考。

在这一点上，我要给你两条建议，其实你的教师形象如何，对他们都不会产生任何实际结果——这也就是为什么这一章如此简短，还被放在最后的原因。

首先，随着教龄的增长，教师形象这个问题就会慢慢变得没那么紧迫了。

最后，当你在课堂上越来越自如的时候，你的教师形象就会越来越接近你自己。在《教学的勇气》(The Courage to Teach)一书中，帕克·帕尔默(Parker Palmer)认为只有当一个老师从内心深处愿意教书的时候，教学工作才能取得成功；伊莱恩·沙瓦特尔在《文学教学》中对教师形象和真实自我做了类似的区分，认为课堂上老师需要尽可能地展现真实的自我，在我们体内某个地方埋藏了一个"真实的自我"，我们要把这个真实的自我带到课堂上，在它的熠熠光辉中侃侃而谈，对这样的说法我始终有些不安和怀疑。相比之下，我更喜欢另外一种说法：当我做老师的时间越长，我就会越愿意将自己生活的其他部分，或者生活中的其他角色——父亲、丈夫、音乐家等——融入我的教师形象中。我同意帕尔默和沙瓦特尔的说法，当我的教师形象包容了越来越多我的其他部分时，这个形象就会变得更自在更有效了。

久而久之，你会十分清楚什么是可以告诉学生的，什么是你不想让学生知道的，在做这样的决定时，你完全可以得心应手了。而之所以现在还在苦想这个问题，是因为教师形象对你来讲是一个全新的形象。当第一次准备某个面孔示人的时候，不管这张面孔是为未来亲家准备的，还是为论文答辩委员会或教师岗前培训而准备的我们总会担心。与其他情况相比，准备教学面孔在起初的时候会引起更多的担忧，因为在未来的40年内你可能都要戴着它，而且会每周2~3次被少则几个、多则几百个的学生盯着看1个小时。

因此，如果我说你要放松，做好自己，对你来讲根本无济于事。那你就默默坚持吧——时间会让局面好转的。

但是，第二点信息也许可以让你松一口气，它隐含在一个故事里。

在前面的章节中，我曾提到过几个牧师，其中一个采用比较随意的讲课风格。一天晚上，在邻居家吃喝完之后，这个牧师给我讲了一件往事。那个时候，他刚开始在神学院教书，他的其中一项服务职责是根据一部分学生的意愿，做他们的精神指导者，也就是导师。作为一个新教师，他想尽可能地多招些学生，以博得领导的好感，所以他就在办公室外面摆上一张桌子，放一张纸在上面，让有意愿的学生报名。他注意到，自己是唯一一个这么做的老师。可是几个星期过去了，没有一个学生在上面签名。他开始坐立不安了，唯恐是因为自己教得太差，把学生们都吓跑了。最后，焦头烂额的他找到了院长，说出了自己的心事，并问到为什么没有一个学生选他做导师。他坦言自己担心学生们可能正议论纷纷，说他是一个很糟糕的老师和牧师呢。结果，院长告诉他，学校已经下达通知，等某一天以后学生才能开始选择精神导师——而定好的这一天还没到呢。

接着，院长又说了一番让这个牧师永生难忘的话，这番话值得每一位新教师在大学任教的头几年牢牢记在心里：

"当你觉得每个人都在想着你的时候，"他说，"真相通常是根本没有一个人想到你。"

在我看来，这种谦恭的智慧似乎适用于生活的很多方面，考虑到本书的目的，在此我就只谈谈这句话对我们处理与学生的关系而言所含的真理。之所以告诉你这一点，不仅仅是想帮助你更冷静地思考自己的教师形象，也是为了安抚你的心情，因为你可能会在课堂上出各种洋相：被投影仪的电线绊倒，在上课时裤子前面的拉链没拉上，突然打了一声很响的嗝，或是你也许已经梦到过的其他什么小意外（如果你还没有梦到过，它们就会在将来的现实中发生）。当这样的事情来临的时候，学生们必然会哄堂大笑，或是好奇心倍增，而在你这边则是尴尬和窘迫。但是，在你走出教室30分钟后，当学生们又投入到另一个人的课堂里，或者他们开始计划周末活动，又或者跟室友抱怨学校餐厅的菜真难吃的时候，你早就被他们抛到九霄云外去了。他们总共有四五个任课老师，你只是其中一个；在他们的生活中，有数不清的成年人和权威人物，你也只是其中一个——如果幸运的话，当你站在讲台上的时候，每周你还有几个小时可以停留在他们脑海中。除了这部分时间以外，当你在校园里跟他们擦身而过的时候，他们也未必能认出你来。在我指导过的学生当中，我已经数不清有多少学生在一个学期已过去几个星期的时候，还无法说出给他们上课的那些教授的名字。很可怕吧，但这是事实。

你也许为塑造教师形象受尽了煎熬，因为担心课堂上的小意外可能暴露你的性格而承受了巨大的痛苦。其实，所有这些你为之苦恼的事情在学生看来都没那么重要。当你在考虑教师形象这个问题时，如果能这么想，你就可以最大限度地放松自己。但是我还是忍不住要再说一次，虽然这听起来再简单不过了，那就是：做自己就好。

参考书目

Duffy, Donna Killian, and Janet Wright Jones. "Exploring Teaching Styles." In *Teaching within the Rhythms of the Semester*, 1-26. San Francisco: Jossey-Bass, 1995.

达菲和琼斯在这一章中写了一句很有道理的话："问题不是说要命名各种（不同的）风格，然后抽象地判断哪一种风格最有效，而是要让老师意识到自己的个人风格，然后想办法提高这种风格的效能。"（p. 12）

Parini, Jay. *The Art of Teaching*. New York: Oxford University Press, 2005.

这本书不是实用性的指南，而是对教学生活的反思。然而，帕日尼的这本书仍然值得一读，尤其是讨论教师形象的那部分内容。

Parker, Palmer. *The Courage to Teach*. San Francisco: Jossey-Bass, 1998.

帕尔默的著作总能启迪大批教书热情日渐冷淡的教师重新燃起他们的教学热情。同样，这本书提供的实用性建议比较少，重在启迪。虽然书中出现了一些新情感和新概念，我们依然很难抗拒帕尔默对于教师职业的热情。

Showalter, Elaine. *Teaching Literature*. London: Blackwell, 2003.

无论在理论方面还是在实践方面，这都是一本优秀的指南，但是本书在范围上明显地局限于文学教学领域。

结课之后
十大资源

想阅读和了解更多有关高校教学的知识?不如就从下面这10个资料开始吧!前5个都是已出版的书籍,按照对新教师的帮助度从高到低排列——从贝恩开始,一直到帕尔默。其余的资料对应所有的网站或期刊,我评估了它们对新教师的帮助度之后也是按照这个方法排列的。

(1) Bain, Ken. *What the Best College Teachers Do.* Cambridge, Mass.: Harvard University Press, 2004.

(2) McKeachie, Wilbert, and Marilla Svinicki. *McKeachie's Teaching Tips: Strategies, Research, and Theory for College and University Teachers*, 12th ed. Boston: Houghton Mifflin, 2006.

(3) Gross Davis, Barbara. *Tools for Teaching.* San Francisco: Jossey-Bass, 1993.

(4) Duffy, Donna Killian, and Janet Wright Jones. *Teaching within the Rhythms of the Semester.* San Francisco: Jossey-Bass, 1995.

(5) Palmer, Parker. *The Courage to Teach.* San Francisco: Jossey-Bass, 1998.

(6) The *Careers* pages of *The Chronicle of Higher Education*, available online at http://chronicle.com/jobs. Three to five new essays on academic life appear on these pages per week, including my monthly column on teaching, for which I welcome readers' ideas and comments.

《美国高等教育纪事》的"职业"版块,可在线阅览,网址是 http://chronicle.com/jobs。在这个版块上,每周会更新3~5篇有关学术生活的随笔,包括我写的每月一篇讨论教学的专栏文章,欢迎读者对我的文章提出意见和建议。

(7) The Tomorrow's Professor listserv and archive; you can read all previous postings, and subscribe to the listserv, here: http://sll.stanford.edu/projects/tomprof/newtomprof/index.shtml.

明日教授名录和档案(The Tomorrow's Professor listserv and archive)。在这个网站上,你可以看到所有之前登出的文章并参加订阅。网址是 http://sll. stanford. edu/projects/tomprof/newtomprof/index. shtml。

(8) The Center for Teaching Excellence / for Teaching and Learning, or some other variation of those terms, on your campus. If you have one, they will usually have a website with links to other resources, and a library of books and articles on teaching.

教学优化中心、教学与学习中心或者你们学校里其他类似的机构。如果你能找到这样的机构,在他们的网页上通常会提供其他资源的链接,并且,这样的机构一般会有一个专门的图书馆,收藏有关教学的书籍和文章。

(9) *College Teaching*, a journal from Heldref publications, contains practical suggestions as well as articles on the state of teaching in higher education.

《高校教学》,这是 Heldref 出版公司主办的一份杂志,包括一系列实用性的建议和探讨高校教学状况的文章。

(10) *The National Teaching and Learning Forum*, available in print and online, also mixes the very practical and more reflective aspects of teaching. Visit http://www. ntlf. com.

《国家教学和学习论坛》,可订购纸质版或在线阅览,这本杂志同样既有实用的教学建议,又有对教学的反思。网址是 http://www. ntlf. com。

附录 A
课程大纲范例

英语375—2006年春季　　　　　　　　吉姆·朗教授
当代英国小说　　　　　　　　　　　办公室地址：
上课时间：星期一、星期三2：30—3：45　办公室电话：
　　　　　　　　　　　　　　　　　家庭电话：
　　　　　　　　　　　　　　　　　办公时间：星期一3：45—5：15；
　　　　　　　　　　　　　　　　　星期二/星期四1：30—3：30；
　　　　　　　　　　　　　　　　　星期三9：00—12：00，3：45—5：15
　　　　　　　　　　　　　　　　　邮箱地址：

课程概述

本课程要求学生阅读"二战"结束之后至今涌现出来的英国小说，分析这个时期小说这种文学形式的四大主要发展趋势。《蝇王》和《收藏家》这两部小说探讨了人性中邪恶和暴力的起源与救赎。在"二战"后的几十年中，英国作家对这个题材特别感兴趣，因为他们经历了恐怖的战争、伦敦空袭、大屠杀、19世纪五六十年代青年文化的兴起以及暴力事件的急剧增长，在这样的社会环境下，他们试图坚守住有关人生意义的传统观念。布莱恩斯·坦利的实验小说《克里斯蒂的复式记账》，对传统小说的界定和涵义提出质疑。与19世纪50—70年代很多国家的作家一样，这个时期的众多英国作家也尝试不同的小说表现形式。《情事终结》和《橘子不是唯一的水果》是两部有关神学的小说，讨论宗教在当代生活中的地位。这些作品反映出战后英国作家和知识分子的共同精神诉求：在一个逐渐世俗的世界里寻找意义，思考在20世纪下半叶宗教可以为我们提供什么。最后是两部探讨当代英国变化的小说，一部（《砖块街》）聚焦在文化日益多元化的英国社会中妇女和移民所扮演的角色，另一部（《英格兰，英格兰》）则解析英国与其历史和传统的复杂关系。

本课程涉及的所有作家都在追问一些根本性的与当代生活仍然相关的问题：是什么让人类对彼此施以暴力？在一个日渐世俗的世界里我们如何找到生存的意义？我们的传统社会和文化正在遭遇怎样的变迁？这一季的课程将围绕这些根本性的问题展开，并具体分析战后英国的社会背景。要求学生审视这个时期的艺术、电影和电视，分析有关的历史背景资料。最后，每个学生都要与他人合作就当代英国文化的某个方面做一次口头报告。

阅读书目

威廉·戈尔丁，《蝇王》
约翰·福尔斯，《收藏家》
布莱恩·斯坦利·约翰逊，《克里斯蒂的复式记账》
格雷厄姆·格林，《情事终结》
珍妮特·温特森，《橘子不是唯一的水果》
莫妮卡·阿里，《砖块街》
朱利安·巴尼斯，《英格兰，英格兰》

课程目标

在满足课程要求的前提下，到学期结束时，学生应能：

（1）分辨并书面陈述战后英国小说的四大主要发展趋势，理解这四大趋势与战后英国社会和文化之间的关系。

（2）提高分析阅读和正式学术论文写作的技巧与能力。

（3）开展研究，准备材料，并通过口头报告的形式为同学提供有价值的信息，激发并保持他们的兴趣。

（4）将文学作品当作一种与哲学、社会、历史著作等紧密相关的社会探究来理解和描述，并明白文学这种社会探究源于具体的社会背景和环境，并试图作解释。

课程要求

要完成所有的课程任务，学生必须：

（1）按时上课。本课程包含大量的讨论活动。这种教学方法要取得成功，前提是学生必须准时上课。课堂表现和出勤率是成绩考核的组成部分。缺席两节课以内，暂无惩罚。从第三次缺席开始，每多一次缺席，就从期末成绩中扣掉 25 分。如果缺席超过 5 节课，本课程就无法通过。

（2）完成老师布置的阅读作业。阅读文献和背景资料会为课堂讨论提供对话的基础。没有这个基础，讨论便无深刻性可言。每周的随堂写作可以确保学生跟上阅读进度，有助于激发课堂讨论。

（3）上课专心听讲，积极参与。课堂参与不仅仅指在课堂上踊跃发言这一基本要求，学生还应该积极参加讨论，在论文和小组作业中提出自己的见解，为本学期的教学交流作出贡献。

（4）按时完成作业。课程作业是让学生以书面或口头形式对讨论的话题作出回应。只有按时上交作业，学生才能从课程中学到最多的东西。延期提交作业需要提前一天得到老师的许可。

考核与评分

每周的随堂写作练习，目的是保证学生跟上阅读进度，并激发当天的课堂讨论。老师至少每周一次在上课开始时对阅读作业进行提问，学生应写一两个段落加以回答。这个练习会以 10 分的总分进行评价。

期中考要求学生将已读过的历史背景资料运用到课程前四部小说的解读中去，并在这四部小说之间建立联系。

学生选择一部小说，写一篇小论文和一篇大论文。大论文必须用到某一种文学批评方法。

在学期的最后一周，两个学生为一组，选择当代英国的一种文化产物进行研究和口头报告，这些文化产物可以是电视节目、乐队、电影、建筑或其他艺术产品。

期末论文要求比较两部或两部以上的小说。该论文需要学生结合自己对小说或其文化和历史背景进行的独立研究，并用在课程"阅读和解读方法"中学到的研究和记录技巧。

每周写作练习：150 分
口头报告：100 分
期中考：100 分
小论文：100 分
大论文：150 分
期末论文：300 分（附说明的文献目录：50 分；论文：250 分）
出勤率和课堂表现：100 分

有关战后英国文化的演讲话题

伊灵工作室（电影）
商人象牙（电影）
《惊变 28 天》《僵尸肖恩》（电影）
巨蟒组（电视喜剧）
弗尔蒂旅馆（电视喜剧）
瑞奇·热尔维和斯戴芬·莫昌特，《办公室》和《临时演员》（电视喜剧）
《加冕街》（肥皂剧）
《住在 42 号的阿差库马斯一家》（电视喜剧）
吉尔伯特和乔治（艺术）
弗兰西斯·培根和吕西安·弗洛伊德（艺术）
环球剧院的重建（建筑）
查尔斯王子和建筑（建筑）
皇家节日音乐厅（建筑）
性手枪乐队和辣妹组合（音乐）
碰撞乐队和大音频炸药乐队一代，二代（音乐）
足球和曼彻斯特联队（体育）

学术诚信声明

学生在本课程中提交的作业都应独立完成。如果提交的书面作业或口头报告中出现从任何其他资料中剽窃和抄袭的行为，本门课程的成绩一律为不及格。没有例外，也没有第二次机会。

协助残障声明

圣母大学为任何身患残疾的学生提供特殊安排。请需要帮助的学生与教务主任联系，内线电话为7846，教务办公室在校友楼026。同时，请在本学期开始的时候告知老师，以便老师进行必要的安排。

教学进度表

第一周

星期三 1 月 20 日：课程介绍；战后英国社会简介

第二周

星期一 1 月 25 日：《蝇王》（第 1～6 章）；补充阅读：克里奇菲尔德、伯尔贡齐、辛菲尔德

星期三 1 月 27 日：《蝇王》（第 7～12 章）；补充阅读：克里斯托弗

第三周

星期一 1 月 30 日：《收藏家》（第 3～120 页）

星期三 2 月 1 日：《收藏家》（第 123～200 页）

第四周

星期一 2 月 6 日：《收藏家》（第 201～305 页）

星期三 2 月 8 日：《克里斯蒂的复式记账》（前言，第 1～9 章）

第五周

星期一 2 月 13 日：《克里斯蒂的复式记账》（第 10 章到最后一章）

星期三 2 月 15 日：无课

请在 2 月 16 日（星期四）下午 3 点前将小论文交到我的办公室

第六周

星期一 2 月 20 日：《情事终结》（第 1、2 卷）

星期三 2 月 22 日：《情事终结》（第 3、4 卷）

第七周

星期一 2 月 27 日：《情事终结》（第 5 卷）

星期三 3 月 1 日：期中考

第八周

春假：无课

第九周

星期一 3 月 13 日：《橘子不是唯一的水果》(《创世记》《出埃及记》《利未记》)

星期三 3 月 15 日：《橘子不是唯一的水果》(《民数记》《申命记》《约书亚记》)

第十周

星期一 3 月 20 日：《橘子不是唯一的水果》(《士师记》《路得记》)

星期三 3 月 22 日：《砖块街》(第 1~4 章)

第十一周

星期一 3 月 27 日：《砖块街》(第 5~9 章)

星期三 3 月 29 日：《砖块街》(第 10~13 章)

第十二周

星期一 4 月 3 日：《砖块街》(第 14~16 章)

星期三 4 月 5 日：《砖块街》(第 17~21 章)

请在这周星期五下午 3 点前把大论文交到我的办公室。

第十三周

星期一 4 月 10 日：《英格兰，英格兰》(第 3~89 页)

星期三 4 月 12 日：《英格兰，英格兰》(第 89~163 页)

第十四周

星期一 4 月 17 日：复活节假期：无课

星期三 4 月 19 日：《英格兰，英格兰》(第 163~175 页)

上交附说明的文献目录

第十五周

星期一 4 月 24 日：当代英国文化演讲

星期三 4 月 26 日：当代英国文化演讲

第十六周

星期一 5 月 1 日：最后问题；课程评估

本课程不安排期末考。请在规定的课程期末考时间内或之前上交期末论文。

附录 B
学生课程参与评估表

西班牙语140.01　　西班牙语文学入门
玛丽安·利昂教授
圣母大学

我的课程参与度评估　　　　　　　**姓名：_____**

课程参与度评估包括三个方面：课前准备、小组互动和课堂互动。每一项满分10分，每周三项总计最高可得30分。

要　求	分值
课前准备	
我认真阅读了文本，用字典查不熟悉的词汇，在课本上做了笔记。我还复习了上节课的课堂笔记，思考与新课在内容上的联系。对于课文我有自己的想法	10
我阅读了文本，用字典查不熟悉的词汇，为课堂活动做了准备	9
我阅读了文本	8
我没有按要求阅读所有文本	6
互动：小组作业	
我每次都参与小组互动，并在其中扮演领导者的角色	10
我经常参加小组互动，并且所做的贡献与其他组员一样多	8.5
我有兴趣参加，但是参与时通常比较被动	7
我有时候没有参与讨论/我做的贡献没有其他人多	6
互动：课堂互动	
我每次都会发表自己的想法，回应同学和老师的评论	10
我大部分时间都参与了课堂互动，并且倾听老师和其他人的想法	8.5
我只是偶尔参加，但是我有兴趣	7
我不经常参加课堂讨论	6

日期	课前准备	小组互动	课堂互动	总计	自我评价	老师评价
1月22—26日						
1月29日—2月2日						
2月5—7日						
2月12—16日						
2月19—23日						
2月26日—3月2日						
3月12—16日						
3月19—23日						
3月26—30日						
4月2—4日						
4月11—13日						
4月16—20日						
4月23—27日						

索 引

（本索引所标页码为英文版页码，参见中译本边码。）

Academic honesty 学术诚信，15－16，196－212

Academic politics 学术政治，227－230，261－262

Angelo, Thomas, and Cross, Patricia 托马斯·安杰洛和帕特里夏·克洛斯，35，275－276

Assignments 作业，129－135
 returning assignments 发回作业，148－151

Bain, Ken 肯·贝恩，i-ii, iii, 5－6, 97, 112－113, 136, 244, 270

Bloom, Benjamin 本杰明·布鲁姆，7－8

Boice, Robert 罗伯特·博伊斯，215, 217－222, 251

Bruffee, Kenneth 肯尼斯·布鲁菲，108

Case studies 案例研究，242－244

Cashin, William 威廉·卡欣，270－272

Cheating: demographics 作弊，人口统计特征，198－200
 methods 方法，200－201
 prevention 预防措施，202－208
 response 应对措施，208－212

Class attendance 上课出勤，10, 255－256

Class participation, See Student participation in class 课堂参与，见"学生的课堂参与"

Classroom observations 课堂观察，248－249

Collaborative learning 协作学习，93－94, 104－124

Community in the classroom 学习共同体，49－52

Constructivism 建构主义，108－109

Cross, Patricia 帕特里夏·克洛斯，35, 275－276

Developmental theory 发展理论，163－173

Discussions 讨论，85－101
 handling common problems 常见问题处理，96－101
 starter techniques 引发讨论的方法，90－96

Documenting teaching practices 教学记录，57

Dress 着装，23－24, 293－294

Duffy, Donna Killian, and Jones, Janet 唐娜·基利安·达菲和珍妮特·琼斯，231, 243－244

Elbow, Peter 皮特·叶立波，90

Experimenting (teaching) 试验性教学，234－244

Field trips 实地考察，237－239

First day of class 第一节课，21－40
 teaching techniques 教学技巧，27－39

Formal learning groups 固定小组，109－110, 117－124
 forming groups 分组，119－121
 managing groups 小组管理，121－123
 processing group work 处理任务成果，123－124
 setting tasks 设置小组任务，117－119

Gender (students') 学生性别，189－191, 192－194

Grade inflation 分数贬值，147

Grading: on a curve 评分：正态分布，140－141
 grading student participation 对学生的课

堂参与评分, 98-99
　handling late work 处理迟交的作业, 10-11, 135-137
　methods 方法, 14, 140
　online 在线, 55
　responding to student work 写评语, 137-140
　rubrics 评价量表, 138-140
　standards 评分标准, 128
　types of assignments 作业类型, 11-15, 129-135
Gross Davis, Barbara 芭芭拉·格罗斯·戴维斯, 101, 107, 208-209
Groups, See Formal learning groups; Informal learning groups 小组, 见"固定小组"; "临时小组"

Informal learning groups 临时小组, 109, 110-117
　forming groups 分组, 112-113
　managing groups 小组管理, 113-116
　processing group work 处理任务成果, 116-117
　setting tasks 设置小组任务, 110-112
Inkshedding 笔头接龙, 239-240

Johnson, Virginia 弗吉尼亚·约翰逊, 127, 129-135, 138-140, 150
Jones, Janet Wright 珍妮特·赖特·琼斯, 231, 243-244

Knoles, Lucia 露西亚·诺尔斯, 5, 48-56, 162-163
Kulik, James 詹姆斯·库利克, 267, 270, 273

Labs 实验室, 259-260
Last day of class 最后一课, 283-291
Learning objectives/course promises 学习目标/课程承诺, 1-2, 5-9, 12, 129-130

Learning theory 学习理论, 31-32, 87-88, 153-174
Lectures and lecturing 讲授, 63-82
　content 内容, 73-74
　movement and gesture 音容笑貌与动作仪态, 72-73
　pacing and interaction 教室内走动与师生互动, 78-82
　purpose 目的, 67-69
　technologies 科技, 74-77
　vocal techniques 发声技巧, 70-72
Lucas, Christopher, and Murry, John 克里斯托弗·卢卡斯和约翰·默里, 81, 130, 148, 173, 228

Mazur, Eric 埃里克·马祖尔, 80-81
MaCabe, Donald 唐纳德·麦克伯, 198-199
McKeachie, Wilbert 威尔伯特·麦吉奇, 67-68, 73, 101, 197, 203, 208, 259
McKinney, Mary 玛丽·麦金尼, 257
Mental models 心智模型, 156-163
Mezirow, Jack 杰克·梅滋罗, 160-161
Midterm surveys 期中调查, 276-278
Minute paper 一分钟小纸条, 275-276
Muddiest point response 最糊涂的知识点, 276
Multimedia in teaching 多媒体教学, 52, 77
Murry, John 约翰·默里, 81, 130, 148, 173, 228

Nervousness 紧张, 22, 214-215, 260-261
Nontraditional-age students 非传统年龄段学生, 188-189

Parini, Jay 杰伊·帕日尼, 222-223, 294-295
Part-time students 非全日制学生, 191
Peer instruction 同学教学, 80-81
Perry, William 威廉·佩里, 156-158
Personal Response Systems 个人应答系统, 60

Piaget, Jean 让·皮亚杰, 156–158
Plagiarism: demographics 抄袭: 人口统计特征, 198–200
　　methods 方法, 200–201
　　prevention 预防措施, 202–208
　　response 应对, 208–212
Podcasting 播客, 58
Posters 海报, 235–237

Race/ethnicity (students') 学生种族, 191–194
Ratings. See Student ratings of teaching 评价/评估, 见"学生对教学评估"

Schema theory 图式理论, 156–163. See also Mental models 见"心智模型"
Small groups 小组, 93–94, 104–124. See also Formal learning groups; Informal learning groups 见"固定小组";"临时小组"
Student information sheets 学生信息表, 32–37, 288–289
Student participation in class 学生的课堂参与, 27–28, 52, 90–101
Student ratings of teaching 学生对教学评估, 265–281, 284
Students: attention spans 学生: 注意力保持时间, 66–67
　　demographics 人口统计特征, 187–192
　　with disabilities 残障学生, 16
　　disruptive behavior 扰乱课堂行为, 11, 251–253
　　note-taking 记笔记, 74–77
　　outside the classroom 课堂外的师生交流, 3–4, 178–187
　　remembering names 记忆学生名字, 33–34, 256–257
　　technology 教育科技产品, 43–45, 253–255
Syllabus 教学大纲, 1–18
　　academic honesty 学术诚信, 15

ADA statement 协助残障声明, 16
assignments and evaluation 考核与评分, 11–15
course description 课程简介, 4–5
course promises 课程承诺, 5–9
course schedule 教学进度, 16–17
student responsibilities/course policies 学生责任/课堂纪律, 9–11

Teaching evaluations. See Student ratings of teaching 教学评价, 见"学生对教学评估"
Teaching online 在线教学, 45, 259–260
Teaching persona 教师形象, 23–24, 293–298
Teaching preparation 备课, 46, 89–90, 216–221
Teaching with technology 科技施教, 17–18, 43–61, 76
Time management: research and writing 时间管理: 做研究和写论文, 221–224
　　service 公共服务, 224–227
　　teaching 教学, 216–221
Trials 模拟法庭, 240–242

Variety in teaching methods 多样化教学, 64–66
VARK Inventory 瓦尔克测试, 104–105
Virtual learning environments 虚拟课堂, 47–61

Walvoord, Barbara, and Johnson, Virginia 芭芭拉·沃尔伍尔德和弗吉尼亚·约翰逊
Weblogs 博客, 49–52
Wikis, in teaching 教学中的维基百科, 60–61
Writing: in class 写作: 堂上练笔, 35–36, 78–79, 90–92
　　on exams 考试中的写作, 130–131
　　as learning 写作作业, 14, 75–76

索引